21世纪人力资源管理系列教材

员工福利

Employee Benefits

卢亮 等 编著

WUHAN UNIVERSITY PRESS
武汉大学出版社

图书在版编目(CIP)数据

员工福利/卢亮等编著．—武汉：武汉大学出版社，2016.7
21世纪人力资源管理系列教材
ISBN 978-7-307-17720-8

Ⅰ.员… Ⅱ.卢… Ⅲ.职工福利—高等学校—教材 Ⅳ.C913.7

中国版本图书馆CIP数据核字(2016)第065099号

责任编辑:唐 伟　　责任校对:汪欣怡　　版式设计:马 佳

出版发行:**武汉大学出版社**　(430072 武昌 珞珈山)
(电子邮件:cbs22@whu.edu.cn 网址:www.wdp.com.cn)
印刷:湖北金海印务有限公司
开本:720×1000 1/16　印张:17　字数:313千字　插页:1
版次:2016年7月第1版　2016年7月第1次印刷
ISBN 978-7-307-17720-8　定价:35.00元

总　序

十几年前，人们称呼从事人力资源管理工作的人是“福利秘书”、“就业员”、“公司警察等”。也有人说“人事经理是虚情假意的欢迎者或热情过分的人，他们通过管理好公司的外出野餐、处理好救济金的使用流向、确保休养项目良好地进行，来使公司保持一种振奋的精神状态”。那时，他们的责任确实非常有限，通常仅仅处理诸如工人的工资、少数医疗、休养和住房问题，“人事”作为一种职业一般不被尊重，在组织机构中也是处在底层。当然，今天，在大多数组织中这种现象可能已经成为历史，“人力资源管理经理的职务不再是给那些在组织中无法胜任任何岗位的经理养老的职务”，人们越来越认识到人力资源部门会对组织的整体效率和获利能力产生重要的影响。有关研究资料显示，在美国，在拥有10000多名员工的企业中，人力资源总经理的年薪（包括福利和奖励）为19.6万元；在拥有1300~3500名员工的企业中，人力资源经理的平均年薪为11.3万美元；在拥有不足2500名员工的企业中，人力资源经理的平均年薪为10.9万美元，跟高级律师、会计师的平均年薪差不多。

那么，为什么人力资源部门的工作在公司中的地位越来越重要了呢？这是因为知识经济和网络时代的到来，人们的生活方式、工作方式、心理能量的发挥、管理的对象、组织的结构模式、生产的资源、经济增长模式等发生了根本的变化。为了应对和适应这些变化，为了使企业在全球经济中变得更加灵活和更具有生产力，用比尔·盖茨的话来说就是“关键是增强每个工作者的力量”。

为了提高人力资源管理的有效性，先让我们看看我们的管理对象、工作条件和环境等都发生了什么样的变化。

（1）计算机软件的应用，尽管很难达到对复杂事件形成意识和判断的水平，也不可能全部应对工作中的难题和挑战，但是IT行业的发展，新软件将会学习人的工作方式，了解人的需要，快捷方便地获得所需要的信息，可以帮助人提高工作效率。计算机在工作生活中的应用广泛性，使得人们将会像拿笔写字一样自然地去使用它。

（2）在信息时代，“无纸办公”、“流动办公”、“虚拟办公室”等全新的办公自动化概念，可以使人们更迅速、更全面地获得解决问题所需的各种信息，更高效更准确地做出决策，提高办事效率。传统意义上的工作场所、办公地点也发生了根本的变化，只要有台电脑，在任何地方、任何地点，都可以谈生意、发指令或聊天，在家办公也成为现实。据估计，美国约有 1000 多家公司的职员通过与公司连接的电脑从事各种远程的业务工作。电子农场的“农民”已经从传统意义上的体力劳动中解放出来，他们可以在家或办公室获取各种庄稼成长的信息。因为传感设备将土壤信息、肥料信息、水量信息、作物生长信息、成熟程度信息以及杂草、虫害信息传送给电脑，然后根据对上述信息的分析处理结果自动实施浇水、施肥、除草、收割等操作。当然，在家上班还要取决于电话的普及和家庭电脑的拥有量，尽管对我国来讲，还相差甚远，但是，我国潜在的在家上班的人数也非常可观，而且增长速度很快。

(3) 随着知识经济、信息时代的到来，知识员工也逐渐成为主要的管理对象。知识员工与体力员工相比，具有明显的特点，比如，知识员工有较强的自主性、成就动机、创新愿望、不迷信重真理、流动意愿，他们的劳动过程和劳动成果难以控制。这就对我们的人力资源管理提出了新的挑战。

(4) 互联网的发展使得管理过程越来越信息化，传统意义上的金字塔式的组织形式将转向扁平化和虚拟性。一个企业，可以依托于 INTERNET/INTRANET 的交往平台，对遍布 100 多个国家的几百个部门均可以进行有效的联系和管理。区域时空对沟通、贸易的限制作用微乎其微，员工之间、员工与管理者之间、管理者之间、商家与客户之间、商家之间等不受时间、空间的限制可以随时沟通或做生意。组织中的中间管理的作用将越来越小。人们通过互联网可以做任何自己想做的事情，人们参加网上虚拟团队的活动将越来越多。

(5) 网络时代，不仅给我们的工作方式带来很大的影响，它也与人类的生存方式和生活方式休戚相关。在家里，就可以通过电脑、可视电话等进行工作，不用为交通问题而烦恼；只要按一下键盘，各类新闻、股票信息、天气预报尽收眼底，想参与讨论，发个电子邮件就可表达你的想法；科学家、学者不出家门、国门就可以与世界同行进行学术交流；如果想办银行业务，只需一张银行卡，轻按键盘，便可完成传统银行所执行的一切交易；如果想做一件合适的衣服，全息摄像会给你的体形量好尺寸，再把你的设计告诉电脑，所要的款式马上就会显示出来；如果你病了，通过你手腕上的一块表，医生就知道你有情况；网络远程教育，使得学习场所和学习方式都发生了变化。

总之，在这个知识经济、信息时代，科技与生产力的快速发展，与市场经济的公正、自由和竞争的社会原则相结合，使人的个性更加张扬，施展的空间更大。这种知识经济与市场经济互相影响、互相推动而形成的新的经济形态，既不是知识经济，也不是市场经济，本人把它叫作新商业经济。这是因为，市场经济在西方发展几百年，为什么在知识经济、信息时代到来之前没有出现人才流动、辞职、跳槽如此频繁的现象呢？而现在跳槽的原因越来越复杂，对特殊人才来讲，工资报酬的多少再不是选择单位的主要原因了。这种现象，用单纯的市场经济或知识经济都无法解释。新商业经济是指遵照市场经济的运行规律、具有现代理念和最新专业知识的人，能够接受知识，运用知识，创造知识，并将知识转化为社会效益和经济效益，从而推动社会发展的经济。一句话，市场经济与知识经济的融合而形成的经济就叫新商业经济，它是科学技术发展和经济市场化相结合的结果，特别是经济市场化将规模庞大的劳动力队伍解放出来了。在这种新商业经济条件下，人们的价值观念、思维模式、生活习惯、工作方式和人际关系等都将发生重大的变化。作为上层建筑的管理科学，在管理理念和管理方式上都要与之相适应，人力资源管理更是如此。本人认为，在这样的情况下，未来人力资源管理将呈现出如下的趋势：

1. 创新管理

创新是未来人力资源管理的主旋律。研究证明，提升生产率的真正动力，不是信息技术，而是人力资源的竞争和管理创新；信息技术的作用是必要的，但不是充分的；比如 ERP 在企业的应用，很多企业应用时并没有对自己已有的经营方式进行调整，而是要求修改软件，让软件适应原有的经营方式，而不是利用软件提供的先进技术进行管理的创新；竞争迫使企业变革与创新，创新又帮助企业提高竞争能力。随着技术水平的不断提高，员工在企业中的地位越来越重要，满足员工工作、生活质量的要求将成为 21 世纪人力资源开发与管理的核心内容之一。员工不仅要得到公平合理的充足报酬，不仅要得到发展自我的机会和条件，而且还要得到职业安全保障。企业终将意识到员工需要的不是工作，而是职业。要改变传统的企业人力资源管理工作中作业性的内容，如考勤、绩效考评、薪资福利等行政性和总务性的工作。更加重视战略性项目包括人力资源政策的制定、完善，员工的教育、培训，组织发展规划和为业务发展开发提供人才支持等。企业应该营造一个宽松自由的创新环境，树立崇尚创新、鼓励创新的风尚，让企业的每一个成员都成为创新的源泉。

2. 目标管理

伴随着 Internet 在企业管理中的应用，目标的确定、实施和评价将成为企业与员工之间建立战略伙伴的关键。正如通用电气前 CEO 杰克·韦尔奇所言："没有高度信任，你不可能发掘最大的头脑潜力。"因为在当代，财富的创造不是靠手，而是靠头脑。你的成功将不是依靠你管理生产的能力，而是在于你能在多大程度上激发员工运用他们的创意、判断和努力。管理过程和管理成果难以控制，目标是明确的，具有强制性的，但管理确是柔性的和弹性的。员工要了解企业的目标，企业也要了解员工的目标。企业明确的战略目标既是对员工的吸引，也是企业成功的行为导向。企业是一个利益共同体，员工首先要有对自己在企业的利益的认同，进而才有对企业目标的认同。企业不仅要确立目标，还要进行目标教育。一个员工不知道自己企业目标的企业，是不可能形成企业精神和企业凝聚力的。

3. 差异管理

合资经营是未来企业不可抗拒的一种重要的经营方式。构成合资经营的组织因素是多元性的，而企业经营是需要一元化的或需要各种因素的融合。从市场需求来看，顾客对消费品的需求是多种多样的；从经营管理来看，员工对工作的态度、激励方式、处世原则等是不完全一致的；从经营环境来看，企业各个股东对资本、技术和产品的选择偏好是不一样的；从员工的性格、能力、职业趋向等特征来看，是千差万别的。所以，人力资源管理必须明确：工作岗位的最佳人选并不都是智力最高的，而是最适合工作要求的人。差异是客观存在的，承认和尊重差异是搞好企业管理的前提。承认和尊重企业差异，可以充分发挥企业优势；承认和尊重个体差异能做到量才使用，各尽所能；承认和尊重个体差异有利于培养创造型人才，不断保持企业的创新能力。差异是财富。

4. 选拔管理

人力资源的计划、招聘和选择是人力资源管理的重要内容和有效性的前提。在网络时代，人力资源管理越来越重要，所以，开发全球人力资源信息系统非常重要。不管是计划、招聘还是选拔，人力资源信息系统可以为它们随时提供有效的信息。在劳动力市场上，人力资源管理者正面临着需要更高能力的新工作与实际接受这些工作的人之间不匹配的问题；还有招聘选拔中的偏见问题，也会使有能力的人不能得到重用，比如，认为“女性不想成为国际经营管理者”而不选派她们，实际上，在不多的女性国际管理者中，有97%的人工作得非常成功。所以，在招聘选拔中，性别歧视中的法律问题将成为人力资源经理关注的重点。

5. 员工关系管理

和谐的员工关系也是生产力。和谐的员工关系有利于增强员工士气，提高员工工作的积极性和主动性，最终提升企业服务质量；和谐的员工关系有利于鼓励员工参与，充分发挥企业人力资源的潜力，提高企业科学决策及民主管理水平。

和谐的员工关系有利于避免劳动纠纷，避免企业的声誉、形象在社会、客户和员工面前受到损害。遗憾的是，近几年员工与企业之间的各类劳动纠纷越来越多，因为劳动纠纷而劳资双方对簿公堂甚至大打出手的事件不时见诸报端。那么，究竟如何将员工纠纷消除在萌芽状态？如何在纠纷发展到无可挽回而劳资双方不得不对簿公堂之前将纠纷化解在企业内部？如何处理无法回避的员工纠纷与诉讼？人力资源经理必须拥有劳动法规知识和成为处理人际矛盾的高手；必须明确影响员工满意度的因素。尽管安全和健康问题是属于保健因素，但它毕竟是引起员工不满意的直接因素，所以，善于识别和解决这类问题，将矛盾消灭在萌芽状态，也是人力资源管理者的重要技能。

6. 人本管理

《纽约时报》曾经有一篇文章说道：“在过去的50年里，经济已经由以生产为基础转变为以消费者为基础。它已经由理性的范畴升华到理想的国度，从客观变迁为主观，到达心理的王国。”这就意味着在当今世界上，了解“人”，满足“人”，发展“人”，以人为本，确实是成功的关键所在。可能有人会说：在目前我们国家这种“后发展”的环境下，连资本原始积累过程还没有走完，连泰勒制下面的“承包责任制”、“计件工资制”这样的原始科学管理模式还没能逾越，在许多农民工还在为讨工资而疲于奔命、甚至哭诉无门的情况下，谈什么“企业人性化”发展，是否有点太时髦、太不合国情呢？我不想争论。我只想问：当那些制造假冒伪劣产品的企业令你深受其害的时候；当你的朋友或者是你的朋友的朋友外出打工被老板坑害拿不到工资的时候；当你虽然天天工作着，却感到压抑、苦闷、没什么发展前途的时候；你会不会觉得我们今天的社会，在人们困惑、不满的背后，在一批又一批的企业产生和一批又一批的企业垮掉的背后，缺少些什么呢？一个企业，盈利自然会带来繁荣。但是，花簇锦绣般繁荣的企业，却未必能够持续发展。在我们国家，生命力旺盛而不长久的企业到处都是，这到底是为什么？要知道，企业里很多东西都不是永恒的，唯有人性是长久的。要知道，全世界不同的国家、不同的地区、不同的企业，很多东西都是不一样的，唯有追求人性的满足和人的发展与完美是一样的。那么，为什么还有很多企业仍然将“人本管理”只挂在嘴上、放在文档里呢？笔者认为，有四个原因：一是企业经营者没有明白企业存在的价值到底是什么。是的，企业是经济组织，追求利益最大化天经地义，但是并不意味着就可以不关心人，不把企业当作员工价值实现的地方。世界知名的长青企业的案例是最有说服力的佐证。二是企业经营者没有认识到劳动者具有对自己劳动力的所有权。人不是商品，但劳动力是商品；只有劳动者个人才有对自己劳动力的所有权和使用权。劳动力是人的体力和脑力的综合；人才不是用人单位所有；用人单位只有合同所规定的对劳动力的使用权，而没有所有权。劳动者具有自由选择工作地点、工作类型、工作单位的权利。《共产党宣言》指出：

“每个人的自由发展是一切人的自由发展的条件。”未来社会是“自由人的联合体”。人对自由的需要是不可抗拒的。员工流动、人才跳槽，这是很自然的现象。三是一些企业经营者将“趋利避害”等同于人人都是自私的，既然是自私的，当然要严加管制。趋利避害是人的本性，但并不意味着人人都是自私的。四是一些企业经营者将人力资源管理仅仅当作人力资源管理部门的事，如果是这样，怎么可能在全公司实现人本管理呢？过去对人的管理好像管理一座大坝，而今天则更像是疏导一条河流，其目标不是阻止水的流动，而是控制水流的方向和速度。知识经济不是以知识为本，而是以人为本。教育首先使人成为人，其次才是成为材。尊重知识、尊重人才不等于尊重人。仅仅尊重人才，不利于人的聪明才智的发挥，只有将人当作自由的、自立的个人加以尊重，人才才能发挥出自己的聪明才智。最适合人性的管理才最有利于激发人的创造力。

7. 组织人管理

企业的长久发展，需要的不是一个个人，企业需要的是组织人。所谓组织人，按照人力资源管理的观点，首先是人才与企业要有一个正式合同，然后需要与企业有个心理契约，最后对所在企业的文化有高度的认同感。只有这样，企业招来的人才能真正成为企业的核心竞争力。在现实中，很多企业认为只要和人才签订一纸合同，这人就是自己的了，而把招聘时的承诺丢到脑后。一个管理大师曾说过，企业主可以买一个人的时间，可以雇一个人到固定的工作岗位，可以买到按时或按日计算的技术操作，但你无法买到热情，买不到创造性，买不到全身心的投入。组织人在哪里？在用人单位的诚信和人才的心里。一个人只有把自己当成组织人，才能成为对企业有用的人才。所以，最佳企业的成功之处在于它们不只是让员工快乐，而且让员工更加敬业；不只采取最花哨的做法，而是把人力资源的系统建设得很完善，把人力资源的根本理念贯彻得很彻底。因此，培养“组织人”将是未来人力资源管理者的重要任务。

8. 团队管理

在复杂多变的社会环境中，团队比传统的部门结构或其他形式的稳定性群体更灵活，反应更快。团队的优点是：可以快速地组合、重组、解散；团队适合担任需要多种技能、经验、创新性强、紧迫的工作任务；团队是真正的独立自主，它不仅注意问题的解决，而且执行解决问题的方案。显然，团队很适应网络时代的组织结构的要求。随着信息技术与全球网络化的发展，一种新的组织形式——虚拟团队应运而生。虚拟团队（也叫虚拟社区）是指基于互联网的人类共同体，并不共同拥有一个确定的物质空间或地理区域，但具有共同特质和归属感，并维持着一定社会联系和社会互动的群体。那么维系团队成员的纽带是参与者感到这个环境是讨论个人观点的适宜场所，有些人对所在的网络团队乐意奉献，他们之间的纽带远比现实中的团队成员的联系更为密切。想进就进，想退出就退出，谁也不知道其他人是谁，之间没有直接的利害冲突，网络上流传很广的一句话是："谁也不知道你对面坐着的是否为一条狗。"虚拟团队的维持、两极分化、冲突与合作、激励等问题都是需要认真研究的问题。

9. 权变管理

管理者所面对的人是千差万别的，所处的环境是千变万化的，管理的风格也要变化，这就是权变管理之意。对人，管理者究竟要用哪种管理方法，要考虑两方面的因素：一是当事人的个性特点；二是环境因素。工作任务模糊不清，员工无所适从时，工作型管理方式更有效；如果是日常性工作，目标和达到目标的途径都很明确，关系型管理可能更合适。如果目标和达到目标的方法已很清楚，管理者就不要唠唠叨叨，命令部下这样做那样做，而是要给予更多的关心和体贴，创造良好的心理环境。所以，管理是一种情景艺术，管理者不要试图改变员工的个性特征，但可以帮助他提高素质。最强有力的经理就是那些能适应特定环境和特定情况的经理。灵活和适应性是管理的灵魂，是网络时代最需要的管理模式。

10. 学习管理

人力资源管理的重要任务之一是将组织塑造成学习型组织。学习型组织是一种不同凡响的、更适合人性的组织模式，有崇高而正确的核心价值、信念与使命，具有强韧的生命力和实现梦想的共同力量，不断创新，持续变革。在其中，人们心手相连，相互反省求真，脚踏实地，用于挑战极限及过去的成功模式，不为眼前的近利所诱惑，有对共同愿景的认同感，以及与整体动态搭配的政策与行动，充分发挥生命的潜能，创造超乎寻常的成果，从而从真正的学习中体悟工作的意义，追求心灵的成长与自我实现，并与企业以外的世界产生一体感。人的素质的提高依赖于不间断的学习，同样，组织素质的提高关键在于组织能否不间断的学习，在于组织的学习能力。

11. 薪酬管理

薪酬是人力资源管理中既复杂又非常重要的内容。公平是薪酬管理有效性的关键。特别在未来网络经济条件下，因为工作方式的变化，人的需求的变化，工作绩效评估和有效激励越来越难。直接经济报酬、间接经济报酬和非经济报酬的类别在现实中可以说是五花八门、八仙过海、各显神通。报酬方式的变化固然重要，那么，价值创造、价值评价和价值分配体系的公平则是最重要的。心理契约在薪酬管理中的作用也应该引起学者们的关注。

12. 开发管理

人力资源开发是指资方为了提高员工的敬业精神、工作热情、业务能力和组织绩效而在政策、使用和培养方面进行的一种有计划的、连续性的工作。它是组织发展的要求，也是组织发展的基础和动力。但是，在现实中，人们对人力资源开发的理解有个误区，认为人力资源开发就是培训。培训与开发是很重要，培训可以使员工获得目前工作所需的知识和能力，开发可以使员工获得未来所需的知识和能力。可是，政策性开发和使用性开发也是开发的重要内容。可以想象，一项好的政策能让没有积极性的人成为有积极性的，没有能力的成为有能力的；如果政策不好，人才也会成为废品。一个很有组织才能的人，从来不给他施展组织管理才能的机会，这对他个人或企业来说不都是浪费吗？所以，培养性开发、政策性开发和使用性开发，对员工的职业生涯都非常重要。

13. 人力资源外包管理

由于市场竞争的加剧，许多公司都专注于核心业务而没有时间和资源来更好地管理人力资源业务，外包成为降低公司人力资源管理成本的另外一种选择。加上网络技术的帮助，人力资源外包服务提供商更是发展迅速。人力资源外包服务通常分为四个种类：PEO、BPO、ASP 和网上服务。PEO（Professional Employer Organization）是指专业的服务提供商承担公司所有的人力资源管理职责。通过承担公司员工所有的法律责任（包括在聘用、解聘以及员工工资上都有最终决定权），专业的服务提供商成为公司员工的一个合作雇主。PEO 在本质上与公司是合作伙伴，PEO 管理所有人力资源方面的工作，而公司则专注于处理其他方面的业务问题。BPO（Business Process Outsourcing）指公司流程外包，是一个很宽泛的术语，指不仅在人力资源而且在所有领域进行外包。BPO 与众不同的是通过引进新技术或提供现存技术以一种新的方式来改进公司流程。特别是在人力资源方面，BPO 可以确保一个公司的人力资源体系是由最新技术支撑的。ASP（Application Service Providers）指应用服务提供商，是开发软件并租给用户的人力资源服务提供商。这些软件功能包括招聘管理、工资与福利管理等。网上服务是指那些以网络为基础的人力资源服务。一般情况下 BPO 和 ASP 都被人们认为是网上服务。

要记住，人力资源外包服务提供商是公司企业文化的延伸，因此要尽可能寻找一个符合公司形象的人力资源外包服务提供商。不要期望一个保守而主要靠财务制度和法律事务生存的人力资源外包服务提供商可以成为飞速发展中的企业的最佳搭档。这类公司可能无法吸引那些适合自己公司的人才，因为它不可能很好地理解公司的需要而与未来的求职者沟通。另外，外包类型的选择也要从实际出发。选择 PEO 还是混合外包公司取决于你需要外包的业务。如果更愿意将精力集中于公司的核心业务，或者公司缺乏人力资源核心能力，PEO或许很适合公司。PEO可以代表公司的利益招聘或解聘员工。对公司的员工来说，他是PEO的雇员，实际上是公司从PEO再雇用员工，员工在为你工作，而PEO代公司管理那些员工及相关人力资源业务，包括从员工的档案关系到薪酬福利的管理。如果认为不适合把所有的人力资源业务都外包给PEO，或者公司不需要一整套的服务，可以考虑外包一部分耗时的人力资源管理事务性工作，如档案管理、员工保险等。例如，许多公司利用招聘代理商寻找合适的求职者，但保留调配人员的控制权诸如聘用和解聘。许多公司外包的另外一个关键职能是工资，这在国内不少企业看来是不可思议的。事实上，不少在华的外资企业将公司的薪酬管理交给专业的人力资源服务提供商。此外，公司还可以将人力资源服务以项目的形式外包。人力资源专业服务商提供各种各样的服务，诸如开发员工手册、建立公司的薪酬体系或者建立用以评估员工业绩的绩效管理体系等，这些工作可交由那些专业的人力资源机构管理，它们可能比公司人力资源部更专业，也更具有权威性。要说明的是，无论是采取综合的解决方法，还是外包人力资源中特定的一些业务，与专业的人力资源机构建立一种稳固的关系是很重要的，公司需要与这些机构建立良好的合作关系，而且相信他们能完成公司的任务和达到要求。

总之，面对未来的发展，企业将部分作业流程外包出去的趋势不会消失，也因此，人力派遣公司的市场发展，仍具相当的成长空间；趋势专家与人力资源学者也预测，人力外包与派遣服务将是21世纪人力资源策略管理上最重要的人力运用形态。然而，企业在寻求人力派遣公司的服务时，还是应该重视内部的人力资源培训，避免陷入技术无法提升的难题。

14. 自我管理

在新商业经济时代，以个体为主的行为将会越来越突出。市场经济为人的自由发展营造了空间，Internet为人际自由交往提供了便利。每一个网站就是一个领导者，每一个人就是一个领导者，每个人要靠他的智慧、知识、能力，通过他的网络施展他的影响力。网络时代为个人的发展提供了广阔的前景，比如，一个人有音乐或其他方面的天赋，他就可以将他的曲子或其他作品通过网络传遍全世界。另外虚拟团队中的每个人，完全要靠自己来管理。在家上班，领导、同事看不见你，办公室的制度管不了你，全靠自我管理。所以，自我管理又是人力资源管理的热点和难点。自我管理虽然只管一个人，但它却适用所有的人。自我管理与其他管理相比有什么特点、自我管理应包括哪些内容、有什么方法、不同的人自我管理有什么差别，等等，都需要我们去探讨。管理发展的趋势将是人对自身的管理。

教材是学科发展成熟的结果。编写这套人力资源管理教材，并不表明我们在这个领域的研究造诣有多深，只是将我们在人力资源管理的教学中的体会写出来，便于学生学习，也便于与同行交流。在这套系列教材中，我们力求在人力资源管理的不同侧面既介绍基本理论，又反映学术前沿；更希望在准确把握人力资源发展趋势上有所贡献。

在编写过程中，吸收了国内外同行的研究成果，得到了武汉大学出版社的大力支持和帮助，在此，我们深表谢意。

关培兰

于珞珈山

前　言

纵观福利管理发展的历程，从早期人事专员发放福利的职能，到现在的福利对象惠及员工及员工家属；福利内容从物质福利扩展到精神福利，从员工工作涉及工作家庭生活平衡，当代“以人为本”的人力资源管理理念正被运用到福利管理中的方方面面。从这种意义上说，福利管理发展的历史就是人力资源管理发展的历史。在发达国家的很多企业里，福利成为员工个人经济保障的重要组成部分，福利相对于工资的比例急剧提升，并有超过工资的发展趋势。然而对于中国用人单位而言，法定福利理论覆盖层面和实际覆盖层面的差距；因为员工户口制度、企事业单位等不同而决定的法定福利的差异；用人单位自定福利设计的理念的落后、品种的缺乏；对福利公平和激励功能的理解和运用不足等，说明了完善员工的福利管理还有很长的路要走。正因为如此，我们尽可能地用最新的视角、最全面的内容、最翔实的材料、最实用的案例给读者介绍关员工福利管理方面的理论知识、实务经验、操作流程和规范，了解福利管理的过去、现在和将来。当然我们也承认，本书中不同章节的质量可能会参差不齐，也不可能超越所有国内同类教材以及本专业同行的研究水平，但是不妨碍我们尽量用“心”去谋划，尽“力”去完成。

本书分为三部分十二章。第一部分介绍了员工福利的概况以及设计管理。第二部分介绍了员工的法定福利。第三部分介绍了员工的自定福利。具体来说，第一部分包括第一章和第二章，主要内容是员工福利的基本概念、发展历程、福利计划的设计以及管理。第二部分包括第三章到第七章，主要内容是员工的法定福利：养老保险、医疗保险、失业保险、工伤保险、生育保险以及其他法定福利制度。第三部分包括第八章到第十二章，主要内容是：企业年金、住房公积金、健康保险计划、利润分享和员工持股计划、补充住房计划和其他福利计划。我们的编写原则是：首先，要有前沿性。尽可能反映当今最新的理念、最新的政策、最新的实践和最新的方法。其次，要有应用性。员工福利的实操性很强，这就要求在编写过程中尽可能注意内容贴近企业的实践、贴近员工的需求，为他们的工作和生活提供便利。最后，要有严谨性。本着对读者高度负责的使命感，尽可能地把每个理论概念、每次政策的变革、每种实践环节的来龙去脉交待得清清楚楚。从整体上看，全书内容全面系统，视野新颖开阔，较好地实现了理论与实践结合，每章均有引言、复习讨论题和案例，方便学生理解员工福利实际管理中存在的问题与难点。本书适合的读者范围比较广泛：企业人力资源管理者和薪酬福利工作者、公司高中层管理人员、政府人力资源管理部门和研究部门人员、各高等院校人力资源管理专业、社会保障专业及相关经济管理专业师生都可将其作为教材使用。

全书由卢亮完成体系设计和统稿修改工作。具体的撰写工作由下列人员完成：第一章，卢亮；第二章，何为；第三章，卢抗；第四章，梁燕；第五章，但彬；第六章，袁雯丽；第七章，王玉同；第八章，谢谧；第九章，周空；第十章，王爱玲；第十一章，张洪晖；第十二章，万敏。本教材力求做到内容丰富，表达清晰，这是我们的目标，但水平和能力有限，加之时间仓促，肯定和目标有差距，纰漏之处，请各位读者不吝赐教。

在写作过程中，参考了国内外大量的相关文献与教材，对这些文献和教材的作者我们无法一一列出，在此表示衷心的感谢。

目　录

第一章　员工福利的概述

引言：由于福利的提高带来雇佣成本的提高，员工福利已经被引入企业整体薪酬战略中，并成为关键要素。不仅如此，福利还广泛延伸到非物质领域，能满足员工生活服务、娱乐健身等多层次需求。毫不夸张地说，福利已经开始影响到员工以及员工家属的工作与生活。正因为如此，清楚地认识福利的本质、特点，它的过去、现在和未来，对公司的人力资源管理人员进行相应的管理工作有着极其重要的意义。

第一节　员工福利的基本概念

一、员工福利的定义

员工福利是指用人单位根据国家的法律规定和自身的经济能力，主要以非货币形式或者延期支付形式向所雇佣的员工以及员工家属提供的工资收入之外的实物或者服务。综合各种关于福利的定义来看，员工福利有广义和狭义的区分，这种区分的差别主要在于谁有自主权决定提供福利，以及向谁提供福利。如果在提供福利方面用人单位具有主动权，可以自行决定福利的内容、水平和形式，以及享受福利的对象，那么就是广义的福利。比如向员工提供补充养老保险、免费的午餐、健身卡、生日礼物，或者员工子女的教育商业保险、员工亲属的探亲机票等。狭义的福利主要指当员工遭遇死亡、意外、疾病、退休或者失业等风险的时候，用人单位向他们提供的经济安全保障，享受这种保障的主体是特定的，只能是员工本人，这种保障水平的标准和条件是国家法律规定的，用人单位不能擅自更改，而且还要保证每位员工都能公平地享有，例如用人单位必须按照国家规定的费率标准给所有的员工购买养老保险。

对员工福利概念的进一步理解，可以从以下三个方面入手：

首先，享有福利的前提条件是：用人单位必须和员工订立劳动合同。用人单位雇佣员工来从事生产经营活动，意味着员工和用人单位存在雇佣劳动关系，订立劳动合同正是对这种雇佣关系的确认，进而确定各自的权利和义务。

当雇主按照劳动合同向员工支付支付劳动报酬的时候，作为劳动报酬的重要组成部分，员工得到福利也就是理所应当的事情了。例如美国社会保险署对员工福利的解释就明确规定它仅限于雇主和员工之间所发生的经济安全。随着人力资源管理实践的深入发展，以用人单位和员工的劳动合同为延伸基础，现在员工的家属也能附带地享有用人单位的福利了。

其次，员工福利体现了国家法规、用人单位的管理策略和自身经济能力的结合。用人单位虽然有权利来为员工提供福利，但是会受到一些条件的限制。比如单位的人力资源管理策略，如果某个单位实行的是"以人为本"的管理原则，那么它必然会考虑到不同层次和不同特点员工的需求，提供差异化的员工福利。如果某个单位的经济效益不佳，那么它在提供员工福利方面可能就没有那么慷慨大方，仅给员工一些简单廉价的福利。但不管用人单位的福利如何"人性化"和"简单廉价"，它们都会受到法律的约束，比如当企业给员工办理补充医疗保险的时候，其经费使用受到国家法律的限制，只能在工资总额的4%之内提取才能享受税收优惠。同时，还有些员工福利的条款是由国家和政府的法律规定确定下来的，企业没有权力来修改，这些福利内容在相当长的时期内是非常稳定的，除非政府根据社会经济情况的变化做出调整。

最后，员工福利属于间接薪酬的范畴。一般来说，薪酬主要指员工为企业工作而获得的可以用货币直接或者间接衡量的经济性报酬，它包括直接薪酬和间接薪酬。直接薪酬指用人单位根据员工的工作表现直接支付的工资、奖金、津贴、补贴等，它由不变薪酬和可变薪酬构成。间接薪酬通常不和员工的工作表现直接挂钩，而是对员工工作表现和贡献的一种间接肯定和补偿，帮助员工以及家属应对现在和未来可能出现的各种生老病死的风险，其目的是保障和提高员工与其家属的生活水平，用于满足员工的需求，发挥"锦上添花"的作用。间接薪酬可以采取多种形式进行给付：包括现金、实物、假期以及各种服务；既可现期支付，也可延期支付；还可以采取多种组合方式支付。相对于直接薪酬而言，间接薪酬更为复杂，难以用统一的标准进行计算和衡量。

二、福利的种类

员工福利有很多划分的依据，在微观层面上，按照员工是否有选择权，可以分为固定性员工福利和弹性员工福利；按照员工接受福利的范围，有全员性员工福利和特殊性员工福利；按照用人单位提供的福利内容形式，可以分为实物型员工福利和货币型员工福利；按照支付的期限，有当期支付的员工福利和延期支付的员工福利。在宏观层面上，按照福利实施是否具有强制性，可以分为法定员工福利和单位自定员工福利。本书重点介绍法定员工福利和单位自定员工福利。

1. 法定员工福利

法定员工福利是国家通过立法，强制性地要求用人单位对所雇佣的员工提供的社会保险和劳动保护。法定福利具有以下特点：强制性：它是由国家立法强制性实施的，用人单位都必须依法参加并给员工提供。对不执行相关法规的单位，国家要征收滞纳金或者追究其法律责任。保障性：它主要为面临各种风险的员工提供基本的生活保证，保障水平不是很高。公平性：符合国家法律规定的劳动者均可享受到国家所提供的各种福利待遇，而且享受的水平标准也是统一的。互济性：特别是五险一金制度，运用收入再分配的方式进行风险分摊和相互补偿，分散风险的功能直接体现了它的互济性。

具体来说，在我国，员工的法定福利包括社会保险、住房公积金和各类休假制度。

(1)养老保险。当劳动者或社会成员达到法定退休年龄，或因年老丧失劳动能力退出劳动岗位后，由国家依法提供养老金，保障其基本生活而建立的一种社会保险制度。

(2)失业保险。国家通过立法强制实行，由社会集中建立基金，对非因本人意愿中断就业而失去工资收入的劳动者提供一定时期的物质帮助及再就业服务的制度。

(3)医疗保险。由特定组织或机构经办，通过强制性政策法规或自愿缔结契约的方式，在特定区域的特定参保人群中筹集保险基金，在参保人因病遭受健康和经济损失时实施经济补偿的一系列政策、制度和办法。也就是说，当人们在生病或者受到伤害的时候，国家或社会会提供医疗服务或经济补偿。

(4)工伤保险。劳动者在生产经营活动中或在规定的某些特殊情况下所遭受的意外伤害、职业病，以及因这两种情况造成死亡、暂时或永久丧失劳动能力时，劳动者及其遗属能够从国家、社会得到必要的物质补偿。这种补偿既包括医疗、康复所需，也包括生活保障所需。

(5)生育保险。根据法律规定，在女性职工由于怀孕、分娩和育婴而暂时无法从事正常的社会劳动，造成劳动力的中断、失去正常的收入来源时，由国家和社会及时提供必要的物质帮助的一种社会保障制度。

(6)住房公积金。国家机关、国有企业、城镇集体企业、外商投资企业、城镇私营企业及其他城镇企业、事业单位、民办非企业单位、社会团体及其职工个人缴纳并长期储蓄的住房储金。它是归属职工个人所有的、专项用于解决职工住房问题的保障性资金。

(7)休假制度。我国劳动法规定，职工享有的休息休假待遇包括以下六个方面：劳动者每日休息时间；每个工作日内的劳动者的工间、用餐、休息时间；每周休息时间；法定节假日；带薪年度休假；特殊情况下的休息，如探亲假、病假休息。

2. 用人单位自定福利

用人单位自定福利即用人单位根据自身情况自主建立的，向员工及其家属提供的福利项目。自定福利具有以下特点：(1)自主性。用人单位的自主性来自两个方面，一是客观方面的自身经济能力。如果经济状况好，用人单位就可以增加福利项目数量；如果经济状况不好，则可以削减福利。二是主观方面的管理策略。是“以人为本”还是“经济利益至上”决定了用人单位福利的内容，决定了可以对不同类型的员工提供差异化的福利。(2)约束性。用人单位的这种自主性在一定程度上受到国家法律法规的制约，例如在福利经费总额的比例方面国家就有明确的规定。(3)多样性。用人单位提供福利是建立在员工需求基础上，员工需求的多样性决定了自定福利内容和形式的多样性。自定福利不仅可以提供经济层面的保障，还可以满足员工的精神层面的需求，而法定福利主要是提供经济层面的帮助。

用人单位的自定福利包括以下内容：

(1)企业年金(企业的补充养老保险)。企业及其职工在依法参加基本养老保险的基础上，在国家政策的指导下，根据自身经济实力和经济状况建立的，旨在为本企业职工提供一定程度退休收入保障的补充性养老金制度。

(2)补充医疗保险。补充医疗保险是用人单位在参加了基本医疗保险的基础上，为员工提供的更高层级的医疗保险福利，包括企业补充医疗保险、商业医疗保险、社会互助和社区医疗保险等多种形式，是多层次医疗保障体系的重要组成部分。

(3)员工援助计划。它是企业为员工提供的系统的、长期的福利与支持项目。针对那些可能会给员工造成压力和心理问题的相关事件制定相应的援助措施，包括评估、咨询和治疗服务，为员工创造良好的工作环境，以缓解员工的工作压力，从而改善员工的工作绩效，达到提高组织效益的最终目的。现在它的服务对象扩展到所有的员工，甚至包括员工的家属。

(4)企业补充住房计划。又称补充性住房计划，是企业在国家法律规定的住房公积金计划之外，自愿建立的用于帮助员工解决住房问题的计划。它一般包括以下形式：补充性住房公积金、住房补贴、低息或无息住房贷款、利息补助计划、低价格集体购房计划及员工宿舍等。

(5)员工收入保障计划。它主要包括利润分享计划和员工持股计划。前者主要指按照事先规定的分享办法和比例，将公司一定时期超过既定目标的部分利润支付给员工，将员工的收入与企业的经营效益相联系。后者是指企业内部员工出资认购本公司部分股份，并委托专门机构(一般为员工持股会)集中管理运作，参与持股分红的一种长期绩效奖励计划。

(6)其他福利。在本书中包括员工培训、工作—家庭生活平衡计划等内容。培训的定义不再赘述。工作—家庭生活平衡计划是指企业帮助员工找到工作需要与家庭生活之间的平衡点而组织开展的一系列计划和活动，从而使员工正确认识和处理生活同工作间的关系，调和工作和生活之间的矛盾，缓解工作和家庭生活冲突给员工及其家庭造成的压力。此外，还有人寿保险和娱乐性福利等。

三、员工福利的作用

根据马斯洛需求层次理论，人们有不同层次的需求，而且为了满足自己最基本的需求而产生动力，进而产生相应的行为。福利政策可以满足员工不同层次的需求，是激励员工努力工作的重要方法。在此基础上，管理者在福利政策的实施中注重公平合理，使员工有归属感，对不可预知的未来有保障和安全感，员工才能更加努力工作。当福利的激励功能和保障公平的职能被充分地发挥出来的时候，企业和员工都能从中受益。

首先，对于员工来说，福利可以提高他们的经济收入，这是由福利项目本身具有税收减免或者递延的性质所决定的。这体现在以下两个方面：一方面，由于员工补充养老保险以及医疗保险方面的很多项目是税收优惠，或者税收递延的，如果用人单位给员工办理这些福利项目的话，员工的税后收入会得到提高。不仅如此，当用人单位为人数众多的员工办理人身保险和健康保险的时候，还可能存在规模效应，保险公司会对团体购买形成规模效益而降低保险费率，购买保险的员工因此也享受到了超值的保险折扣。另一方面，由于目前实行的是累进税率，就会出现员工收入高于某档税收级数一元钱的时候，可能要多缴数百元个人所得税的情况。这时候，用人单位可以基于福利的角度进行员工税收筹划，帮助员工减少个人所得税。

其次，福利可以使员工保持精神健康，提升生活质量。《韦伯斯特新世界大学词典》指出，“福利(Welfare)是一种健康、幸福和舒适的良好状态”。当员工面对工作压力，同事和家庭成员关系紧张，以及自身的衰老、疾病和死亡的时候，都会感到忧虑、紧张和恐惧。福利项目的实施，可以让员工从这些负面情绪中恢复过来，增加对工作和生活的幸福感和满意度。例如员工援助计划，是用人单位为员工设置的系统的、长期的福利计划，通过专业人员对员工及其家属进行专业诊断、指导、培训和咨询，帮助解决他们的心理和行为问题，使员工保持健康的生活方式。带薪休假福利，能够更好地缓解员工的工作压力，让他们有更多时间陪伴家人，从而满足人们在感情、亲情方面的需要。除此之外，用人单位兴办的各种娱乐和健身设施福利也能缓解员工的精神疲惫；医疗、失业和工伤保险可以让员工减轻对未来不可预知风险的恐惧感。

对于用人单位而言，福利能起到吸引和维系员工的作用。福利本质上是一种薪酬，福利水平越高，意味着员工得到的经济性收入也就越高。国内外的多项调查和研究显示：对于多项激励要素的选择，知识员工和有价值员工把"工作报酬和奖励"排在首位。在企业中能够发挥重要作用，起着重要贡献的各类人才，薪酬水平将直接关系到他们的切身利益问题。在实践中，用人单位也深谙"天下熙熙，皆为利来；天下攘攘，皆为利往"的道理，用丰厚的薪酬福利待遇来吸引人才。2014 年，谷歌被评为全美国薪酬福利待遇最佳的公司。就福利而言，谷歌公司煞费苦心，福利项目设置繁多：免费美食、24 小时健身房开放、营养咨询、按摩服务、泳池和温泉水疗等，让人觉得在谷歌工作就好像进入了"共产主义社会"。其实，谷歌的目的很明确：在竞争激烈的市场上能够吸引和留下最优秀的人才，并让员工为公司努力工作，例如让员工享受免费美食和在公司处理私人事务就是为了让员工延长加班时间。同时，由于大多数福利项目具有延期支付的性质，就像"金手铐"一样把员工牢牢地维系住，减少了员工离职给企业带来的损失；减少企业相应的招聘、培训新员工的资金成本和时间成本；这样，不仅帮助企业节省成本，还有利于企业平稳持续地发展，保持竞争力。

其次，员工福利有助于用人单位塑造良好的形象，传递企业价值观。对外，用人单位通过提供各种完善和丰厚的福利和保险，可以获得政府的信任和支持以及社会声望，如责任感、以人为本、善待员工等，从而增强用人单位的美誉度。对内，用人单位举办的各种集体出游活动、宴会活动可以使员工在工作之外有更多的接触机会，增进员工之间的了解，融洽公司内部成员间的同事关系，有助于人们获得情感上的满足。这些都可以让员工感觉到用人单位和自己不仅仅是一种单纯的经济契约关系，而是带有了某种程度的类似于家庭关系的感情成分，增加了员工的归属感，从而使其工作主动性和积极性得到极大的发挥，从而有助于创建良好的企业文化氛围，改善员工的工作境遇。

当然，任何事情都有正方两个方面的影响。如果在提供福利的过程中，管理层和员工层对于福利的复杂性缺乏足够的认识，而且福利的行政管理混乱的话，那么优厚的福利待遇就不再是吸引人的手段，反而会成为用人单位的成本重担，培养了员工的懒惰性；差别化的福利待遇不仅不会得到人性化的赞许，反而会让员工离心离德，加快员工的流失。

第二节 福利的发展

从员工的福利制度产生以来，其发展经历了三个时期：员工福利的初级发展阶段；员工福利的快速发展阶段；员工福利的综合发展阶段。每个阶段的员工福利制度总是随着社会经济背景和企业管理思想的变化而变化，政府和企业就是这种变化中的主要参与者。

一、国外的员工福利发展

1. 员工福利的初级发展阶段

初级发展阶段主要多发生在各国工业化早期，而且员工福利的状况是由当时的社会经济背景所决定的。首先，在工业化早期，新兴的资本主义生产方式刚刚步入上升时期，市场体系特别是劳动力市场还不健全、不成熟。基于对这种背景的观察和认识，亚当·斯密、威廉·配第以及大卫·李嘉图等人提出了生存工资理论：从长远看，在工业化社会中，工人的工资等于他的最低生活费用。也就是说工人的工资只能保持在维持其生存水平上，只能保持在使其勉强糊口的水平上。在这种工资理论水平的影响下，加上社会的生产力水平还不够发达，企业的物质财富积累也不够丰富，员工的福利水平明显受到影响。其次，当时的政府实行自由不干预的市场经济制度，绝大多数企业主眼里只有利润，完全不顾劳动者的生存。以英国为例，工业化早期英国工人工作条件恶劣，生活水平低下。“难以维持温饱的工资、14 到 16 小时的工作日、卫生条件恶劣的工厂和更加不卫生的工人住宅——这些在一切关于工业革命的记载中都是常常可以看到的”①。据当时的新闻报道，1833 年，埃尔德莱有一个织工，一家 7 口，4 个人工作，但全部收入在扣除房租、工具等后所剩只有每星期 2 先令，全家人的伙食是：早上喝粥，中午土豆拌盐，晚上也是这样，最多加一点麦片粥。工人的悲惨状况使得一些有良知的中上阶层的成员例如开明绅士、官员以及企业主感到羞愧。他们不仅呼吁社会采取措施改善工人阶级的生活状况和工作状况，而且也付诸行动。当时的保守党领袖、两次出任首相的迪斯雷利曾提出：“给茅屋以面包，给宫廷以和平”；企业主欧文极力改善工人的工作状况，除了给工人建设整齐干净的宿舍以外，还举办劳工食堂，把工人的工作时间从当时盛行的 13~14 小时缩短为 10.5 小时。

---

① 莫尔顿·台德．英国工人运动史 1770—1920[M]．叶周，何新，等，译．三联书店，1962：27.

一些有经济实力的企业除了给员工提供劳动保护和培训等福利之外，还尝试着开发新的福利项目，例如企业年金，尽管企业年金的雏形可以追溯到19世纪初的英国，但是真正被认可还是在1875年，美国快递公司建立了第一个企业年金计划。虽然由雇主自行筹集资金，但是企业年金计划的支付条件是非常苛刻的：领取对象是为快递公司工作20年、年龄到60岁的永久伤残员工；支付水平为该工人退休前十年内平均工资的一半，且不超过500美元；要经过公司董事委员会批准。

由此可见，在这一阶段的员工福利呈现以下特点：员工福利由企业自行决定，企业主的动机、道德水平等决定了员工福利水平和内容。整体的福利水平较低，福利项目主要以劳动保护居多，例如劳动环境的改善和劳动时间的控制等，主要目的是防止劳动事故的发生以及劳动伤害的出现。实际上，从劳动保护对象看，这些福利制度并非保护所有的劳动者，而是针对那些工作环境较差、面临劳动风险较大的员工或者已经遭受工伤事故伤害的员工。

2. 员工福利的快速发展阶段

市场经济的迅速发展，受雇工人数量的日益扩大，也导致了面临工业社会风险的工人越来越多，随着工业化和城市化的推进，家庭保障功能的消散，养老、工伤、疾病等问题无一不困扰着工人。受到社会主义思潮的影响，工人们也纷纷组织起来，用罢工、集会、游行甚至反抗等活动，为维护自己的权益和企业主展开斗争。尤其是市场缺陷导致的经济危机频繁爆发时，工人们的反抗日益让各国政府感到不安，对当时政权的稳定构成了威胁。这时候，国家开始出面，建立法定的员工福利制度来消除劳资冲突，达到稳定社会的目的。

19世纪80年代，德国政府颁布了三项法案：1883年的《疾病保险法》，1884年的《工伤事故保险》，1889年的《老年和残障保险法》，从而完成了当时世界上第一份比较完备的工人社会保障计划，建立了社会保险制度。德国的保险制度是通过立法的形式明确了保障对象的权利与义务，从内容上涵盖了疾病、工伤和老年这三项劳动者所面临的最主要的社会风险，具备了现代社会保障制度所具备的基本原则：明确了权利与义务相统一，以交费作为享受保险的条件，保险费用多方共同负担等。它比传统的社会救济制度和家庭保障更具现代意义，成为现代社会保障制度诞生的标志。德国成为世界上第一个建立起强制性养老保险、工伤保险以及医疗保险制度的国家。受此影响，各国纷纷建立起自己的社会保险制度，1905年，法国成为世界上第一个建立非强制性失业保险制度的国家。1911年，英国颁布了世界上第一个强制性《失业保险法》。

1929—1933年世界经济危机重创了美国经济，大量工人失掉工作，老年人的养老储蓄化为乌有，引发了严重的社会危机。美国政府开始大力干预经济，为社会成员建立保障制度。1935 年 8 月 14 日，美国颁布《社会保障法》，其基本内容是失业保障、老年保障和各种津贴。这部社会保障法不仅在实践中基本解决了美国社会面临的失业和养老问题，而且在理论上第一次提出“社会保障”概念，使社会保障从形式到内容都更加完整和统一。它是世界上第一部完整的社会保障法，它的颁布对其他国家法定福利制度的形成产生了重要影响。

在第二次世界大战中，英国遭受严重的创伤，公民的伤、残、病、死、穷等问题特别突出，加上已有的福利制度存在严重弊端，社会要求改革的呼声十分高涨，剑桥大学贝弗里奇教授接受政府委托，开始研究并发布了其研究成果——《社会保险及相关事务》，也称《贝弗里奇报告》。他在报告中提出建立全社会的国民保险制度，国家要对公民提供从摇篮到坟墓，从生到死的一切福利保障。1944 年到 1948 年，英国全面完成社会保障体系制度建设。1946 年，英国成为世界上第一个实行全民医疗的国家。1948 年，艾德礼首相宣布英国第一个建成福利国家。随后，瑞典、芬兰、挪威、法国、意大利等国也纷纷效仿英国，致力于建设福利国家，社会保险成为员工法定福利的主要内容。

从第二次世界大战结束到 20 世纪 70 年代中期，世界各国经济发展进入黄金时期，资本主义国家在这 20 多年所创造的财富远远多于过去 200 年所创造的财富，企业管理实践也深入发展，各种管理学理论层出不穷，这为企业制订员工福利的规划和设计提供了良好的经济基础和理论指导，企业主开始考虑和尊重员工的权利。各种新形式的员工福利涌现并发展：企业年金和团体保险的大发展；住房补贴、利润分享计划和员工持股计划的出现等。员工享有的自定福利水平明显提高。据统计，美国在 1955 年到 1975 年的 20 年中，员工福利几乎是以员工工资或者消费价格指数四倍的速度增长。

纵观这一阶段员工福利的发展，它呈现出以下特点：首先，政府开始介入福利制度建设，法定福利成为员工福利构成的主要内容，劳资双方也因此确定了各自的责任。在法定福利制度中，劳资双方是平分责任；在非法定福利制度中，雇主承担主要责任。其次，从福利的内容来看，完成了从劳动保护到现金以及实物给付的转变。因为，随着社会文明法制的进步，保护劳动者正常的工作条件已经成为最基本的要求，但是员工所面临的各种劳动风险依旧存在。所以，无论是法定福利还是自定福利，现金和实物的支付仍然有必要。最后，企业也逐渐成为制定员工福利的主体，给员工提供的福利项目也日益增多。

3. 员工福利的综合发展阶段

20 世纪 70 年代的石油危机引发了第二次世界大战后的第一次经济危机，西方发达国家福利制度的弊端开始逐渐显现出来：一是社会保障标准太高，对国家财政压力太大。这种高标准的福利制度是建立在经济持续增长的基础上的，当经济危机来临的时候，高水平的社会福利刚性需求必然会挤占经济发展所需要的投资和储蓄份额，久而久之，国家财政也会不堪重负。二是这种制度会带来其他的不良社会后果。国家过度干预社会福利制度，导致越来越多的社会经济资源落入政府手中，市场机制的调节作用可能会失灵；部分国家公民会养成等、靠、要的懒惰心理，不利于提高社会的生产率；社会福利覆盖面的扩大，使庞大的福利机构形成官僚主义，引发效率低和资源浪费等问题；高额的社会保障税率使得企业的成本过高，削弱了企业的竞争能力，也使得高收入群体的工作积极性受到损害。同时，新技术的广泛运用，全球化的挑战，政府功能和国家责任的有限性日益明显，政府也需要调整自己的角色，建立促进经济发展和预防克服危机的机制，而不再是包揽性的全面管理。正是因为如此，各国政府开始对传统法定福利政策进行新一轮改革和调整，主要采取以下措施：(1)让更多的私人部门参与到法定福利的改革中来，实行社会福利制度的"资本化"、"私人化"，像英国政府在20世纪70年代后期开始就对传统的国民养老金模式进行改革，鼓励私营部门以职业年金和私人养老计划的方式参与福利资源的配置，把福利项目交给社会团体、工人合作社以及自愿团体去操办，通过税收优惠等方式间接支持员工福利制度的发展。(2)增收节支，改革政府福利管理机构，加强社会福利基金的运营和管理。(3)推行工作福利。20世纪80年代开始，英美等国大力推行"工作福利"，希望将"传统福利国家"转变为"工作福利国家"，鼓励人们积极工作，以减少福利开支。英国前首相布莱尔就认为工作是最好的福利，是满足人们需求的最佳方式。

在此期间，企业的外部环境发生明显的变化，全球化的浪潮和新技术的扩散促进了产业结构的升级、资本的流动，使得企业的发展不再依赖于规模经济效应，而是依赖于技术的创新、组织结构的创新，以及和相关利益群体的协作，这就导致企业内部人力资本投资理念的兴起，优秀的员工成为企业竞争的制胜法宝。企业主和员工的关系也因此发生转变，逐渐从对立和冲突转为合作和妥协。在这种背景下，企业对员工福利投入的主要目的已经不再是调节劳资关系，缓和劳资矛盾，而是为了吸引、维系和开发人才，提升企业竞争能力。当然，工会也在其中发挥了一定的推动作用。因此，员工福利的设计管理原则也发生了相应的调整：从以前的企业供给导向型转变为员工的需求导向型；从员工的被动选择转化为提供给员工一定的主动权。福利的形式出现了带薪休假、家庭工作平衡、弹性福利与员工援助计划等。

综上所述，这段时期员工福利的特点有：政府和企业在员工福利制度设计方面都在调整自身的角色地位；法定福利和自定福利的范围不断扩宽，福利水平不断提高；福利在促进劳资合作、激励员工方面开始发挥更大的作用。

二、中国的员工福利发展

随着我国社会经济制度的变革，我国企事业单位员工的福利发展经历了计划经济和市场经济体制两个阶段。经过几十年的创建、改革、重建和完善，到目前为止，员工法定社会保险制度框架已经基本建立，企事业单位自定的员工福利正在逐步走入正途。

1. 计划经济体制下的员工福利制度(1949—1978 年)

在我国计划经济时代，用人单位承担的责任是国家责任的延续，实际上国家成为该制度的最终责任主体。不管是在推动制度变革方面、进行资金供给方面，还是开展管理监督方面，国家(政府)都发挥了主导作用，而用人单位则具体负责执行和落实，个人几乎不需承担直接责任。在这一阶段，形成了与计划经济体制相适应的以劳动保险为主体的职工福利制度，建立起了劳动保险、公费医疗和劳保医疗、女工生育和女工保护等制度。员工享有的福利待遇非常高，覆盖了职工生活的方方面面，几乎是从“摇篮到坟墓”的照顾，福利形式主要以实物发放和经济报销为主，可以媲美于同时期西方发达国家以及前苏联、东欧社会主义国家劳动者享受的福利。

中华人民共和国成立伊始，职工的法定福利就受到中央政府的重视。1951 年 2 月 26 日，中央人民政府政务院公布实施《中华人民共和国劳动保险条例》，这是中华人民共和国第一部全国统一的社会保险法规，对实施范围、对象、劳动保险金的征集，各项待遇确定、管理与监督等都作了规定。1953 年 1 月 26 日，劳动部公布《中华人民共和国劳动保险条例实施细则修正草案的决定》，该细则与条例成为此后至 1978 年期间，企业实施社会保险的重要法律依据。同年，9 月 24 日，《中华人民共和国宪法》规定：劳动者在年老、疾病或者丧失劳动能力的时候，有获得物质帮助的权利。国家举办社会保险、社会救济和群众卫生事业，并逐步扩大这些设施，以保证劳动者享受这些权利。这是在中国第一部宪法中正式写入社会保险条款。

在此期间，五大社会保险的法律相继出台，保证了劳动者的合法权利。1958 年 2 月 9 日，国务院发布《关于工人、职员退休处理的暂行规定》。同年 3 月 7 日，全国人大常委会第 94 次会议原则批准《关于工人、职员退职处理的暂行规定(草案)》。

1952 年 6 月 27 日，中央人民政府政务院发布《关于全国各级人民政府、党派、团体及所属事业单位的国家工作人员实行公费医疗预防的指示》，决定自 1951 年 7 月 1 日起逐步实行对全国各级人民政府、党派、工青妇团体、各种工作队，以及文化、教育、卫生、经济建设等事业单位工作人员和革命残废军人实行公费医疗预防制度。1956 年 7 月 28 日，国务院发布《关于对私营工商业、手工业、私营运输业的社会主义改造中若干问题的指示》，该指示对私营、个体手工业劳动者的疾病医疗问题作了原则规定。

1951 年 2 月 26 日，中央人民政府政务院公布实施《中华人民共和国劳动保险条例》，条例规定了工伤补偿制度。1953 年 1 月 2 日，中央人民政府政务院第 165 次会议通过并发布《关于中华人民共和国劳动保险条例若干修正的决定》。当年修正公布的《中华人民共和国劳动保险条例》及其后发布的一系列单行规定形成了我国工伤待遇体系。

1950 年 6 月 17 日，中央人民政府政务院发布《关于救济失业工人的指示》、《救济失业工人暂行办法》两个文件，解决失业工人的生活保障问题。

1955 年 4 月 26 日，国务院发布《关于女工作人员生产假期的通知》，第一次对女工作人员生育产假的期限、待遇作了统一规定。

从 1950 年到 1955 年，还以颁布单项法规的形式逐步建立了国家机关、民主党派、人民团体和事业单位工作人员的社会保险制度。

但是，进入"文化大革命"以后，社会保险工作受到很大的影响，企业职工的法定社会保险倒退为企业保险。1969 年 2 月 10 日，财政部《关于国营企业财务工作中几项制度的改革意见(草案)》，将城镇企业职工养老保险从"国家/企业保险"模式改为"纯粹的企业保险"模式。

用人单位自己兴办的福利主要包括职工的生活福利和文化福利：前者是指通过建立集体生活服务设施，以优惠的待遇提供给职工享用，包括职工食堂、职工宿舍、托儿所、幼儿园、子弟学校、浴池和理发室、上下班交通车辆等。后者是文化卫生、体育娱乐等设施，包括业余学校、文化宫(俱乐部)、图书馆、体育场馆、医院(卫生所)和保健、疗养设施等。

单位福利具有如下特点：一是建立在职工与单位的依附关系的基础之上，只有本单位的职工才能享受到本单位的福利。二是不管单位规模如何，福利项目和设施都面面俱到，具有"大而全"、"小而全"的特色。三是在国家统一规定下，各单位自主办理福利设施和福利项目，由于各单位的经济状况差异，福利待遇标准有所不同。

2. 市场经济体制下的员工福利制度(1979 年至今)

市场经济体制下的福利制度的形成，可以分为两个阶段。第一个阶段是员工福利的改革探索时期(1979—2002 年)，这正是我国计划经济体制向市场经济体制转轨的阶段，政府和社会对用人单位，特别是企业员工福利的构建作出了大量的探索实践。员工的法定福利制度得到了系统全面的发展，养老保险、医疗保险，失业保险、生育保险、工伤保险制度进行了改革与重建，并首次建立了企业年金制度、企业补充医疗保险制度以及住房公积金制度。在用人单位自定福利的问题上，一方面受到传统的体制和观念的影响，另一方面受到市场价值观念以及外来管理思想的冲击，不少企业也开始尝试新条件下薪酬福利体系和福利项目的创新，但是自定福利多数仍以货币为主，缺乏多样性，尤其缺乏对“精神类福利”或者“软福利”的关注。

第二个阶段是“以人为本”的创新阶段(2003 年至今)。进入 21 世纪以来，在党中央、国务院提出的“和谐社会”、“科学发展观”、“以人为本”的理念指导下，员工法定福利的改革与建设进入了全面的制度创新与完善阶段。2010 年 10 月 28 日，中华人民共和国全国人民代表大会常务委员会通过《中华人民共和国社会保险法》，于 2011 年 7 月 1 日开始实施。它是我国企事业单位员工社会保险立法史上的里程碑，是改革开放 30 多年以来对社会保险制度重新构建的经验总结，标志着我国社会保险制度发展全面进入法制化轨道。随着现代人力资源管理理念的引入和经济实力的增强，用人单位特别是企业开始重视员工福利的作用，在制订员工福利计划的时候，不仅关注经济性方面的福利，而且也关注非经济层面的综合性福利，在福利形式、内容方面都有所创新。

市场经济体制阶段，我国员工法定福利制度改革的进程如下：

1991 年 6 月 26 日，国务院发布《关于企业职工养老保险制度改革的决定》，首次提出我国养老保险制度由基本养老保险、企业补充养老保险、个人储蓄性养老保险三个层次组成，并正式规定职工个人缴纳养老保险费用。1997 年 7 月 16 日，国务院发布《关于建立统一的企业职工基本养老保险制度的决定》，决定我国城镇企业养老保险开始实行社会统筹和个人账户相结合的养老保险制度，养老保险基金筹集实行部分积累模式。2015 年 1 月 14 日国务院发布《关于机关事业单位工作人员养老保险制度改革的决定》，朝着建立更加公平、可持续的养老保险制度迈进了一步。机关事业制单位员工的医疗、失业、工伤与生育保险制度正在推进中。

1998 年 12 月 14 日，国务院发布《关于建立城镇职工基本医疗保险制度的决定》，决定在全国范围内进行城镇职工医疗保险制度改革。基本医疗保险费由用人单位和职工共同缴纳，并建立基本医疗保险统筹基金和个人账户。

1999 年 1 月 22 日，国务院发布《失业保险条例》。条例规定失业保险覆盖范围扩大到城镇企业事业单位及其职工。

1996 年 8 月 12 日，劳动部发布《企业职工工伤保险试行办法》，该办法是自 1951 年《劳动保险条例》公布以来第一个专门的企业职工工伤保险规章。2003 年 4 月 27 日，国务院颁布《工伤保险条例》，对工伤保险基金的构成、缴纳、管理，工伤认定的范围、程序，劳动能力鉴定的标准及工伤保险待遇、监督管理、法律责任等提出了具体要求。这是我国第一部工伤保险法规，于2004年1月1日正式实施。2010年12月20日，国务院令公布了《国务院关于修改〈工伤保险条例〉的决定》，2011年1月1日开始实行。

1994年12月14日，劳动部发布《企业职工生育保险试行办法》，该试行办法是中华人民共和国成立后第一个生育保险专门规章，对生育保险的适用范围、统筹层次、筹集比例、待遇标准、支付方式和管理等问题作了具体规定。

1991年《国务院关于企业职工养老保险制度改革的决定》规定："国家鼓励用人单位根据本单位的实际情况为劳动者建立补充养老保险。"这是我国第一次在文件中明确提出要鼓励企业建立补充养老保险制度。2000年12月25日，国务院颁布了《关于完善城镇社会保障体系的试点方案》，该文件将"企业补充养老保险"正式更名为"企业年金"。2004年5月1日《企业年金试行办法》正式实施，该文件对建立企业年金的基本条件、决策程序、资金来源、管理办法、待遇给付、管理机构等做出了明确规范。

1999年4月3日，《住房公积金管理条例》开始实施，标志着我国住房公积金制度进入了规范化、制度化和法制化的发展新阶段。2002年3月24日，国务院公布了修改后的新《住房公积金管理条例》，修改了住房公积金的定义。

2008年1月1日，《职工带薪年休假条例》开始实行，条例对职工的权利进行了规定。

目前，尽管我国用人单位在员工福利管理理念、设计和内容等方面进展不少，但是还是存在不少问题。首先外部环境还有待进一步改善。其次是全面的员工福利体系的用人单位多为大型国企、外企以及实力雄厚的民营企业。再次，员工对福利的参与程度还不够广泛。最后，多以法定福利为主体，企业自定的员工福利项目还不多。

政府、企业、工会和员工作为参与福利制定和实施的博弈主体，一直在影响福利的发展进程。在博弈过程中，政府的目的是维护社会稳定，企业的目的是赚取利润，工会是维护员工的利益，员工则是满足自己的需求。对于福利而言，企业就有相当大的自主权。在绝大多数中国企业以成本作为竞争手段，以及工会影响力不够的情况下，能够遵守国家的法律规定，给员工发放法定福利就不错了，何况自定福利又不是企业的法定义务。因此在中国，只有那些经济实力强，企业管理理念和实践比较先进的外企、国企和民企才有可能实施种类繁多、温暖贴心的福利项目。大多数企业，尤其是实力孱弱的中小企业在自定福利方面水平较低、项目选择较少也就是正常的事情了。根据专业公司对中国外企的调查①：2012 年，在员工最关心的十项企业自定福利里面，至少有 25%的公司提供了“节日礼包”、“补充医疗”、“住房补贴或低息贷款”、“旅游奖励”这四项福利，实施其他六项“补充养老保险”、“个性化医检”、“配偶或子女共享医疗保障”、“弹性工作制”、“健康风险评估即预防”、“培训计划”的企业不到 10%，而且企业提供的福利和员工需要的福利还出现了一定的错位，这说明即使在中国经营相对规范的外企也存在福利管理改进的余地。从上述案例也可以看出，虽然我国用人单位的员工福利管理取得了进展，但还是存在不少问题：自定福利水平较低、福利项目不多、员工的参与权需要提高、偏重经济福利。上述问题的解决不仅要以提高企业经济效益，切实推广“以人为本”管理理念为基础，还有待于工会和员工，甚至政府的参与和推动。

三、员工福利发展的趋势

市场的风云变化，人才的竞争加剧，迫使企业不断地提升和完善管理技巧，不断更新福利管理方式和福利项目，从各国企业的员工福利管理的实践中我们可以看到下列趋势：

1. 福利的功能从关注公平到公平和激励并重

员工福利有保障公平和激励的功能。英国学者贝弗里奇提出的“3U”原则被西方社会广泛地实施。员工法定福利的特点之一就是保障公平，然而这种无差别的福利政策增加了社会成本以及失业人员的惰性，现在不少西方发达国家开始调整法定福利政策，强调“工作福利”，即为接受福利而工作，激励福利受益人寻求工作或者增加劳动投入，这就意味着员工福利不再仅限于雇员和用人单位的单方面经济安全，而是变成了国家、用人单位和雇员三者之间的经济安全了。对于用人单位的自定福利而言，在过去一般是面向所有或者大多数员工，不和员工的贡献和绩效直接挂钩，具有普惠和保健的性质。员工也把福利看成常备的薪酬，并没有感受到用人单位的关怀；用人单位的成本也高居不下，常有花了钱办不了事情的感觉。因此，现在用人单位的自定福利也出现了新现象：开始按照员工的贡献程度，把福利分为不同的等级，规定什么是普惠性福利，什么是绩效性福利，而且在这个过程中，把员工的福利与整体绩效挂钩，员工福利与个人表现挂钩，以达到福利激励效用的最大化和多层次化。

---

① 《中国新时代》编辑部. 继续激励还是回归保障——2012 年企业福利状况调查[J]. 中国新时代，2103(3)：68-70.

2. 福利关注的对象发生变化，从关注员工到关注员工的家属，从关注员工的工作到关注员工工作和生活的平衡

在福利实践管理中，流行这样一句话：“一项福利如果被员工自己认为是福利，那么它就是员工福利。”从员工角度来说，是员工从自己的需求角度来定义福利的。其实这种说法对福利管理者提出了要求：政府和用人单位实行“以人为本”的福利管理理念。从福利的特点可以看出，员工福利必须以雇佣关系的形成作为前提基础，这就决定了员工比家属更能优先享受福利。在法定福利和自定福利的早期实践中，我们都可以发现这种迹象。比如早期的失业保险法规定当员工失业的时候，只能是员工本人来领取失业保险。在当代的一些西方发达国家里，失业员工本人不仅可以领取失业保险，其家属也可以附带性地领取失业补助。至于旅游福利、教育福利、探亲假、人寿保险等自定福利已经惠及员工家属，成为用人单位吸引员工，提高其幸福感的不可缺少的手段。不仅如此，很多用人单位还意识到把福利管理从员工的工作扩展到保持员工工作和生活的平衡也是非常有必要的。研究和实践已经证实：工作家庭生活冲突对个体的身心健康会产生短期和长期的负面影响，进一步降低个体的生活满意度及婚姻满意度，对于员工的整体工作、生活状态都会起到一定的消极作用。当企业的组织价值观支持工作家庭生活平衡时，员工的工作、生活满意度都显著较高，有利于员工保持自己在工作方面的精力和动力，从而高效、高质地完成工作。所以，弹性工作时间制、员工个人生活事项咨询服务、员工老人和儿童看护计划、生活保姆服务等福利项目被提供给员工，帮助他们分担和缓解家庭压力。

3. 福利形式的多样化、自助化和外包化

福利管理者会根据外在经济社会形势的变化、内在员工构成以及需求的变化，形成动态化的管理，不断推出福利的新花样，从员工的生老病死到培训教育，从娱乐休闲到工作成长发展，从防范风险到照顾生活，简直是无所不包，成为员工的贴心保姆。有的企业为了维护员工身体健康，在给员工提供的免费午餐上标出的不是价格，而是食物卡路里的含量。有的企业针对单身男性员工较多的情况，推出“红娘计划”，承诺帮助他们在一定时间内找到伴侣，如果没有实现，给予一定的补偿。尽管各种形式的福利同样要花费用人单位的利润，但是会给员工更多的人情味，增加员工对于福利的边际效用。其实，在注重保障员工经济层面福利的同时，强调福利的精神层面的属性和人文关怀，帮助员工预防、缓解和疏导心理负面情绪，能够提高员工幸福感的物质和非物质的一系列措施，如员工援助计划、心理讲座、心理检查等，也是福利形式多样化的体现。

然而，在福利的实践过程中，也常常会出现下列现象：老板为办好福利花费了大量的金钱和精力，但是员工并不买账，认为从中没有得到任何实惠。同时，员工的多样化需求也增加了福利管理的难度。自助式福利或者弹性化福利的出现能够比较好地解决上述难题。也就是用人单位针对员工的不同的个性化需求，向他们提供一个可供选择的福利项目表，允许员工在规定的范围内自行选择，甚至还允许员工通过企业民主的形式来参与福利方案的制订。由于这种方案可以让员工把得到的金钱福利花在他们自己愿意的地方，不仅改变了传统福利项目千篇一律的老面孔，而且还节省了成本。值得注意的是，随着信息技术的飞速发展，电子化的自助服务平台将成为弹性福利管理的重要载体。

在微观层面，对于企业自定福利来说，做好福利的管理和设计，取得良好的效果是一件非常繁琐费心的事情。用人单位为了专注核心业务的发展，往往会把自身的福利计划外包给其他专业公司来做，由它们负责企业福利制度的设计，以及员工福利的发放、管理和购买。这种外包有利于实现福利项目的多样性、福利规划的科学性以及购买福利项目的规模经济性。从外部宏观层面来看，员工的法定福利也有外包化的趋势。从 20 世纪 80 年代以来，发达国家进行了以市场为取向的大规模的福利改革，一个明显的政策取向是从“国家福利”向“多元福利”转变。在这次改革中，“私营化”占有相当重要的地位并成为主要的改革方向。例如在瑞典，很多公共福利领域向私营部门开放，结果政府在健康照顾、教育体系和社会服务领域方面外包的份额迅速增长。

复习思考题

1. 怎样理解员工福利的定义？
2. 员工福利的作用有哪些？
3. 怎样理解员工福利未来的发展趋势？

【案例】

福利关注员工 8 小时之外

目前，互联网企业招到合适的人才越来越难，所以把目光放到了员工福利上，想通过各种软件和硬件的福利优化来吸引大量人才涌入。但是，大多数企业把目光放在了“8 小时之内”，比如高薪、免费午餐、员工活动、体检、办公设施等。其实，员工的大部分时间都是在那“8 小时之外”，如何在这个时间来体贴关心，给他们工作之外的福利，才是真正能“超越”Google 的公司所该想该做的。

在北京，外地员工在公司内应该占绝大多数，在他们最关心的衣、食、住、行中，住应该是最大的难题，很多人遭遇过“黑中介”，中介费每年都交、退房不退押金，甚至定金交了房子没了、一房租二主的事情比比皆是。遭遇这样的事情，估计谁也不能安心工作。所以，为员工租到称心如意的房子，是企业所承担的义务。

现在，顺丰速运北京公司(以下称顺丰北京)成为第一个“吃螃蟹的人”，它们与火炬租房签约《企业员工安居福利计划》，从此顺丰北京的员工再不会为不能快速地租到好房子而发愁了。

此次火炬租房推出的《企业员工安居福利计划》针对北京市所有企业，为企业员工解决“找房难”、“中介费贵”、“黑中介猖獗”、“住房环境差”和“租住麻烦多”五大住房难题。签约企业员工不仅可以体会到如“大部分房屋专属租金的优惠折扣”、“有权租住专属特价房屋”、“优先选房，优先成交”等诸多福利，更可以享受火炬租房提供的“猎房服务”，例如可以“指定租房区域”、“全程代办”等。

顺丰北京的员工小丁就是受益者之一。在之前的租房过程中，小丁有过种种不愉快的经历。最让她烦心的就是虚假的房源信息和中介机构的骚扰。“网站上的租房信息往往不可靠，图文不符是常事，价格有时也有猫腻。”一位房屋中介人员透露，通过虚假房源信息吸引客户，见面后再以“该房已租出”为借口，用其他房源替代，这几乎成为中介运作的“潜规则”。而据小丁反映，只要她与中介有过联系，她的个人信息就会被放在中介公司的内网上，此后不断遭到中介骚扰。“我一上午就接到七八个中介电话，无奈之下跟客服投诉，让他们把我的信息撤下。”自从顺丰北京加入了《企业员工安居福利计划》，小丁也再不会为租房而发愁了，她不仅利用火炬租房租到了满意的房子，而且整个流程还有社区经理帮忙免费打理。“简直太意想不到了！租房子不用中介费，还有免费服务，这真是以前想都不敢想的”小丁兴奋地说道。

火炬租房联合创始人、COO王小龙告诉记者，为了解决租房的安全问题，火炬租房特别开发了一套“火眼金睛安全识别系统”，通过系统审查，屏蔽了100%的中介、二房东等虚假房源，保证全为真实房源；也对租客进行身份识别，保证其安全可靠。

资料来源：http：//pension. hexun. com/2015-06-19/176888099. html.

第二章　福利的设计和管理

引言：员工福利管理是指为保证员工福利有序实施、达到预期效果，采用一系列管理手段和技术对员工福利进行控制和调整的活动。企业员工福利管理是在统筹考虑各种因素和问题的基础上进行的，福利成本呈刚性增长规律，需要企业加强管理，控制其巨大的支付压力，可能会对企业的竞争力造成的影响，并且有效的企业员工福利管理可以制定相应的制度对员工进行约束，使得员工福利的各项目标得以实现。本章在对员工福利计划设计的原则、影响因素、流程、员工福利管理的流程进行详细介绍的基础上，同时对福利管理发展的三个阶段进行了深入分析，有助于大家对员工福利计划设计和管理的全面了解。

第一节　福利的设计

一、影响福利设计的因素

与国家社会保障体系中的各项计划相比，员工福利计划更具有企业行为的特征，雇主提供员工福利计划的动机在于提高劳动生产率，增强企业的竞争能力。

在员工福利设计中，企业提供何种水平、何种类型以及采用何种模式实施福利制度是员工福利设计的三大核心问题。它们是企业在员工福利设计中所受外部环境因素和内部环境因素综合作用的结果。公司的福利管理者只有在清楚地了解到影响福利设计的各项因素以及其在特定组织中对员工福利的影响，制订既与组织外部环境相适应，又与企业内部环境一致的福利计划，才能保证福利制度有效开展并取得预期效果、达到目的。

1. 外部环境因素

(1)国家相关的法律制度。劳动者的福利权益在全世界大多数国家都有相关强制性的规定，并集中体现在社会保障方面。在中国，国家干预福利由来已久，在计划经济时期国家甚至直接为企业员工提供福利，国有制企业甚至拥有自己的医院、学校等机构；在市场化后，我国在2008年实施的《劳动合同法》对企业员工福利也有明确强制福利。

①国家职工福利制度。在20世纪七八十年代，高福利制度造成了西方许多国家的财政危机、失业危机、观念危机，阻碍了社会经济的发展。发展到今天，各国对职工福利制度都建立了相应的法律制度和规定，企业在制定员工福利制度时要在国家法律政策规定的允许范围内进行。

②工时制度。国家和企业关于对劳动者工作时间和休息时间的规定的各项制度总称为工时制度。工时制度一般包括工作时间、轮班制度、加班加点各项限制、法定节假日、公休假日和年休假等方面内容。员工福利的主要项目是法定节假日、公休假日和年休假等内容。

③社会保险制度。法定福利的主要组成是各项社会保险。我国法律法规对社会保险项目——基本养老保险、基本医疗保险、失业保险、工伤保险和生育保险分别作了详细规定，确定了企业必须提供的各项社会保险项目、水平和支付模式等。

④特殊劳动保护制度。国家对特殊人群作出了特殊劳动规定，企业组织要在相关法律规定允许的条件下设置这部分劳动者的福利内容。特殊劳动保护制度包括女职工劳动保护制度和未成年工劳动保护制度两种。我国《劳动法》第29条规定女职工在孕期、产期、哺乳期内的，用人单位不得依据《劳动法》第26条和第27条的规定解除劳动合同。而因为职工在试用期间被证明不符合录用条件，用人单位可以解除劳动合同的规定是第25条，不受第29条的限制。

⑤住房公积金和补充福利制度等。国家强制性规定的法定福利项目还包括住房公积金制度。我国的住房公积金制度从1991年借鉴新加坡公积金制度在上海实行以来，国家相继颁布了《国务院关于深化城镇住房制度改革的决定》及《关于进一步深化城镇住房制度改革加快住房建设的通知》等文件，在二十余年间不断根据现实发展需要作出调整，近年来住房公积金制度改革的呼声也是越来越高。补充福利制度作为基本福利制度的补充，包括补充养老保险制度、补充医疗制度、补充住房公积金制度等，国家也对相关内容做出了一些规定，尤其是在2011年劳动部为加快建立企业补充养老保险制度的步伐，尽快完善多层次的养老保险体系，在总结各地试点经验和借鉴国外做法的基础上，提出了《关于建立企业补充养老保险制度的意见》，对我国企业建立补充养老保险制度做出了更为详尽的要求。

(2)政府的工资调控政策。

世界主要市场经济国家工资调控管理的实践，依据调控方式及调控程度的不同，政府在初次分配过程中主要使用了“法制、劝导、示范、干预”这四种手段。例如工资立法的核心内容是工资集体协商立法、工资支付和工资保障立法。干预包括：收入政策、影响集体谈判的经济政策、社会保险政策、工资管制。

政府的工资调控政策往往针对的是货币工资，而员工福利由于其形式的繁杂多样通常难以受监控，这就为企业福利的发展创造了更为宽松和广阔的空间，企业也有动力投入更多资源在福利建设上。

我国政府在工资的增长上提出了两项原则，即“两低于”原则：工资总额的增长低于经济效益的增长和员工平均工资的增长应低于劳动生产率的增长。政府的工资指导线制度一方面要求企业确定的工资水平要与企业自身效益增长水平相适应，另一方面还必须与整个社会经济发展水平相适应，工资指导线有工资增长预警线（对工资增长较快、工资水平较高企业提出的预警和提示）、工资增长基准线（年度货币工资平均增长目标）和工资增长下线（向在法定工作时间内提供正常劳动的劳动者支付的工资不得低于当地最低工资标准）组成，对企业的工资分配进行规范和调控。

(3)市场工资水平和所得税制度。

企业处在一定行业之中，其所处行业往往直接决定了所采用的薪酬水平。不同行业所采用的工资水平具有显著差异。国家统计局的资料显示，在20个行业门类中，2013年最高与最低行业平均工资之比是3.86，对城镇非私营单位而言，多数就业人员的工资水平低于全国平均工资。平均工资排名前10位的行业，就业人员仅占34%，其年平均工资高于全国平均水平；平均工资排名后9位的行业，就业人员占66%，其年平均工资低于全国平均水平。城镇非私营单位年平均工资最高的金融业是全国平均水平的1.94倍，而年平均工资最低的农、林、牧、渔业是全国平均水平的50%。

大多数福利是免税的，根据我国企业所得税法实施条例，企业发生的职工福利费支出，不超过工资、薪金总额14%的部分，准予税前扣除。工资则不然，需要按照国家法律政策征税，雇主通常希望争取尽可能多的税收优惠。企业增加同等金额的福利与工资，在工资已超过个人所得税起征点时，福利较之工资会更受欢迎。但是福利受市场工资水平与税收制度的影响只有在社会平均工资超过所得税起征点以及所得税征收水平高的条件下才比较明显。

(4)工会的态度和力量。

在西方，发达国家工会对是否需要由雇主筹措资金的福利计划经历了从不赞成到支持的过程。20世纪20年代，发达国家工会觉得由政府开展的社会保障体系已经达到了员工福利所希望的目的，并不赞同企业为员工提供福利。到20世纪40年代，工会领导人认识到福利计划的财务负担，劳方也在20世纪

50年代对私人福利产生浓厚兴趣，这使得工会日益成为员工福利发展的重要因素。工会代表与企业雇主进行集体谈判，谈判内容涉及工资及其增长水平、员工福利计划和工作条件等方面，这种集体谈判已成为西方国家通行的工资决定制度。

在中国，中国工会受两方面的挤压，一是企业雇主的买方主导权干预工会的组建和运行，表现为工会干部多由企业行政人员兼任，甚至企业主直接安排工会干部；二是政府的目标和行为偏差也对工会造成压力，表现为各级政府内部单纯追求经济增长目标的动机，压低了协调劳资关系的公共管理目标和作为，向政府自身利益和雇主集团利益倾斜，也就必然要轻视劳动者权益和工会的作用。我国工会的影响力较弱，更多的是通过举办各种活动、发放礼品等来丰富职工文化和生活。

(5)劳动力市场供求和外部竞争力压力。

企业薪酬水平的主要决定因素在于劳动力市场的供求状况和企业所面临的行业竞争状况。随着员工福利计划的出现与增多，劳动者在自由劳动市场中寻找雇主时，福利水平被视为他们所要考虑的重要因素之一。提供与不提供福利计划的企业在吸引与留住劳动者方面存在较大竞争差异。一些雇主虽然不相信福利计划会带来大于所支付费用的好处，但是竞争对手提供福利计划会直接促使雇主提供员工福利计划，并且几乎影响到福利计划的所有内容：福利水平、福利项目、福利模式等。在竞争对手对福利计划作出调整时，企业也会相应地调整自己的福利计划，以保证甚至增强自身吸引力。

2. 内部环境因素

(1)企业的管理理念。

企业的管理理念会对企业的各方面产生影响，这其中自然包括员工福利计划。企业管理者对员工持何种态度在员工福利计划中能得到有效反映。“以人为本”是现代管理理念的重要特征，一个坚持“以人为本”理念的企业会尊重员工的个人价值与潜力，各项政策制定充分考虑员工利益，谋取组织与员工利益的一致最大化。企业将“以人为本”的管理理念融入福利计划之中就会制订丰富、灵活、高价值的员工福利计划。

(2)企业的薪酬战略。

企业的薪酬策略包括薪酬水平策略和薪酬结构策略，由于福利是薪酬的一部分，企业薪酬策略决定了企业员工福利计划的水平与结构。薪酬水平策略可分为领先型、跟随型、滞后型和混合型。薪酬结构则是指基本工资、激励工资和福利之间的比例关系。

企业处在不同发展阶段会采用不同薪酬策略，以保证福利计划更符合企业的实际。企业处于初创和成长期时，薪酬水平受到经济实力的制约不会太高，只有在发展成熟期才会采用高薪酬水平以吸引和留住人才。而福利水平由于其滞后性，在成熟期、稳定期和衰退期都会比较高，在其他时期则偏低。

(3)员工的工资水平。

员工是否认可企业的福利政策、对福利内容的接受程度在一定意义上是与员工的工资水平相关的。对于工资水平较低的员工，同等价值的货币工资会高于福利给他们带来的效用；对于那部分工资水平达到一定高度的员工而言，货币工资的边际效用在递减而福利的边际效用呈增长趋势，他们更愿意得到福利带来的效用，并且福利带来的避税效用会增加员工对其接受度。

企业福利管理者在制订福利计划时，针对不同工资水平的员工，在福利水平和福利结构的设置上要有差别，以保证福利效用的优化。

(4)员工的工作压力和紧张程度(购买心理健康服务)。

员工对福利的需求与自身所面临的工作压力和紧张程度有着密切关系。在面临较大工作压力时，他们会更加倾向于关注改善心理与生活质量的福利，这时候有效的员工福利将会取得良好的效用，发挥更为明显的作用。

企业员工帮助计划(EAP)是国际现代企业中被广泛使用的心理服务形式，是一套系统的心理预防和干预项目。作为员工福利的一种，它关注员工心理健康的改善。在美国的世界500强企业100%购买了EAP服务，而中小企业也有70%在使用这个服务。在美国有这样一种说法：只有两种东西是500强企业无一例外都要购买的，一种是EAP，另一种是电脑。可见EAP服务对于现代企业有多么重要。

(5)员工的年龄和文化构成(员工的个性)。

不同年龄的员工对福利的内容需求各有侧重，年龄通常也与工作年限有直接关系，在企业中工作年限越久通常福利水平也会越高，这一方面是由于他们经验更加丰富、对自身职位上的工作更加得心应手，理应获得更高水平的福利；另一方面则是因为一旦这部分工作年限更长的员工离职，会对企业造成更大的损失，企业需要给予更高的福利稳定老员工。

在全球化的今天，企业员工的文化构成越加多样化。不同文化背景下的员工价值观有所不同，对福利的需求也就存在着差异。企业福利管理者在制订福利计划时要充分考虑不同文化员工的福利需求，实行差异化、个性化管理，尤其是在跨国公司，在不同国家的分支机构尤其要重视福利设置的针对性。

二、福利设计的原则和方法

1. 福利设计原则

(1)应具有针对性。福利提供的对象是员工，企业必须在深入调查的基础上为员工设计福利项目，并让员工真正参与到福利设计中来，这样才能真正了解到员工的需求，满足员工的多元化和个性化的需求，并提高员工的满意度，激发员工的积极性。

(2)应充分考虑企业的成本。即要考虑到企业的承受能力，并符合企业的发展水平。因为福利是企业成本的一个重要组成部分，直接影响着企业的成本支出。员工的福利水平不能不切实际地一味追求高福利，影响到企业的经营，而要以企业的经济实力为依托，符合企业的经营和发展水平。

在目前的福利设计实践中，成本控制已成为各企业普遍关注的首要问题，有效的福利成本—效益分析对于企业而言意义重大。企业对员工福利进行界定，计算福利为企业带来的收益，在需要控制企业用人成本时将福利控制纳入要考虑的重要内容。

福利的效用—成本分析把员工对福利改变选择的效用(偏好)的衡量与相关的成本数据结合在一起，控制福利成本效力比率是福利设计中必须坚持的首要原则。这种效用—成本分析方法能够有效保证员工对福利计划的满意度。

(3)应具有可操作性。一个良好的福利项目不是仅用来吸引员工眼球的摆设，让员工望洋兴叹。福利计划的设计应考虑到企业日后的实施，一方面要考虑到企业目前的经济承受能力和人员、机构安排，另一方面要为企业留出弹性的空间，方便企业日后根据员工的需求和经济发展水平做出调整。

(4)应具有多样性。员工福利之所以能够成为吸引和留住员工、调动员工积极性的一项管理措施，是由于它具备了能够满足员工需要的激励性因素，员工福利可以满足人们在生理上、安全上的低层次需要，满足人们在情感上的需要，还能在一定程度上使人们获得公平感和成就感。一个良好的福利项目如果由一个或两三个福利项目组成，肯定起不到激励员工的作用。企业应结合实际，在设计福利项目时，考虑到福利项目的多样性。

2. 员工福利成本分析

员工福利计划的成本包括企业为员工福利直接缴纳的费用、企业直接提供福利给员工所支付的费用、企业举办员工活动、建设福利设施的开支、员工享受福利给企业带来的效益损失以及福利管理成本。

(1)培训成本。

培训作为员工发展的一项重要内容，在企业中同样是给予员工的一项福利内容。员工培训将组织发展与员工发展结合起来，同样也构成了一项福利成本。培训成本包含在岗培训成本、企业内部脱产培训成本和企业外部脱产培训成本三方面内容。

在岗培训的成本既包括为培训所耗费的材料费用和人工费用，也包括因为员工培训学习新技术占用工作时间给企业生产造成的损失费用。在职培训的收益表现为员工劳动生产率的提高。企业内部脱产培训成本，包括企业聘任培训专家和讲师所支付的费用、培训资料费、被培训人员被培训期间的工资和福利费用、培训管理费用和员工脱产损失费用等。企业外部脱产培训成本包括支付给外部培训机构的培训费用、培训资料费、差旅费、员工培训期间的工资和福利以及员工离岗的损失费用等。

(2)维持和调剂成本。

员工在企业工作，企业需要为此支付一定的工资和福利，以弥补员工的工作损耗、维持员工的生产力、提升员工生活质量，保证企业效益的创造。作为维持成本和调剂成本的福利开支是为了强化员工对企业的忠诚度并努力提高工作效率。

维持成本指的是企业支付给员工的薪酬，以维持员工的生产力并进行再生产。维持成本中的福利支出通常包括住房补贴、交通补贴、生活补贴、内设集体福利部门所发生的各项费用等。

调剂成本也叫维护成本，指的是医疗费用、节假日开支等，用于调剂员工工作和生活中的压力，放松员工身心以起到提高员工工作效率的效果。调剂成本中的福利部分一般包括用于改善工作环境的费用、职工供养直系亲属医疗补贴、职工疗养费用、开办各项员工文娱活动的费用、节假日开支等内容。

(3)保障成本。

在企业福利支出中，以缴费方式向各种保险机构缴纳的各项费用就是福利保障成本，目的在于化解劳动者的劳动风险，保障风险发生后员工基本生活的需要。具体而言，保障成本包括健康保障、工伤保险、生育保障等内容。

(4)福利管理成本。

企业员工福利管理是一系列活动的综合，福利管理内容繁杂，需要专门的工作人员长期进行管理维护，以保障企业员工福利计划的有效开展实施。在员工福利管理中，企业要设计福利计划、对日常福利进行申请、审批和给付、管理福利基金、对福利的运行进行监控、预测福利水平、定期不定期评估并及时调整福利项目以及与员工就福利进行沟通等，这一系列活动所花费的费用构成了福利管理成本。

3. 员工福利效益评估

企业为员工福利支付了大量成本，这些成本能否取得效果、取得多大程度的效果就需要进行评估。衡量企业福利的成本与效益之间的关系才能有效了解福利计划的运行效果并进行调整，发挥员工福利计划的最佳效用。

(1)提高工作满意度，提高效率。

员工福利成本与收益从客观上很难进行精确量化与估算，但是福利对一些指标的影响是可以有效量化的，如员工满意度、工作效率提升度等。

(2)降低员工的离职成本。

实施员工福利计划能够有效控制企业员工流动率。员工在考虑更换工作时会尤其重视离职可能给自己带来的各项损失，企业的高福利待遇无疑会让员工慎重对待离职。

较低的员工流动率能有效控制企业离职成本。离职成本包括离职补偿成本、离职低效成本、空职成本等。员工流动率直接决定了企业支付给离职员工的费用(包括员工离岗到正式离职时的工资、离职金和安置费等)，同时影响着离职员工离职前由于心理等原因导致的低生产率给企业造成的效益损失。并且员工流动势必造成该岗位暂时空缺或是部门内任务重新分配所带来的损失和费用。

(3)缓和劳资关系，降低摩擦成本。

员工福利计划在促进劳资关系方面也有着不可忽视的作用，劳资双方由于其地位的不同不可避免地存在摩擦，企业忽视员工身心的发展会使员工丧失对企业的认同感，员工可能对企业心生不满、工作大打折扣。企业与员工之间和谐的劳资关系、畅通的沟通渠道则会使员工充满主人公意识、工作努力，增强企业凝聚力，大大降低了摩擦成本。

4. 员工福利成本控制

传统的成本控制方法包括通过员工缴费分担成本、建立个人账户分散风险、规定更加苛刻的受益条件或延长既定受益期限等，这些都有很多消极因素。现代成本控制方法则更多的是加强管理、降低管理成本并提高福利待遇以达到成本控制的目的。就具体措施而言，包括：对享受对象的确定、适度的员工福利成本分担、弹性福利计划等等；在竞争中选择福利经办机构和服务提供者；采取更加富有弹性的筹资方法；实行严格的支付审查制度；建立全社会的外部成本控制体系。

5. 员工福利设计方法

员工福利计划的制订如图 2-1 所示。

员工福利计划的制订可以通过制定员工福利章程、集体协议等方法实现，

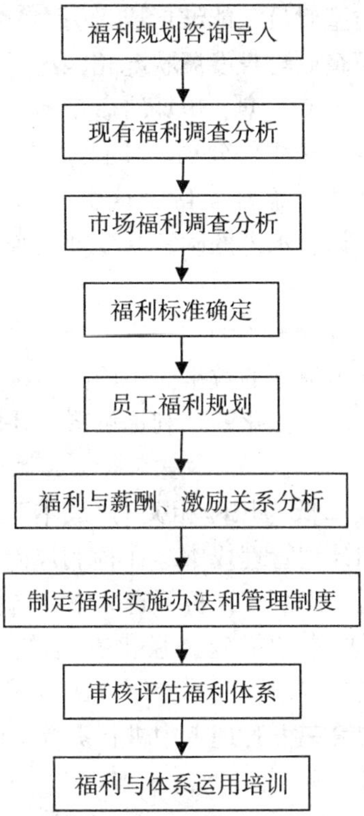

图 2-1 员工福利计划制订

在具体操作中要明确规定以下几个问题：

(1)福利计划的目标。

福利计划作为企业管理的一项重要组成部分，要有明确的目标才能保证其实施效果。目标的确定要充分考虑企业的财务状况、福利文化、高层管理者的态度、竞争对手状况、企业薪酬战略和经营战略等因素，此外员工的现实需要和长期需要、能否增强员工对企业的忠诚度以及是否能吸引人才也是福利计划的重要目标因素。

(2)福利的筹资方式、范围、待遇水平和提供形式。

企业和员工在福利筹资问题上要明确义务和方法：单方供款还是双方供款；供款的非费基和费率、企业供款与员工缴费配比；企业供款去向以及转移携带方式等。

在对员工福利需求进行调查后，首先要对福利项目范围进行划定，可以采用归类汇总或是统计分析的方法来确定，对福利项目排序，选择多种福利项目组合，丰富的福利项目类型对员工能够形成吸引力、提高员工满意度。

福利水平的确定要与企业自身发展状况相匹配。员工福利计划按照水平差异可分为市场领先性、市场追随型、市场滞后型和混合型模式。其中混合型模式是因为在实际操作中企业往往部分福利项目水平高、部分福利项目水平低，单一的福利水平模式并不符合企业实际，这也是由不同地区、行业、员工特点、偏好的差异造成的。福利水平的确定既要规定企业整体福利水平，也要规定每项福利的具体水平。

福利按提供形式不同可分为实物型、货币型、服务型和信息型福利，福利提供形式的选择直接决定了福利的效果。中国的传统文化和风俗人情的特殊性要求企业采取富有人情味、人性化的福利提供形式才能保证福利效果。

(3)管理风险。

在福利制定中要有效降低与风险相关的"成本"，包括风险控制成本、心理成本、风险融资成本和计划管理成本。在福利风险管理中，要遵循"设定目标—识别问题—评价问题—识别和评价可选方案—选择方案—实施方案—监督系统"的过程。现今控制成本的措施是强化管理质量，不再将成本转移给员工，在福利管理中使用较为普遍的成本控制方法包括：选择改进现金流等不同筹资方法；在保险公司和第三方管理者中进行竞标；改善项目本身，如开展健康教育和员工援助计划等。

(4)有效沟通。

有效沟通需要达到两大目标，一是提高员工对福利价值的认识，二是鼓励员工善用福利，实现福利效用的最大化。福利沟通是一项棘手工作，效果往往不尽如人意，因此许多企业购买外部咨询公司的服务以期达到有效福利沟通，常见的沟通形式包括视听展示、面对面会谈、材料阅读以及网络沟通等。

6. 员工福利设计的工具和技术

为了制订有效的员工福利福利计划，可以利用来自不同领域的福利辅助工具和技术，包括利用消费和市场调查的方法收集和分析员工福利现状和需求调查的数据，使用精算的方法来决定一个特定的福利计划的相对价值。

(1)设计调查问卷。

成功有效的福利计划必须得到企业员工的认同，福利管理者在进行福利设计时要充分考虑员工对福利的意见和态度。采用调查问卷的方法，可以了解员工对于福利项目、水平及模式的需求和偏好，这些信息对于企业进行福利设计有着重要作用。在调查问卷的问题设计上要投入大量工作，准确地表达问题含义、保证问题质量，同时要对员工进行一定的问卷填写培训，发挥问卷调查的最大功用。

(2)福利选择模拟。

福利选择模拟源于20世纪60年代通用电气的行为研究服务小组的一项模拟测试，测试是在限定成本下，让员工选择是进行福利保障还是薪酬提高。测试结果与员工个人信息及特征进行对比分析后，福利管理者可以以这些数据为依托设计更为适合本企业员工的福利计划。现在，福利选择模拟通常被作为弹性福利计划的一项先行预备调查，保证了弹性福利计划的设计效果。

7. 福利设计流程

(1)明确福利目标和策略。

福利制度都是出于特定的目标建立的。不仅要考虑企业的规模、企业的支付能力、竞争对手的情况、与企业的战略目标部门的战略目标是否一致、企业的薪酬策略等因素等，还要考虑即期需要和远期需要、是否具有激励性，对外是否有竞争力，能否吸引并留住人才等。在充分理解企业战略的基础上，保持人力资源政策与企业战略的一致性，确保福利原则与薪酬体系协调。

(2)研究国家和地方相关劳动法规。

依据国家法律政策，企业必须为员工提供法定的福利项目，无论企业是否愿意，员工是否需要，法定福利项目必须包含在企业福利制度之类。此外，企业为员工提供的任何福利项目首先必须是合法合规的，在法律和政策允许和要求的范围内制定和实施。

(3)福利调查沟通与基准确定。

与其他薪酬制度一样，企业要设计出具有竞争性和公平性的员工福利制度，一方面要了解其他企业竞争对手的情况，另一方面要与本企业员工进行有效沟通，通过各种方法对员工福利进行整合和调整，使其具有外部竞争性和内部公平性。通过访谈、问卷调查等方式可以了解员工对个性化福利的需求，根据福利政策筛选有效的福利需求。聘请外部专家和听取员工“声音”诊断企业现有福利项目以保证项目设置的科学合理和执行的有效性。

在对内外部福利进行充分调查了解后，企业就需要确定合理的福利基准，它关系到后续福利设计的各个方面。

(4)福利基金的筹集。

员工福利基金是劳动者所在单位或个人缴纳的员工福利费，是为了向员工发放相关福利待遇而按照一定标准由企业自主筹集或由企业与员工共同筹款而建立的专项基金。该基金只能用于员工福利事业，不能挪作他用。员工福利基金的筹集指企业按照具体的筹集标准定期向筹集对象征收员工福利基金的行为。筹集员工福利基金是合理负担员工福利费用的需要，筹集的过程实质上是分摊员工福利费用的过程，也是提高员工福利制度保障能力的需要。

福利基金一般有三种筹集渠道：按照规定从企业财产和收入中提取；企业自筹；向员工个人征收等。我国企业必须按照法令的规定来提取或筹集员工福利基金。

(5)评估公司支付能力并进行员工福利成本控制。

企业需要在客观评估自身支付能力基础上对为员工个人和整体提供的福利(包括法定和自主设立的)进行准确预算。无论是超出企业支付能力的福利水平还是福利水平设置偏低都不利于福利项目作用的发挥。将福利的绝对和相对预算金额提交管理层作为决策、监督和调整的依据，能够有效发挥福利制度的作用。

在福利投资时，应进行成本核算，必须考虑以下几个因素：首先，福利项目的成本越高，则节约福利成本的机会就越大；其次，福利项目的增长趋势非常重要，即某些福利项目的成本在当期是可以接受的，但其增长率可能导致企业在未来承受巨大的成本；最后，只有当企业在选择将多少钱投入某种福利项目具有非常大的自由度时，控制福利成本才会有用。

由于福利法律法规经常会发生变化、员工的需求与编好会变化、企业需要了解其他企业的福利实践并且由外部提供的福利项目的成本会发生变化，企业只有对福利领域所发生的上述种种变化进行有效的监控并随时进行调整，才能保证以较低的成本提供令员工满意的福利项目。因此，企业需要监控有关福利的法律变化、员工福利需要和偏好变化、其他企业的福利变化以及本企业的福利成本变化。

在实施某项福利项目后，要及时地对该项目进行调查和反馈，保证该项目的效率和效果，计算相应的投资回报率。

8. 弹性福利设计的简单介绍以及设计流程

所谓弹性福利计划，又称“自助餐式计划”，就是在固定的福利费用预算内，企业针对不同层次员工的个性化福利保障需求，有针对性地设计和实施多样化的福利项目供员工选择，使每个员工的福利保障需求得到最大满足的福利项目组合。

弹性福利与传统福利相比，就是“计划经济”与“市场经济”的区别，传统福利是企业提供什么员工就要什么，弹性福利则是员工需要什么企业就在成本控制范围内提供什么。以美国为例，1978 年美国《税务法》的制定直接促使了弹性福利制度的兴起。《税务法》规定，员工如果在企业提供的现金和福利之间选择的是福利的话，那么此部分福利不用缴纳所得税。此项规定一经实施，在 1983 年到 1984 年期间实施弹性福利的企业增长了 127%。这些公司通常是出于控制福利成本的需要，并应对劳动力队伍构成的改变，改善雇佣关系。弹性福利的设计是一项复杂的工作，既要保证对企业战略实现的促进，又要符合员工的个性化需求，同时保持与人力资源管理政策尤其是薪酬体系的整合。

在企业的实际操作过程中，弹性福利计划逐渐演化为五种类型：核心加选择型、附加型、套餐型、弹性支用账户和选高择低型①②③④⑤⑥。企业可根据自身的实际情况和需要进行选择。

(1)核心加选择型。

核心加选择型弹性福利是由“核心福利”加“弹性选择福利”组成的。“核心福利”是每个员工都可以享有的基本福利，员工不能自由选择；选择福利则包括可以自由选择的项目，并附有价格，每个员工都有一个福利限额，如果福利总值超过了所拥有的限额，差额就要折为现金由员工支付。福利限额一般是未实施弹性福利前员工所享有的福利水平。

(2)附加型。

这是最为常见的一种弹性福利，就是在现有福利计划的基础上，再提供一些不同的福利项目或提高原有福利项目的标准，由员工自由选择。员工根据自己分配到的限额去认购所需要的额外福利，有些企业甚至还规定，员工如果未用完自己的限额，余额可折发现金，但要和其他所得合并，而且还要缴纳所得税。此外，如果员工购买的额外福利超过了限额，也可以从自己的税前工资中抵扣。

(3)套餐型。

福利套餐型是指由企业同时推出不同的福利组合，每一个组合所包含的福

---

① Barringer M. W., Milkovich G. T. A Theoretical Exploration of the Adoption and Design of Flexible Benefit Plans: A Case of Human Resource Innovation[J]. Academy of Management Review, 1998, 23(2): 305-324.

② 孙蓓华，沈榆钧. 国企福利改革的弹性福利体系建议[J]. 美世中国观察，2010(2)：94-96.

③ Gerhart B., Rynes S. L. Compensation: Theory, Evidence, and Strategic Implications[M]. Thousand Oaks, CA: Sage Publications, 2003.

④ Deadrick D. L., Gibson P. A. An Examination of the Research-Practice Gap in HR: Comparing Topics of Interest to HR Academics and HR Professionals[J]. Human Resource Management Review, 2007, 17(2): 131-139.

⑤ Lin Z. L., Kelly J., Trenberth L. Antecedents and Consequences of the Introduction of Flexible Benefit Plans in China[J]. International Journal of Human Resource Management, 2011, 22(5): 1128-1145.

⑥ 欧明臣. 自助餐式的员工福利——弹性福利制[J]. 中国人力资源开发，2003(7)：25-27.

利项目或优惠水平都不一样，员工只能选择其中的一个。

(4)弹性支用账户。

这是一种比较特殊的弹性福利计划。员工每一年可从其税前总收入中拨取一定数额的款项作为自己的"支用账户"，并以此账户去选择购买企业所提供的各种福利项目。拨入支用账户的金额无需扣缴所得税，不过账户中的金额如未能在年度内用完，余额就归公司所有；既不可在下一个年度中使用，也不能够以现金的形式发放。

(5)选高择低型。

选高择低型弹性福利是在原有固定福利的基础上，提供几种项目不等、程度不一的"福利组合"供员工选择。这些福利组合的价值和原有的固定福利相比，有的高，有的低。如果员工选择比原有固定福利价值高的福利组合，那么他就需要用薪水来支付其间的差价；如果员工挑选了价值低于原有固定福利的福利组合，他就可以要求雇主发放其间的差额，但是必须对所得差额纳税。

尽管很多企业在员工福利上投入了大量资金，然而员工对企业所提供的福利并不完全领情，一个优秀的弹性福利计划并不一定包括所有的福利项目，但是它必须满足企业内绝大部分员工的实际需求。了解和掌握不同员工的福利需求和偏好，是企业成功实施弹性福利计划的前提。个体特征变量(如性别、年龄、教育程度、婚姻状况、收入水平等)、福利使用经验、福利项目特征等都会对员工福利偏好造成影响。

弹性福利计划的实施能够加强员工的福利满意度，但是其实施的实际成效还有待观察。在一些实施弹性福利计划的企业中，其员工福利满意度明显低于未实施该计划企业的员工，弹性福利计划之所以失去其应有的激励作用，原因在于企业没有建立顺畅的沟通机制来适应弹性福利计划管理的复杂性。福利的激励性取决于员工对福利价值的认可程度，而有效的福利沟通是提升员工对企业福利认可度的关键；在另一些实施了弹性福利计划的企业中，福利计划的弹性越大，员工的福利满意度也越高。即当员工拥有更大的福利选择自主权时，其福利满意度也更高。弹性福利计划对福利满意度的影响及其作用机制有待进一步深入研究。

弹性福利计划的实施会增强员工的忠诚度、提升员工绩效和组织产出，并降低员工的离职意向。弹性福利计划的实施会显著提高员工的工作满意度，但在员工的配偶也享有弹性福利的条件下，企业提供的弹性福利会被员工视为一种浪费，反而会削弱员工的满意度。使用弹性工作制的员工会有更高的工作满意度和组织承诺，自愿提高自身的工作强度，更加努力地投入工作，但其结果取决于上级对员工使用弹性工作制的归因：如果上级将员工对弹性工作制的使用归因于提高工作效率和工作产出的服务组织的动机，那么上级会感知到员工较高的组织承诺，从而会有利于员工的职位晋升和收入增加；如果上级将员工对弹性工作制的使用归因于方便个人生活的自利动机，那么上级会感知到员工较低的组织承诺，从而对员工的职位晋升和收入增加造成消极影响。弹性福利听起来非常诱人，但是对企业的操作管理提出了极大的挑战，在实际工作中要设计一个科学合理又具有操作性的弹性福利计划并不是一件容易的事情。而且是否实施了弹性福利计划就一定能增强员工的福利满意度和提高组织收益，还存在一定的争议。

第二节　福利的管理

员工福利管理需要普通管理技巧与员工福利这一领域的有效结合。员工福利计划的管理需要一系列资源的支持，人力资源管理、法律、税务、财务、医疗管理、风险管理和信息系统方面的支持不可缺少。

一、员工福利管理的含义

员工福利管理是指为保证员工福利有序实施、达到预期效果，采用一系列管理手段和技术对员工福利进行控制和调整的活动(见图 2-2)。它包含员工福利从产生到发展的整个过程，覆盖员工福利所需要的各方面资源和制度，是企业管理系统中的重要组成部分。

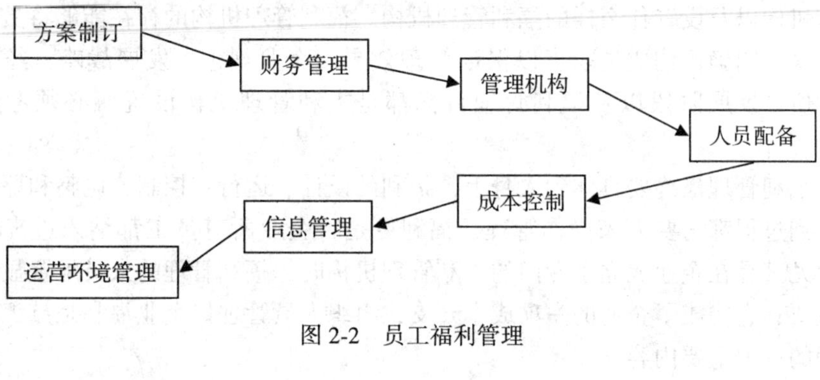

图 2-2　员工福利管理

二、员工福利管理的职能

员工福利管理职能如图 2-3 所示。

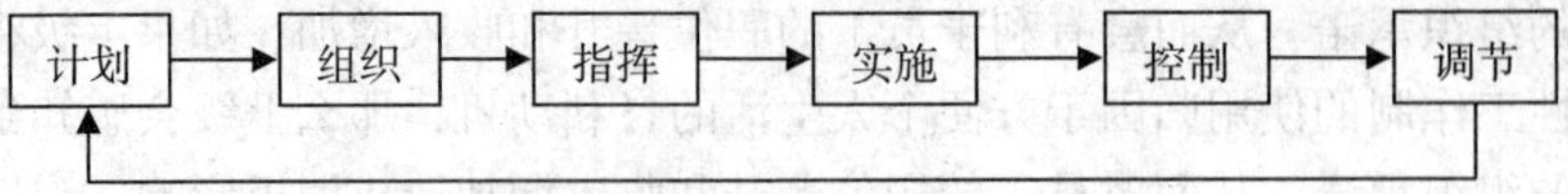

图 2-3 员工福利管理职能

1. 计划职能

员工福利管理的计划职能主要体现在福利的方案制订和财务预算上。

员工福利计划总领企业福利管理，通过对员工福利的目标、项目、水平、范围、提供方式和筹资方式等一系列相关问题的规定，对企业的员工福利的整体和细节作出计划，在计划的基础上有序开展活动。员工福利管理计划职能的有效发挥必须做到统一性、连续性、灵活性和精确性的有效统一，从高层到基层员工都纳入福利管理之中，才能调动各方面资源实现预期效果。

财务预算既是计划职能的组成部分，同时又是控制职能的重要依据。它直接决定了员工福利的水平，约束着员工福利的各方面，影响着员工对福利的满意度以及福利对员工的激励效果。福利财务预算一般有按企业经营状况预算和按企业人力成本预算两大模式，按人力成本预算可以选择采用固定数额或是采用按总人工成本的一定比例确定。

2. 组织职能

员工福利管理的组织职能主要体现在福利管理机构的设置和人员配备上。

企业在进行福利管理时必须根据自身和市场状况考虑要不要设专门的福利管理机构以及设置什么样的福利管理机构。福利管理机构的存在能够将员工组织起来，明确机构成员职责以保证管理效果。企业规模、发展战略、经营状况、所处发展阶段以及福利管理目标都是福利管理机构设置所必须考虑的因素。

福利管理最终要具体到人身上，福利的设计、运行、控制、调整和评估等一系列过程都需要人来操作管理，福利更是将企业所有员工都纳入进来的系统。尤其是在企业成立了专门的福利管理机构时，福利管理的人员配置显得尤为重要，它构成了企业的一项成本开支，组织人员管理好企业福利是员工福利管理的一项重要内容。

3. 指挥职能

企业实施福利制度的一个重要目的就是激励员工，激励性质的福利项目无疑能够指挥员工进行生产经营。指挥职能是指在生产经营活动中，对福利企业各级各类人员，实行自上而下的领导和指挥。福利企业人员构成的差异、人员素质的差异，往往给统一指挥带来困难。因此在实施指挥职能时，就要具体问题分析，做到因人而异，从而保证生产经营活动的正常进行和既定目标的实现。

4. 实施职能

福利管理的过程是实施职能最重要的体现，福利计划制订后所有的活动都是在实施计划、落实财务预算，定期检查、评估、反馈和调整等活动都体现着福利的实施职能。在福利的实施过程中可以利用社会资源有效加强福利管理效果，这些社会资源包括政府福利统筹机构、人事代理服务公司以及专业的福利顾问公司等。

5. 调节职能

员工福利管理的调节职能主要体现在福利的调整变动和效果评估上。福利计划的实施并不是一步到位的，在计划执行期间必然会存在实际运行与预期存在偏差的情况，在福利管理的各个阶段都要及时对福利运行效果进行评估并作出调整，通过调查问卷、访谈、意见反馈等方法了解员工对福利系统的看法和满意度，对相关内容作出合理调整以保证福利系统的实施效果。

6. 控制职能

员工福利管理在成本预算的基础上对成本进行控制体现了其控制职能。福利的成本控制是一项需要各方面配合的工作，福利系统的运营是一个长期过程，按照财务预算方案进行福利成本控制是福利管理的主要内容和根本目的。财务预算的可行性、福利计划执行的规范性、福利管理人员的工作责任心以及员工对福利系统的参与度都是影响成本控制的重要因素。

三、员工福利费用管理

1. 企业人工成本与员工福利费用

我国劳动部颁发的文件规定人工成本包括：职工工资总额、社会保险费用、职工福利费用、职工教育经费、劳动保护费用、职工住房费用和其他人工成本支出。

国家现行的税法规定，在工资以外的人工成本中，职工福利费用应在工资总额的14%范围内据实列支，超过则不准税前扣除。因此，企业员工福利费用预算的关键是企业员工工资总额的预算，如果企业能够很科学、准确地估算出工资总额，福利费用就可以根据工资总额预算进行估算。

人工成本支出比例的低限应该遵守国家关于人工成本的有关规定进行合理的提取。其中企业工资总额、保险费用总额属于浮动项目，它应该随企业经营效益的情况进行调整，其他项目可以暂时按照固定比例提取。在人工成本的提取过程中应结合企业的经营状况，企业人工成本支出比例可以反映出企业员工福利状况，也可以反映出企业的经营状况。

2. 人工成本统计指标及分析方法

人工成本的主要指标有：劳动分配率、人事费用率、人均人工成本、人工成本产出系数、人工成本销售收入系数、人工成本含量、人工成本工资含量、全员劳动生产率。人工成本统计指标的分析方法主要有：现状了解法、变动分析法、水平控制法、因素分析法、投入产出分析法和弹性控制法。

以弹性控制法为例。弹性控制的目标是使得弹性指标落入(0，1)区间，符合该条件的企业为弹性控制好的企业，否则需要改进。这是因为：从投入产出的经济效益角度考虑，人工成本作为一种消耗性要素，这种消耗的必要性取决于它为企业带来产出效益的大小。也就是说，一定的人工成本投入应带来一定的产出效益，当企业人均人工成本增长时，人均增加值和人均销售收入也应呈增长趋势，否则，这种人工成本投入所产生的效果就是负面的。同时，在其他条件不变的情况下，人工成本的增加必然引起总成本的增加，二者也是一种同方向变动的关系。这样，就可以通过人均人工成本增长率与人均增加值增长率、与人均销售收入增长率、与人均总成本增长率的比值，反映人工成本投入的经济效益，即它在总投入中的含量的变动趋势，亦即上文弹性指标。

弹性分析法认为，当企业人均人工成本增长时，人均增加值、人均销售收入也要有所增长，且增长幅度应高于人均人工成本的增长幅度，才能带来经济效益的提高，这才是增收增效的人工成本。反之，对于人工成本增长时其他产出指标反而呈下降状态的企业来说，其人工成本的投入就是不合理的，这部分人工成本的投入未能给企业带来经济效益，其作用是负面的，说明该企业在人工成本弹性方面失控。

3. 人工成本控制与预测预警

(1)人工成本支出的高限和低限。

人工成本是企业获取利润必须付出的代价，同时也是员工工资和保险福利水平的一种体现，尽管提高这一水平是生产的目的，但是在企业一定生产水平的限制下，这种要求不应过高。企业人工成本支付有一个最高限度问题，不顾其他条件超过这一限度，就会使企业陷于亏损和破产境地，员工也就会陷于困境。可以借用管理经济学盈亏平衡方法来分析并确定人工成本支付的最高限度。

盈亏分析的简单图如图 2-4 所示。

X 轴表示企业生产和销售数量，*Y* 轴表示企业的成本和收益，FC 线表示的是固定成本，TC 线表示的是企业总成本(总成本 = 固定成本 + 变动成本)，TR 线表示的是企业总收益(即销售收入或生产总值)，TR 线与 TC 线相交的 *E* 点就是盈亏平衡点(也称盈亏转折点)，*Q* 点表示的是无盈亏状态下的生产和销售数量。当生产和销售数量为 *Q* 时，*E* 点所表示的是总收益等于总成本，企业不亏损，但也没有任何盈利；当生产或销售数量小于 *Q* 时，总成本大于总收益，企业陷于亏损区域；当生产或销售数量大于 *Q* 时，总成本小于总收益，企业可获得盈利。因此，当企业总成本等于销售收入或生产总值的时候，可维持简单再生产过程，在这种状态下所支付的人工成本应为企业人工成本支付的最高限度。

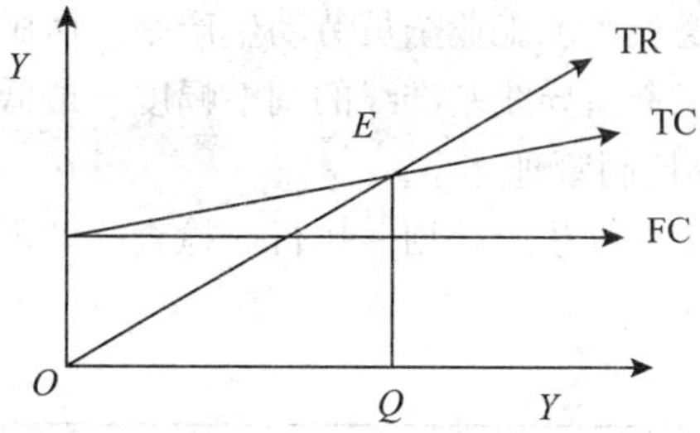

图 2-4 人工成本控制线

(2)人工成本控制线。

企业的人事费用率和劳动分配率只要不超过盈亏平衡状态所决定的最高限度，就可以处于安全区域之内。在这个安全区域之内，对某个企业来说适度的或最佳的人事费用率和劳动分配率，应当尽可能满足下列条件中的两个：企业每人平均人工成本水平高于竞争对手；企业人事费用率和劳动分配率低于竞争对手。两个条件优先满足第一个条件。

(3)人工成本预测预警。

人工成本预测预警机制是指政府有关部门或社会中介产品组织为企业提供人工成本指导产品及企业进行人工成本自我监控管理的具体方法。其主要内容是将企业调查样本的现状与样本含量中的地区水平、全国同行业水平、世界同行业水平(限于水平预警)比较的结果进行综合经济分析，使企业能及时了解自己在市场竞争中的位置，并及时调整人工成本策略。

人工成本预警机制的主要方式有预测、提示和预警三类(见表 2-1)。

表 2-1 **人工成本预测预警体系**

	预测	提示	预警
水平指标	企业指标在预测区间或下年度的增减率及增减量	企业各指标在样本总量中的相对位置	企业相关指标有否可能进入危险状态
结构指标			
指数指标			
投入产出指标			

在现阶段，人工成本水平的预测主要是水平预测，其主要对象是年度(或月、日、小时)人工成本的增长率。人工成本的预测主要是对人工成本走向、变动区间的预测。影响人工成本预测的因素很多，有各项社会保险费率调整幅度、国内生产总值的增长率、工业全员劳动生产率、居民消费价格总指数、劳动力市场供求倍数、工资指导线基准线的调整幅度、最低工资调整幅度。

(4)人工成本循环控制管理体系。

运用 PDCA 理论，可以按照计划—执行—检查—处理对人工成本进行闭环循环管理(见图 2-5)。

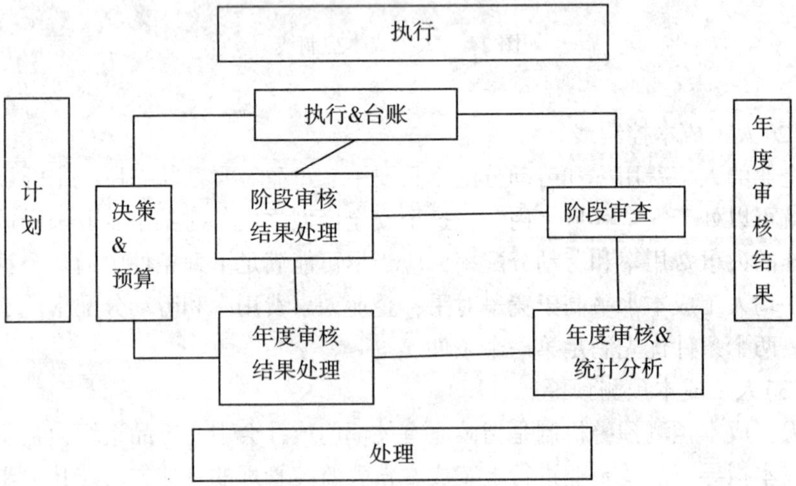

图 2-5 人工成本循环控制图

目前，福利仍是我国企业管理中相对薄弱的环节。我国企业，尤其是国企承担着包括退休养老、医疗生活照顾在内的大量社会福利职能，遵循公平原则的社会福利严重冲击着服务于效率规律的机构福利，从而使企业福利严重背离了其作为机构福利的本质和角色，以一种形式履行着两种不同机制的社会功能。企业负担不断加重，影响企业的市场竞争力。原因就是企业缺少科学合理的职工福利体系，员工对企业福利概念的界定不了解，造成了有事找企业的现象。从企业承担的具体福利的科目来看，每年企业光为员工交纳的福利保险的项目就占工资总额较大的份额。我国的民营企业或中小亏损企业的经营实力不佳，难以满足员工的福利要求，在传统观念的影响下，企业还是绞尽脑汁巧列福利名目，这样导致企业年底人工成本总额的急剧上升，难以控制。

企业人工成本控制并非简单等同于人工成本越少越好，而是要依据市场和企业本身的情况进行合理控制。一定的人工成本投入应带来一定的产出效益，成本支出的限值应当是收益大于成本，为企业增收增效是企业人工成本决策必须遵循的准则；企业经营战略应当是人工成本决策的首要依据，企业人工成本水平既要保持在劳动力市场有较强的竞争力，又要保持商品市场的产品价格有较强竞争力。

复习思考题

1. 简述弹性福利的定义以及种类。它的优缺点是什么？
2. 影响福利计划设计的因素有哪些？
3. 管理咨询类的公司、高科技公司应该怎样设计福利？
4. 薪酬福利水平的高低是影响员工离职的主要原因吗？

【案例】

自助式福利方案的设计

下面将以A酒店为例来说明自助式福利计划的设计。A酒店是南方一家五星级酒店企业，该酒店目前在全国一些大中型城市均已开有连锁酒店，酒店中员工占员工总数的70%，本书将以其总部及下属个别连锁店为例：

第一步：获取福利项目信息

通过访谈法或者问卷调查法，了解员工的需求，然后将所收集的信息加以分类汇总，从而确定员工需求的种类层次。其中需要注意的是：福利项目应尽可能有衡量的标准，并且在企业的能力范围以内。否则，不实际的需求会给福利计划的操作带来不便，并且使得企业无法满足员工的需求。

A酒店是一家五星级酒店，酒店中50%的员工都是销售类人员。通过对A酒店员工的访谈，设计出如下福利项目：

福利类型：福利体检、足浴券、探亲假(境内)、带薪休假、培训(内部培训、培训班、在职教育)、旅游(省内旅游、国内旅游、亚洲旅游、欧美旅游)

第二步：确定员工的购买力

这里的购买力是一种虚拟信用形式，也即通过对员工的资历审查、绩效考核等手段，确定一定的标准，评定出员工的购买点数，它具有类似货币的购买力，可以购买福利。这种点数具有酒店信用，可作为酒店范围内的交换媒介。

在A酒店中，将福利点数与薪酬点数相挂钩，员工每年可享有的福利标准为上年度平均月度薪酬点数的50%，且员工可按照一定购买标准，通过预支薪酬来购买福利点数，所购买的点数范围仅在自己所享有福利点数的10%以内。

第三步：为各福利项目定价

福利项目的定价是根据其现实价格，按照货币/福利点数比折算成相应的点数。即一个点数相当于现实货币多少。为简便起见，通常规定一个点数对应一元钱。对于那些不能用货币衡量的福利项目，如带薪休假和带薪旅游等则根据一定的标准折算成现值进行定价。例如对带薪休假的衡量，可以用休假期间的工资额和因不工作造成的损失来定价。

薪酬点数和福利点数二者与货币之间的转换比率是紧密相连的，点数只是为了计算和管理方便。例如，在A酒店基于职能的宽带薪酬体系中，当酒店的效益发生变化时，员工的实际薪酬水平会随之发生变化，当效益好的时候酒店会提高员工的薪酬水平，效益低的时候则会降低。比如当(货币/薪酬点数)的比率提高而薪酬点数向福利点数转换的比例不变的情况下，员工的实际购买能力就会发生变化，此时应适当调整(货币福利点数)的比率，以保证员工的福利需求得到满足并且企业的福利支出不会过多，从而发挥福利项目的激励作用，当然，企业也可以对(货币/薪酬点数)比或者薪酬点数向福利点数转换的比例进行适当调整。此外，物价水平、经济发展水平等都会在长期或短期影响到福利项目的定价。

第四步：员工选择和购买福利项目

当确定了员工所享有的福利标准和福利项目的价格之后，员工就可以选择自己所需要的福利项目类型了，可以是单项，也可以是多项，取决于员工所享有的福利点数。A酒店自助式福利实施程序如下：首先，人力资源部于每年年初向员工公告福利项目及点数，并告知员工其所享有的福利点数；其次，由员工选择或购买福利项目，应严格按照相关规定执行；最后，由人力资源部报上级审核并在通过后负责实施，相关部门应予配合。当出现员工储蓄福利点数或者购买力不足的情况时，允许员工进行逐年累积或者在一定范围内购买。员工购买力不足是指员工本身所积累的点数不足以购买福利项目。员工储蓄福利点数是指员工暂时不购买，而把点数储存起来以备下次购买。

A 酒店通过实施自助式福利更能满足员工多样化需求，是 A 酒店以人为本的管理理念在实践中的具体表现，更有助于提高员工对本酒店的认可度和忠诚度，有效防止人才的流失，并能吸引更多的优秀人才。但是实施弹性福利计划会导致 A 酒店投入过多，在实施自助式福利计划时也面临着一定的风险，可能会使福利计划发挥不出应有的作用。

第三章 养老保险

引言：法定养老保险是员工多层养老体系中最重要的基石，对员工的养老发挥着不可替代的作用。本章主要介绍了养老保险制度的特征、层次和基本模式，深入解析了养老保险制度的多国模式，最后全面阐述了我国养老保险制度的发展、内容以及问题和对策等相关知识。

第一节 养老保险概述

养老保险是社会保障制度的组成部分，也是社会保险五大险种中最重要的险种，更是员工在企业享受的最基础的福利。随着人口老龄化的日趋加剧，养老保险制度作为最基本的养老保障手段发挥着越来越重要的作用，也越来越引起社会各界的高度重视。

一、养老保险的概念和特征

养老保险，全称为社会基本养老保险，是国家和社会根据一定的法律和法规，为解决劳动者在达到国家规定的解除劳动义务的劳动年龄界限，或因年老丧失劳动能力退出劳动岗位后的基本生活而建立的一种社会保险制度。它主要包含以下几个方面的含义：

第一，养老保险制度是一种体现政府意志的制度，是由政府依照法律强制规范和实施的。

第二，养老保险的领取条件是员工因达到法定年龄界限而解除劳动义务或因丧失劳动能力而退出劳动岗位。

第三，养老保险的目的是保障老年人的基本生活需求，为其提供稳定可靠的生活来源。

第四，养老保险是社会保险的一种，以社会保险为手段来达到保障的目的。

根据养老保险的保障范围、保险水平和筹资模式的不同，可将养老保险分为基本养老保险、企业补充养老保险、个人储蓄性养老保险和商业养老保险四个层次。

基本养老保险是由国家通过立法强制实行的，以保障劳动者在退出劳动岗位之后的基本生活需要为目的的一种养老保险制度。基本养老保险是一种政府行为，其相关事宜由政府机构负责经办，经费纳入财政预算，由政府机构进行管理和运营。基本养老保险的经费来源一般由政府、企业、个人三方按相应的比例共同承担，体现了社会各部门间的互济互惠。

企业补充养老保险又称企业年金，是由国家宏观调控、企业内部决策执行的一种养老保险制度。由企业根据自身经济承受能力，在参加基本养老保险基础上，为提高职工的养老保险待遇水平而自愿为本企业职工建立的一种辅助性的养老保险。企业补充养老保险是一种企业行为，投保水平可以根据企业自身的效益和经营状况通过民主协商自行确定，实行市场化运营，自主选择管理和运营方式。

个人储蓄性养老保险是一种个人行为，职工可以根据自己的意愿选择是否参与以及自主选择经办机构的一种补充保险形式。实行职工个人储蓄性养老保险的目的，在于扩大养老保险经费来源，多渠道筹集养老保险基金，减轻国家和企业的负担；有利于消除长期形成的保险费用完全由国家“包下来”的观念，增强职工的自我保障意识和参与社会保险的主动性；同时也能够促进对社会保险工作实行广泛的群众监督。

商业养老保险是一种商业行为，是由被保险人在缴纳一定的保险费后，达到一定的年龄开始获得保险金的补充养老保险。商业养老保险，如无特殊条款规定，则投保人缴纳保险费的时间间隔相等、保险费的金额相等、整个缴费期间内的利率不变且计息频率与付款频率相等。

养老保险属于社会保障范畴，具有社会保险强制性、互济性和社会性的特征。强制性表现在养老保险是由国家通过立法强制用人单位和个人参与缴费，履行法律规定的义务，达到法定领取条件后便可按照法律赋予的权力享受保险金待遇。互济性表现在养老保险费一般由国家、单位和个人三方共同承担，由国家出面在全国范围内统一筹集资金，统一管理运营，统一调剂使用，依靠多方力量分散风险均衡负担，实现养老保险广泛的社会统筹和互济。社会性表现在养老问题关系到一个国家或社会的经济、文明的发展，是其必须解决和处理好的社会问题。另外，养老保险的保障对象具有普遍性，保障时期具有长期性，保障资金规模庞大，必须由政府设立专门机构，在全社会统一立法、统一规则、统一管理和统一组织实施。

养老保险也有自身独有的特征：

一是保障需求的普遍性。任何人在不出意外的情况下都会面临年老问题，劳动者在因年老体弱而无法参与劳动没有劳动收入时都希望有一定的收入保障。因此，任何人要想安度晚年，都要采取一定的手段来规避老年风险，人们寻求规避老年风险的需求是普遍存在的，人们对养老保险的需求也是普遍存在的。每个人在参与养老保险后在年老时都会得到相应的保障，而其他诸如医疗、失业、生育等保险只有在满足特定的条件时才能享受相应的权益，而这些条件并不是每个人所必须面临的，因此，从享受权益方面来说，养老保险也能满足普遍需求。

二是保障时间的长期性。一般情况下，养老保险的缴费时间会长达数十年，在这段期间投保者进行养老保险基金的长期积累。劳动者到了法定年龄或满足其他享受待遇的条件时，便可每月领取养老保险金直至死亡，随着人均寿命的不断增长，享受养老保险待遇的时间也逐渐增加，这段时间也会从几年至几十年不等。

三是保障层次的多样性。养老保险体系包括基本养老保险、企业补充养老保险、个人储蓄性养老保险和商业养老保险四个层次，劳动者可以根据企业的收益情况和个人的收入情况参与不同规模的养老保险，到了年老时也会有不同水平的享受待遇。

四是保障功能的强大性。随着人口老龄化的不断加剧以及家庭养老功能的不断弱化，养老负担日益加重，养老保险能有效缓解家庭养老的经济负担，补充家庭养老功能的不足，在应对人口老龄化、增进社会和谐发展中有着不可替代的地位。

二、养老保险的基本模式

一个养老保险体系包含着很多内容，各国国情、风险的规避能力、人口结构等因素的差异使养老保险模式也呈现多样化。虽然，各国养老保险模式不尽相同，甚至差异很大，但仍可以从以下几个方面对其进行分类：

1. 养老保险的筹资方式

养老保险的普遍性与长期性以及待遇水平决定了养老保险基金的庞大性，其强大的保障功能也决定了其在社会保障体系中具有不可替代的作用。因此，养老保险的财务状况在很大程度上影响着社会保障能否有效运营，也是一个关乎民生和社会和谐稳定的重要因素。从世界各国选择的模式来看，养老保险基金的筹集模式主要有现收现付制、完全积累制和部分积累制三种。

(1)现收现付制。

现收现付制，是指以同一个时期正在工作的一代人的缴费来支付已经退休的一代人的养老金，是一种以横向平衡原则为依据来筹集社会保险基金的模式。它根据每年养老金的实际需要，从工资中提取相应比例的养老金，本期征收，本期使用，不为以后使用提供储备。这种模式体现的是代际赡养关系，诠释了社会保险的互济性。

现收现付制的优点是可抵制通货膨胀风险，有利于防止由物价或收入变动所带来的养老保险金的波动，保险基金投资运行和管理的成本较少，可保证养老保险金的及时发放。其缺点是缺乏相应的储备，难以抵御支付风险，在面对人口老龄化的背景下增加了企业和个人的负担，激化代际收入再分配矛盾。另外，各期支付额的不同将导致费(税)率波动较大，直接影响企业的核算成本和竞争力，进而影响经济发展。

(2)完全积累制。

完全积累制，即完全用过去积累的缴款所挣取的利息收入提供保险金的制度。具体说来，就是一个人在就业期间向政府管理的基金缴款，该基金随着时间的推移不断生息增值，当这个人退休后，其所获养老金来自于该基金的本金和利息收入。换句话说，也就是任何时点上累计的社会保险费总和连同其投资收益，能够以现值清偿未来的社会保险金给付需要。

完全积累制的优点是激励性强，提高了个人缴费的积极性，能够有效应对人口老龄化的冲击；强调的是个人纵向长期平衡，因此费率较稳定。其缺点是不具备再分配功能，通货膨胀风险导致基金的保值增值压力较大，并且固定的费率标准难以与经济发展同步。

(3)部分积累制。

部分积累制也称“部分基金制”，是现收现付制和完全积累制两种模式的结合。在部分积累制情况下，退休人员的养老金一部分来自于现收现付式的筹资方式，另一部分来自于完全积累式的筹资方式。

部分积累制的优点是在在资金的纵向平衡(年轻和年老时)和横向平衡(工作和退休)之间寻求交点，既保持了现收现付制下的代际收入再分配功能，也发挥了完全积累制下提高个人缴费积极性的优点。另外，也有效克服了现收现付制难以应对人口老龄化冲击和完全积累制难以抵御通货膨胀风险的弱点。

2. 养老保险基金运营模式

养老保险的基金运营模式是指养老保险的管理运营方式，关系到养老保险基金的保值增值等问题，它主要包括社会统筹模式、个人账户模式以及基金积累模式。

(1)社会统筹模式。

社会统筹是指社会保险基金在大范围内由社会保险经办机构依法统一征收、统一管理、在属地范围内统一调剂使用。这种模式的优点在于将风险分散，实现了高度社会化和资源的优化配置，体现了社会社会保险的互助性。其缺点在于无法应对人口老龄化等人口结构波动问题。这种模式通常是和现收现付制的筹资模式联系在一起，也存在现收现付制的优缺点。

(2)个人账户模式。

个人账户模式是从职工开始参加工作起，按工资总额的一定比例由单位和个人缴纳保险费，记入个人账户，作为长期储存积累增值的基金，其所有权归个人。职工到法定退休年龄，按个人账户积累总额(包括保险费本金和利息)以养老年金方式逐月发给个人。这种模式的优点是将自我保障融入社会保险，激励机制强，透明度高；利于监督管理，能形成预筹基金；长期积累增值，个人为将来作出长远保障；具有以效率为主导的特性。缺点在于无法实现社会资源的再分配功能和风险，没有体现社会保险的互助性，并且具有资金的保值增值压力。通常情况下，这种模式与完全积累制的筹资模式结合在一起，也存在完全积累制的优缺点。

(3)统账结合模式。

统账结合模式是将社会统筹和个人账户相结合的一种模式，是我国根据基本国情，借鉴其他国家先进经验和教训，把社会统筹的长处与个人账户的优势结合起来，创造的一种具有中国特色的养老保险制度。

统账结合模式的基金由国家、企业和个人三方共同缴费，其中，个人缴纳其工资一定的百分比，所缴部分全部进入个人账户；其余部分为统筹基金，是所有参保人员的共同基金。这种模式既有社会统筹模式的互助性、风险分担的特点，也保持了个人账户模式的激励性，并且实现了公平和效率相结合。

3. 养老保险金的缴费模式

养老保险金的缴费模式是指向被保险人征缴养老保险费的方式，包括给付确定模式和缴费确定模式两种。

(1)给付确定模式。给付确定模式是一种“以支定收”的模式，是先根据保障水平确定养老保险金的给付标准，再依据给付总额测算征缴总额从而确定征缴比例的一种模式。这种模式一般遵循“以支定收、没有结余”原则，维持短期内的横向平衡。该模式通常和现收现付制结合在一起，故有现收现付制的优缺点。

(2)缴费确定模式。缴费确定模式是一种“以收定支”模式，是结合养老保险基金的影响因素，预测未来相当长的一段时期内的保障水平，从而确定一个稳定的缴费比例和标准，以此来征收养老保险基金，并完全或部分地存入劳动者的个人账户，在劳动者失去劳动能力后，其个人账户中的金额作为养老保险金或养老保险金的一部分。这种模式维持长期内个人的纵向平衡，一般与完全积累制或部分积累制联系在一起。

4. 养老保险金的给付模式

养老保险金的给付模式是指向被保险人给付养老保险待遇的方式，包括普遍保障模式和收入关联模式两种。

(1)普遍保障模式。普遍保障模式是指向老年人给付相同规模、相同标准的养老保险金，其水平的高低与老年人个性差异无关，只与当地的消费水平挂钩。这种模式下的养老金一般来源于政府的税收，覆盖面非常广泛。

(2)收入关联模式。收入关联模式是指养老金的给付水平和发放标准都与劳动者退休前的工资收入有关联，它强调国家、企业和个人在养老保险资金筹集中都要承担一定的责任，并在养老金给付时，将个体户、农民等非工薪阶层排除在外，在兼顾社会保险效率的同时，失去了社会保险的公平性。

5. 养老保险责任承担模式

根据养老保险中政府承担责任的差异，可将养老保险分为公共年金模式、企业年金模式和个人储蓄模式。

(1)公共年金模式。公共年金模式是指政府通过相关法律，向企业和个人征收工资税，将其与相应财政收入一起作为养老保险金来源，并通过预算确定养老金的给付水平和给付标准，由政府直接管理的一种养老保险模式。这种模式强调了政府责任，体现了社会保险的公平性，但也给财政带来沉重的负担。

(2)企业年金模式。企业年金模式是指企业和其职工在依法参与基本养老保险的基础上，在国家政策的指导下，根据自己的受益状况，自愿为其职工缴纳一定比例的养老金。这种模式由政府负责引导，企业内部决策执行。该模式对企业职工有一定的激励作用，并可以在一定程度上弥补基本养老金保障水平的不足，减轻政府的财政压力，但将非工薪阶层排除在制度之外。

(3)个人储蓄模式。个人储蓄模式是指职工根据自己的承担能力自愿选择是否参与，自愿选择经办机构的一种补充保险模式。这种模式下，国家通过立法强制劳动者参与养老保险，但养老保险金缴费来源是个人，国家和企业均不参与缴费。劳动者所缴费用计入个人账户，投入市场进行有偿运营，并将运营所得收益记入个人账户，等劳动者年老后将自己个人账户中的资金用于养老。该模式下政府承担责任较小，缺乏社会保险的公平性和互济性。

三、养老保险的产生和发展

18 世纪的工业革命以后，工业化大生产改变了人们的生活方式，也因此产生了新型的产业和大量的市场，工薪阶层数量剧增，不稳定的市场环境和恶劣的就业环境使工人们面临着极大的风险。

19世纪下半叶，随着资本主义社会的急剧转型，一系列社会问题随之产生：工伤频发、工人健康恶化、失业问题、老年工人生活没有保障。此时代表工人阶级利益的工人组织也在飞速发展，工人阶级为了维持自己的基本生活、保障自己的利益进行了一系列的工人运动。资产阶级政府试图建立正式的社会保障制度来缓解阶级矛盾，巩固自己的统治地位。

正如俾斯麦所言，社会保险是消除革命的投资，因为一个期待养老金的人是最守本分的，也是最容易被统治的人。在这样的背景之下，欧洲各国政府开始注重社会保障制度的建立和变革。德国于1889年颁布了《老年和残疾保险法》，标志着社会保障模式的养老保险制度正式诞生，也标志着社会保险正式进入了国家立法阶段。

自德国建立养老保险制度之后，丹麦、英国、瑞典等欧洲国家纷纷效仿德国，分别于1891年、1908年、1913年建立起各自的养老保险制度。19世纪80年代到20世纪上半叶，广大工业化国家普遍建立养老保险制度，养老保险制度处于初始建立阶段。

第二次世界大战后，养老保险制度开始蓬勃发展，广大发展中国家也逐步建立符合本国国情的养老保险制度。如：智利国会迫于国内工会组织和军队的强大压力，于1924年建立起了三个名为“卡加”，分别面向产业工人、公职人员和其他行政雇员的养老保险计划，成为西半球最早建立养老保险制度的国家。中华人民共和国在1951年颁布了《中华人民共和国劳动保险条例》，标志着其养老保险制度的初步形成。1955年，新加坡在人民生活艰苦，老年人生活没有保障，生活来源极不稳定，而英国殖民政府又不愿为新加坡国民养老支付财政开支的背景下，出台了完全由雇主和雇员承担，政府无需负担的中央公积金制度。

进入60年代后，养老保险制度在西方发达国家进入了繁荣与鼎盛的时期，养老保险无论是在覆盖面还是在待遇水平等方面，均获得了有目共睹的、大幅度的扩大与提高。然而进入70年代之后，在两次“能源危机”的触发因素作用下，整个资本主义经济跌入了“滞胀”的泥潭，经济发展速度减慢、通货膨胀加剧、失业人员增加、人口老龄化进程加快、养老保险支出的需求量大幅度上升，养老保险制度因此遇到了突出的财政困难。面对这一严峻形势，许多国家不得不开始对原有养老保险制度进行必要的改革。不单单是工业化国家，许多发展中国家、转型经济国家参与到养老保险制度的调整和变革中。在筹资模式上，越来越多的国家完全或部分放弃原有的现收现付制，从而转向完全积累制或部分积累制，以应对人口老龄化挑战。另外，为了缓解日益增长的养老需求对政府财政和经济可持续发展的压力，各国逐渐扩展养老保险责任主体基金来源，增强市场机制在养老保险运营和管理中的作用，改善政府在养老保险制度中“大包大揽”的格局，多支柱、多层次的养老保险制度体系正在越来越多的国家建立。

20世纪80年代以来，各国的养老保险制度经过各种形式的改革和发展，形成了多种相对完善而各不相同的养老保险模式。

第二节　养老保险的多国模式

随着经济社会的发展进步，大多数国家建立了社会养老保险制度。然而，养老保险制度并没有按照一个统一的模式在全球范围内建立起来。由于各国国情的差异，政治体制、经济发展水平、文化历史传统等方面的不同，以及工业化和全球化进程的差异，各国养老保险的制度模式、责任分担机制、待遇水平均有所差别。总的来说，世界范围内的养老保险制度可以分为以下四种模式。

一、传统型养老保险模式

传统型养老保险模式是当今世界上大多数国家实行的养老保险模式，以德国、美国、法国等发达市场经济国家为代表。该模式贯彻选择性原则，即并不覆盖全体国民，而是选择一部分社会成员参加，强调待遇与工资收入及缴费(税)相关联，因此也被称为收入关联型养老保险。该模式通过国家立法程序，强制工薪劳动者加入，强制雇主和劳动者分别按照国家立法规定的缴费税率投保，并建立养老保险基金。传统型养老保险模式的保险对象一般为工薪劳动者，养老保险费由国家、雇主和雇员共同承担。养老保险待遇取决于个人工资水平，主要是在参保人中进行收入再分配，一般有利于低收入人群。

1. 德国的养老保险制度

德国是世界上第一个建立养老保险制度的国家，经过一百多年的发展，现已形成“三支柱”的养老保险体系：法定养老保险、企业养老保险及个人养老保险。

法定养老保险具有强制性，即德国所有的工人和职员都必须参加法定养老保险。雇主和雇员要按照雇员工资收入的一定比例缴纳雇员的养老保险费，2013年德国养老保险的缴费率为雇员工资收入的18.9%，由雇主和雇员各自承担一半。雇主和雇员缴纳的养老金实行社会统筹，遵循现收现付制度。养老金不足支付时，政府给予财政补贴。每年获得国家财政补贴的数额占养老保险费的1/5。法定养老金是工薪劳动者退休收入最重要的供给形式，其领取养老金的年龄为65周岁。养老金根据退休者退休时的工资和工龄长短计算，一般为工资收入的65%，如果保险期限超过45年的，则领取工资收入的70%。德国政府计划，到2030年法定养老保险的缴费比例将由目前的19.5%提高至22%，到2020年退休人员领取养老金占工资的比例由现在的平均53%降为46%，到2030年进一步降至43%。

企业补充养老金是法定养老保险的补充，是德国养老保险体系中另一重要支柱，随着人口老龄化的日趋严重以及减轻国家养老负担的需要，企业补充养老保险越来越受到政府关注。企业补充养老保险是一种企业行为，其筹资方式、管理运营方式、款额均可由受保人自主选择。

尽管德国企业补充养老保险属于自愿性养老保险，并由私人公司经营，但政府并非完全放手不管，而是对其进行宏观调控。为了防止雇主因宣布破产而无法支付养老金的风险，德国设立了雇主组织的养老保险基金会作为担保机构，规定开办企业养老保险的雇主有义务向担保机构投保。如果企业破产导致无法支付本企业的补充养老金，则由该基金会支付。企业补充保险对劳动力的覆盖率已经高达65%，是德国养老保险体系中最重要的组成部分之一。

个人养老保险的投保对象主要是医生、律师等。公务员和法官不参加养老保险，实行退休制度，养老金由财政预算安排。养老金根据退休者退休时的工资和工龄长短计算，但最高不超过退休前最后一个月工资的75%。农民有独立的“农民养老保险”，政府从其55周岁起向其支付养老金，养老金的来源主要是年轻人的缴费以及一部分财政补贴，待遇水平是根据农民的收入决定的。

目前，德国法定养老保险、企业养老保险和私人养老保险所支付养老金的比例大约分别为70%、20%和10%。德国政府希望，私人养老保险支付的养老金近期能提高到整个养老金的15%，中远期达到25%至30%。这样，企业养老保险和私人养老保险将有望从现在的补充地位逐步提升到与法定养老保险相近的支柱地位。

德国的养老保险最大的特点是不实行个人账户积累制度，养老保险所缴纳的资金在全国范围内实行社会统筹，现收现付。投保人享受的待遇水平主要由投保时的工作收入决定，其数额按照一个特定的、公开的公式计算，每个人都可能不同。德国以特定的公式计算出每个人不同的分值和折扣系数，然后根据居民的消费水平和物价上涨率，每年确定一次各个分值对应的养老金金额。

2. 美国的养老保险模式

20世纪20年代末30年代初的经济“大萧条”时期，面对大量失业、老年生活得不到保障等问题，美国公民越来越意识到自身正面临各种无法抵御的风险，联邦政府也逐渐意识到社会保障的重要性。美国政府在1935年颁布了《社会保障法》，从而标志着美国养老保险制度的正式确立。

美国原有的养老保险制度一直实行的是现收现付制的融资模式，到了20世纪70年代，两次“能源危机”引发了一系列的社会问题和经济问题，人口老龄化的加剧等问题也让美国政府的财政受到来自养老保险金支付的极大挑战。因此，美国政府开始对养老保险制度进行一系列的变革。1983年，美国政府建立了社会保险信托基金，从而使美国养老保险制度的融资方式从现收现付制过渡到部分基金制。改革后，当期退休者的养老金支付所需财源仍然来自于正在工作一代人的缴纳，但未来退休者的养老保险待遇的资金，则部分来自于退休者本人工作期间缴纳所积累的基金，部分由将来工作者的缴纳所资助。同时，私营养老保险业获得了快速发展。

目前，美国的养老保险可以分为三个部分：联邦退休金制度、私人年金计划、个人退休金计划。

联邦退休金制度是美国最基本的养老保险制度，始建于1935年，一直沿用至今，这一制度目前已覆盖了大约96%的职工。美国政府通过立法，以征收社会保障税的方式向雇主和雇员按同一税率收缴养老保险资金。雇员应缴纳的数额，按照本人年薪的多少，采取分段办法计算。雇主按其雇员应缴纳税率纳税。养老保险由社会保障署管理，并按照职工指数化工资水平计发养老金。美国公民领取养老保险金的条件是无论男女必须年满65周岁，同时缴纳养老保险税满10年。联邦退休制度通过法规规定65岁可能享受全额养老金，同时，允许提前退休，但养老金减额发给。雇员最多可以提前到62岁退休，但每提前一个月退休，养老金减发0.56%；也可延迟退休，年满65岁后最多可再推迟5年退休，每推迟一个月退休，养老金增发0.25%。年满70岁以后退休者，养老金不再增加。联邦退休金制度的替代率在50%左右。

私人年金计划是企业在自愿的基础上与工会协商自行建立的养老保险计划，也可以由多家企业协商建立。美国政府通过向企业提供税收减免优惠措施鼓励雇主参与私人年金计划，并对企业雇员的受保范围、企业投资水平、基金投资方向等问题作出法律规定，在保障雇员的权益的同时，维护企业间竞争环境的公平性。目前，全美有60%的雇员参加了私人年金计划。私人养老金计划主要有两类：第一类是待遇确定型，即雇主对雇员承诺雇员退休后给予一定数额的退休金，并以此为依据精算为现值，为职工缴纳相应数额的保险。第二类是缴费确定型，即先确定交费多少，退休时按照累积金额（包括本金、利息、投资利润等）确定退休金数额，这类方式不需要向退休金担保公司担保。

个人退休金计划是一种个人自愿参加的养老金计划，联邦政府通过税收优惠予以扶持和鼓励。美国最具代表性的个人退休计划是个人退休账户（IRA）。IRA主要有两种类型，即1974年开始实行的传统个人退休账户和1997年开始实行的罗斯个人账户。传统个人账户是税前优惠，即个人账户的每一笔缴费以及投资收益在提取之间均无需纳税；罗斯个人账户是税后优惠，即对个人退休账户中每一笔缴费予以征税，账户基金投资收益在退休账户开立5个纳税年度之后免税，因此选择哪一种类型的个人退休账户取决于个人在工作时和预期退休时的税率差别。传统IRA计划和罗斯IRA计划的筹资模式均为完全基金积累制，个人拥有退休账户的全部权益，养老金收入取决于最终个人退休账户的基金积累额。

在美国，法定养老金占一个普通退休人员家庭收入的比例为45%，企业养老金为13%，私人投资获益为42%。由此可见，私人投资对美国人的老年生活保障非常重要。

3. 法国的养老保险制度

法国的养老保险制度最初是在1910年建立起来的，但这一制度因为第一次世界大战而未能予以实施，并且随后的发展和改革也在第二次世界大战中遭到彻底粉碎。因此，法国真正意义上的养老保险制度是在第二次世界大战以后建立和发展起来的。1945年，法国重新建立了全国统一的社会保障制度，包括养老保险、医疗保险和家庭津贴。其中，基本养老保险制度覆盖了全部私立工商性企业的员工。然而，法国当时养老保险的保障水平仍然很低(平均替代率仅28%)，且仅针对工薪阶层，不领取工资的自由职业者和农民则无法享受。1956年，法国创立了老人最低保障制度，给予没有缴纳养老保险而无法领取养老金的退休老人最低等级的生活保障。1971年，法国通过了布朗法案，该法案提高了法国养老保险的待遇水平，规定工薪劳动者缴纳37.5年的保险费之后，就可以从基本养老保险中获得相当于职业生涯中工资最高的10年的平均工资的50%作为养老金。1972年后，法国进一步规定所有的工薪劳动者都必须加入补充保险。当时，基本保险与补充保险之和可以使替代率至少达到70%，最高甚至可以达到90%。

过高的养老保险保障水平为法国的财政埋下了一系列的隐患，人口结构的变化使社会保障开支逐年攀升，财政亏空严重。面对这一形势，法国政府不得不对养老保险制度进行调整和改革。1993年的巴拉杜改革通过修改基本养老金的核算方法成功降低了私立部门养老保险的保障水平，并将养老保险的最低缴费年限提高到40年。从2003年到2008这六年间，法国政府推动了两次大的改革(分别是2003年和2007年的改革)，其改革内容主要包括三个方面：降低公共部门的保障水平、优化养老保险结构、照顾弱势群体。2010年，法国政府对退休年龄和获得全额养老保险年龄以及最低缴费年限又做了一次大的调整。2013年，法国进行了20年来的第五次养老改革，企图通过逐步调高雇员和雇主的养老保险金的缴费率，延长养老保险的缴费年限的措施来实现养老金的收支平衡。

目前，法国养老保险体系逐渐形成了由四大制度构成的基本养老制度格局：(1)“普通制度”，涉及所有工业、商业、服务业等私营部门的受薪人员、学生和个人投保者；(2)“农业制度”，涉及所有农业经营者和农业受薪人员；(3)“自由职业制度”，涉及手工业者、企业家、自由工商户以及自由职业者；(4)“特殊制度”，涉及公务员、军人、地方公共机构人员、铁路、公交、水电局等国有企业的雇员，以及矿工和海员等。在法国就业人口中，普通制度、农业制度、自由职业制度、特殊制度这四个制度的覆盖率分别是 49.20%、11.65%、20.98%和 18.17%。

尽管经过多次调整和改革，法国养老保险的运作模式一直保持现收现付制。目前，从法国整个社会保障的资金来源来看，3/4 的资金来源于雇主和雇员的缴费，1/4 来源于政府的财政收入。2013 年，法国雇员的缴费率为 6.75%，雇主的缴费率为 8.4%，到了 2017 年，这一数据将变为 7.05% 和 8.7%。员工的退休年龄为 62 周岁，获得全额养老保险的年龄为 67 周岁，获得全额养老保险的最低缴费年限为 41 年。

二、福利型养老保险模式及混合型养老保险模式

福利型养老保险强调“普惠性”原则，即基本养老保险体系覆盖全体国民，所有达到一定年龄的退休国民，均可无条件从政府领取一定数额的养老金。这种养老金制度充分强调公平，即养老金水平与公民的身份、职业、工资收入、是否缴费完全无关，所有的养老金全部来自于国家财政。但是，这种普惠制养老保险的待遇水平一般较低，无法满足老年人的基本生活所需；劳动者退休后要想维持自己的基本生活，必须同时参与其他养老保险。

福利型养老保险制度以英、日、澳、加等部分市场经济国家为代表，然而，过低的待遇水平让各国纷纷对养老保险制度进行调整和变革。目前，除了澳大利亚以外，其他国家均改用混合型的养老保险模式，即福利型养老保险与“收入关联型养老保险”同时并存，共同构成第一支柱的基本养老保险。这种模式的养老保险资金来源于雇员和雇主的缴费及其基金的投资收益，待遇水平一般高于普遍年金的待遇。在日本，政府建立“厚生年金”；在英国，这种模式称为“附加养老金”；在加拿大，称为“收入关联年金”。

1. 澳大利亚的养老保险

澳大利亚的养老保险制度建于 1900 年，经过 100 多年的调整、改革与完善，最终形成了典型的全民津贴制度。澳大利亚的养老保险体系由三部分构

成：基本养老金、职业养老金、个人储蓄养老金。

基本养老金覆盖全体居民，资金完全来源于政府的税收，雇主、雇员均不缴费。享受基本养老金待遇的的条件是：年满65周岁，为本国居民且提出申请时在国内居住，至少连续居住10年；累计居住10年以上，至少连续居住5年。养老保险金待遇水平取决于自身的家计状况，家计调查的标准包括收入调查和资产调查，收入和财产之间按照政府规定的标准进行换算。被纳入家计调查范围的资产越多，所领取的基本养老金就根据一定的比例予以抵扣，按级逐次降低标准，直至为零。基本养老金为澳大利亚居民提供了一张社会福利安全网，为大部分老年人的晚年生活提供生活保障，充分体现了收入再分配功能，也为政府财政带来巨大的压力。

职业养老金是政府强制要求雇主为雇员缴纳的养老保险制度，澳大利亚政府规定，雇主必须为员工提供至少税前工资9%的养老保险费，至少每三个月存入员工的职业年金个人账户内。一旦发现雇主有逃费的现象，雇主即将面临很高的罚款，罚款远远高于应为雇员缴费的金额。在这样的约束条件下，雇主的逃费现象很难产生。与此同时，对于雇主按时按量地缴费会给予一定的税收优惠。职业养老金一般会委托有资格的信托机构进行管理，由专业公司投资运营。雇员退休时，将依据其个人账户中的累计金额计发养老保险金，雇员可按月或一次性领取。

个人储蓄养老金计划是个人自愿缴纳的养老保险费，它包括个人银行存款、家庭住宅投资、保险公司购买的年金产品，或强制雇主缴费职业养老金中的雇员自愿缴费部分等。个人缴纳的养老保险费进入个人账户，雇员在退休后领取累积金额。政府将对税后个人养老金投入有一定的补助，最高不超过1500澳元。前提是此参保人必须首先通过个人收入的家计调查，如果该参保人收入不超过一定金额限制，那么对于他在非职业养老金储蓄中所得的资本收入，征税时将有50%的折扣。对于股票红利获得收入的成员，政府会提供相应的政策，避免双重征税。

2. 英国的养老保险制度

英国养老保险制度建立于1908年，经过改革和完善，最终发展成为三个支柱的养老保险体系。第一个支柱是实行现收现付的国家养老金计划，由国家基本养老金计划和国家补充养老金计划两部分组成。国家补充养老金计划前身是于1978年正式实施的国家收入关联养老金计划，2002年后改称国家第二养老金计划。第二个支柱由职业养老金计划和个人养老金计划构成，它是英国养老保险体系中最重要的组成部分。第三个支柱为个人自愿性的商业养老保险，通过个人购买商业保险，为个人将来退休后仍能维持较高的生活水平提供保障。

英国国家基本养老金是统一费率的养老金，任何受雇人员，包括自我雇佣者，只要向英国社会保障部的缴费署缴纳国民保险费，在达到国家法定退休年龄后就可以领取。英国绝大多数的老年居民可享受基本养老金待遇，领取者必须具备两个重要的资格条件：第一是年龄资格，即男性65周岁，女性60~65周岁(女性领取国家养老金的年龄从2010年起逐渐增加，到2020年达到65岁)；第二是缴费年限资格，即全额国家基本养老金的最低缴费年限为男性44年，女性为39至44年，取决于其退休时的年龄。国家基本养老资金来源于雇主和雇员的缴费，以及国家财政拨款。国家基本养老金按统一标准计发，目前的津贴水平是全额养老金每周95英镑，最低国家养老金数额为全额的25%，即为23.75英镑。

国家补充养老金是为了弥补国家基本养老金的不足而提供的养老金，国家补充养老金的前身是1978年英国政府建立的与收入关联的养老金计划，该计划要求全部工薪阶层必须参加，且有最低收入限制。为了向中低收入者、特殊职业者、残疾者提供更为优厚的养老金，英国政府于2002年对其进行改革，改革后该计划被称为国家第二养老金。英国国家补充养老金具有强制性，雇员收入只要超过国民保险费的缴费下限，将自动被包含到国家补充养老金计划。但是，为了鼓励发展职业养老金计划和个人养老金计划，雇员和雇主依照规定在满足一定条件后可以退出政府的补充养老金计划，也就是“协议退出”。国家补充养老金资金来源于雇主和雇员按国家规定的收入上下限标准缴纳的保险费。国家补充养老金的计发方式采用了与工资收入相关联的累退式，即在缴纳基本养老金保费年数相同的情况下，按不同收入层次支付给参保人不同的养老金，参保人年收入越少，得到的替代率水平越高。2009年4月6日加入国家补充养老金计划的雇员，其养老金标准按退休人员工作期间收入最好的20年来计算，计算比例为规定的收入上下限内20年重估收入剩余的1.25%。若鳏寡自己的养老金加上配偶缴费形成的养老金，未超过国家规定的最高养老金限额，鳏寡就可以全额享有配偶的国家收入关联养老金。2009年4月6日后加入国家补充养老金计划的雇员，其补充养老金标准按其平均工资重估收入的1%。鳏寡本人无论有多少养老金，都只能享有配偶的一半，同时不能超过国家规定的最高限额。

职业养老金计划是雇主向雇员提供的补充养老金，又称职业年金。所有年收入在7475英镑以上，年龄在22周岁至法定退休年龄之间，没有参加任何职业养老金计划的雇员都将“自动加入”职业养老金计划。雇主缴纳雇员工资的3%，雇员缴纳工资的4%，政府以税收让利的形式计入1%，一共雇员工资的

8%的缴费计入员工的个人账户。员工退休时可一次性提取部分现金，也可按月提取。

个人养老金计划是由金融机构(如银行、保险公司等)组织设计的为个人或一群个人提供的退休养老金计划。英国法律规定，没有为雇员提供任何形式职业养老金计划的雇主必须与一家或多家保险公司达成协议，使雇员能够参与个人养老金计划。雇员也可以不经过公司直接参加由金融机构提供的个人养老金计划。

3. 日本的养老保险模式

日本的养老保险制度分为两个层次，即公共年金和私人年金。其中公共年金包括全民共同的国民年金和面向公司职员的厚生年金以及面向公务员的共济年金。公共年金具有一定的强制性，私人年金由雇主为雇员附加的企业年金以及个人型养老金两种制度构成，由雇主和雇员自愿参与。

国民年金又称基础年金。在日本，所有年龄在20岁与60岁之间的居民，包括在日本生活一年以上的外国人都必须参与国民年金计划，每月缴纳一定数额的保险费。国民年金的最低缴费年限是25年，在受保者缴费满25年后，即可在65岁后领取全额“基础年金”。国民年金额待遇水平随物价波动而调整。中央政府承担国民年金全部的行政管理费用，还负担全部养老金支出的1/2。

厚生养老金保险的对象是正式雇员在5人以上企业单位和雇员，是一种政府强制、受益与收入挂钩的养老计划。加入厚生养老金和共济养老金的同时，也就自动加入了国民养老金。厚生养老金的保险缴费，是以参保人的月薪资标准和奖金收入为基数进行计算的，由企业和雇员各负担50%。2004年以前厚生养老金的保险费率为14.996%，2004年厚生养老金法改革后，规定保险费率每年递增0.354%，至2017年，月保险费率达到18.3%时基本稳定下来。共济养老金的保障对象是公务员、私立学校教职员和农林渔业团体职员等共济组合。中央政府提供厚生年金和共济年金的全部行政管理费用。雇员保险金的缴纳金额与参保人的薪资收入相关联，故其支取额度也受制于其缴费期间薪酬的平均额。

企业年金是雇主为雇员提供的补充养老金计划，其大部分费用由雇主承担，雇员也承担小部分费用。企业年金费用由信托银行或人寿保险进行管理和运行。雇员退休时，其津贴水平与其工作年限和收入相联系，可一次性从雇主公司领取(通常相当于38个月的收入)，也可以年金方式领取。原则上，雇员的企业年金与厚生年金的总额不能超过公务员共济年金额，超过部分需征税。

个人可以选择在证券公司或银行开立缴费确定型养老金账户。不过，个人不得同时参加公司和个人的缴费确定型养老金账户，公务员和家庭主妇不能参加缴费确定型养老金账户。

4. 加拿大的养老保险制度

加拿大的养老保险制度于 1927 年建立，当时养老保险制度的内容简单，覆盖面较小。随着加拿大经济的不断发展，加拿大的养老保险制度也不断改革和完善。个人退休储蓄计划和雇主养老金计划在 20 世纪 30 年代经济大萧条后逐步建立和发展起来，并于 1952 年建立了老年保障金计划，于 1966 年建立了国民养老保险计划，并逐步加以完善，同时通过税收等优惠政策鼓励个人退休储蓄计划和雇主养老金计划发展。

目前，加拿大的养老保险制度从结构上可以分为三个层次：老年保障金计划、加拿大养老保险计划和雇主养老保险计划及个人退休储蓄计划。

老年保障金计划为每一位 65 岁以上，满足居住年限要求的老年人提供"全民享有、统一待遇"的老年保障金，所需资金全部由政府财政负担，雇主和雇员不需要缴费。在加拿大居住超过 40 年的居民可享受全额老年保障金，低于 40 年的根据居住年限适当予以扣减。对于没有其他收入来源的老年居民，还可获得一定数额的收入保障金。老年保障金的水平每季度进行调整，2012 年第 4 季度的老年保障金月标准最高为 540. 12 加元。2012 年全国约有 500 万人享受老年保障金，总支出约为 400 亿加元。第一层次替代率水平约为 15%。

加拿大养老保险计划具有强制性，其参保对象为年满 18 周岁的劳动者。该计划的资金来源于雇主和雇员的缴费及其资金的投资收益，缴费基数为职工的年工资，工资水平低于免缴额度的部分不纳入缴费基数，雇主和雇员的缴费比率均为 4. 95%，个体经营者的缴费比率为 9. 9%。职工达到 65 岁时可领取全额基本养老金。基本养老金水平根据个人缴费年限和当时社会平均工资的状况来确定，替代率约为 25%。基本养老金水平每年 1 月根据 CPI 指数自动调整。为鼓励延迟退休年龄，加拿大规定，在 65 岁以前退休，每提前 1 个月，基本养老金扣减 0. 6%；65 岁以后退休，每推后 1 个月，基本养老金待遇提高 0. 7%。

雇主养老保险计划和个人退休储蓄计划，都是私人性质的养老保险计划，政府都在缴费环节给予一定的税收优惠。据统计，约 60% 的私人部门雇员参加了雇主养老保险计划或个人退休储蓄计划，平均替代率水平为 18%。

三、国家统筹型养老保险模式

国家统筹型养老保险模式贯彻"国家统包"原则，由国家负责养老保险基金的筹集管理和运营活动，为职工计发待遇水平一致的养老金，保障水平较高。该模式的养老保险只覆盖在职劳动者，并不适用于全体社会成员。该模式的养老保险制度曾在大多数计划经济国家实行，随着前苏联、东欧国家的解体，这种模式逐渐退出国际社会保障领域。前苏联的养老保险制度是典型的“国家统包”型的现收现付模式，以生产资料公有制为基础，并且与计划经济体制相适应，是社会主义国家产物。该模式下的养老保险由国家负责管理和实施，资金来源于企业和机关的缴费以及政府的财政税收，劳动者个人无需缴纳任何费用。该模式的保障对象是所有的工人和职员，男性年满60周岁且工龄达25年，女性年满55周岁且工龄达20年便可领取本人工资50%~100%的养老金。养老保险金直接与工龄挂钩，只有基本养老金一个层次，而且养老金的发放并不根据物价的变化和经济的发展而定期调整。

这种模式虽然充分发挥了社会保险再分配功能，但是也存在着一些弊端：首先，养老金全部来自雇主和政府税收，随着人口老龄化不断加剧，必然会给政府财政带来巨大压力，同时也降低了企业竞争力；其次，养老金待遇只与工龄挂钩，平均主义倾向严重，必然会影响劳动者的工作积极性；最后，该模式只适用于工人和职员，其他阶层(如自雇者、农民等)没有接受任何形式的保障，无法体现社会保险的公平性。

四、强制储蓄型养老保险模式

强制储蓄型养老保险模式是一种典型的强调自我保障原则完全积累制模式，为劳动者建立不同类型的个人养老保险账户或“公积金”账户。这种模式在新兴市场经济国家实行，以新加坡和智利为代表。该模式的养老保险费来源于雇主和雇员的缴费，在参保人退休或有特殊需要时，可以将账户基金定期或者一次性支付给本人。

1. 新加坡的养老保险模式

新加坡的中央公积金制度建立于1955年，它是一项强制性的储蓄计划，通过国家立法强制雇主和雇员按其工资的一定比例缴纳公积金。在中央公积金建立初期，其主要目的是为职员提供足够的储蓄，以满足其退休后或失去劳动能力之后的生活所需。经过几十年的发展，中央公积金制度已经逐步发展演变成为一个可以满足人们退休、购房、医疗保健及教育需要的全面性的社会保障制度。

中央公积金来源于雇主和雇员的缴费，雇员缴费直接从其工资中扣除。国家对公积金不征收任何税费，并为其支付提供担保。雇主和雇员缴费率大致相同。另外，国家为了鼓励年龄大的劳动者进入劳动力市场，规定超过55岁，年龄越大，其缴费率越低。

雇员和雇主缴纳的公积金主要投资于政府债券，在为国家提供大量建设资金的同时，也保证了其利率一直略高于通货膨胀率，从而有效抵制了公积金的贬值风险。另外，公积金的利率每年随银行利率调整两次，每月计算一次，每年进一次会员的个人账户。

职员在55岁之前，其每月大约缴纳工资的40%用于三个账户：30%的部分为普通账户，主要用于雇员的购房、教育和投资等；6%为保健费用，主要用于医疗费用和重病医疗保险费用；4%为特别账户，只限于养老和紧急状况下的支取，无特殊情况在退休之前不可取用。职工在55岁以后，其个人账户变更为退休账户和医疗账户。雇员在退休后可一次性领取，但政府规定，雇员达到55岁后必须在其公积金账户中保留一笔最低存款，以充分保证60岁退休后可以购买相当于社会平均收入25%的最低终身年金。

新加坡管理公积金的各部门之间权责分明。劳工部负责制定政策并进行监督而不参与具体事务，中央公积金局主要负责征收费用、保存记录以及支付收益等日常事务。公积金的相关投资政策则主要由新加坡货币管理局和新加坡政府投资管理公司两个机构执行，这两个机构的工作均需接受公积金局的监督。

中央公积金制度通过缴费率的调整，调整了人们的消费结构，将社会消费和积累的比例控制在一个有效的范围之内，从而有效抵制了通货膨胀风险。另外，公积金购买国家债券和用于国外投资的措施对新加坡经济发展起到了重要作用。但是，中央公积金制度也有一定的缺陷：

(1)中央公积金制度在强调自我保障的同时，无法体现社会保障的社会性和互济性。该制度只是一项国家强制执行的储蓄计划，没有体现社会资源的再分配功能，面对一些突发事件往往缺乏良好的应对能力。

(2)新加坡中央公积金提供的社会保障待遇水平不统一，对年轻低薪雇员保障水平较低，易造成两极分化，影响社会公平的实现。

(3)中央公积金缴费率较高，过度的储蓄必然会降低人们的消费，从而限制国内有效需求的满足。

(4)过高的缴费率使雇员无法购买其他养老产品而只能依赖于中央公积金，因而老年人的退休金来源单一，不利于形成多层次的社会保险体系。

(5)国家强制性高缴费率的储蓄削弱了产品的国际市场竞争力。

2. 智利的养老保险模式

智利的养老金制度建立于1925年，创建之初，其基本特征是采取现收现付财务机制、实行公立机构管理。1980年，其养老保险制度的改革彻底颠覆了起源于德国的现收现付制度，转变为强制储蓄、私有机构管理的养老保险制度。三十多年来，智利养老保险制度取得了明显的成效，被誉为“拉丁美洲现代化进程中的典范之作”。

智利的养老保险制度规定，养老保险费全部由个人缴纳，雇主不承担缴费义务，但雇主有义务代扣代缴雇员的养老保险费。劳动者每月至少应将纳税工资或收入的 10% 存入个人账户并进行积累。另外，雇员还需缴纳工资的 2. 5%~3%，用于支付养老基金管理公司的佣金和向保险公司购买伤残和遗属保险，其中一部分用于伤残和遗属两项保险费用，其余部分用来填补私营养老基金管理公司的管理成本。

智利的个人账户由多家专门的私营养老基金管理公司(AFP)进行管理，负责养老金的保值增值和投资运营。投保者可以自愿选择任何一家 AFP 缴费，并且有 4 次机会转换自己开户的 AFP，条件是必须在这家公司缴费满 6 个月。养老基金管理公司所提供的个人账户利率越高，对参保者越具有吸引力，从参保者获取的管理费用也就越多。养老保险管理公司的个人账户利率取决于公司的投资收益，智利养老金的投资有严格规定，并受政府的监督。智利的养老基金公司监督局设有风险评估委员会，对各类金融证券进行风险评级，AFP 只能对通过风险评级的证券进行投资，并且每种项目的投资均不得超过养老金总额的 30%。每家 AFP 每个月都要保证其管理的养老基金在过去 36 个月的实际投资回报，或者不低于所有基金公司平过去 12 个月平均收益率的 2 个百分点，或者不低于所有基金公司平均收益率的 50%。

智利养老金的领取条件是：男性年满 65 岁，女性年满 60 岁，缴费年限超过 20 年。退休者的养老金额根据其个人账户的积累数额来计算，与缴费、基金投资回报和基金管理费相挂钩。

智利的退休金给付方式有三种：一种是计划提款方式，即参保者符合退休条件时，继续将个人账户中的储存款继续存在私营养老金管理公司，按照私营养老基金管理公司的收益情况每月领取一定金额的养老金，剩余部分继续计息，以后的领取额随投资回报率的波动进行调整。参保者去世后，其个人账户额存款余额由其家人继承。第二种是终身年金方式，即投保者退休后，可自愿选择一家人寿保险公司，与其签订合同，其开户的养老基金管理公司将其个人账户储存款转入这家人寿保险公司购买年金。购买终身年金后，保险公司按月向退休者支付一定金额的养老金，直至去世为止。第三种是临时提款加终身年金方式。即退休者先将其个人账户中的储存额提取一部分，其余部分转入人寿保险公司(条件是其剩余金额足够购买人寿保险终身年金)，由保险公司在某个规定时点开始为其提供一定金额的养老金。

智利养老保险制度的优势有：第一，建立个人账户制，实行完全积累，强调自我保障，对参保人有激励作用，有利于化解人口老年化带来的未来基金支付压力；第二，私营保险基金管理公司的竞争性使其保持了较高的投资收益率，为国家积累巨额资金的同时，也保障了养老金的支付能力；第三，强制储蓄性的养老保险制度促进了储蓄率的提高，有利于国家经济发展；第四，养老保险费全部来自于个人缴纳，减轻了国家财政和企业的负担；第五，和资本市场与商业保险有机结合，既活跃了资本市场，也促进了人寿保险业的发展。但其也存在一定的不足，主要表现在：不仅缺乏社会保险的互助共济功能，而且劳动者还要承担投资失败及长寿风险，这意味着本来用来化解老年风险的稳定性制度安排也含有不确定的风险。对低收入群体与长寿者而言，其个人账户上的养老金可能不足以解决养老问题。另外，养老基金市场高度集中，被几家私营养老基金管理公司垄断，在影响运营效率的同时，难以承受经济危机的打击，并且政府承担了最后的责任和风险。

第三节　中国的养老保险模式及管理实践

在我国养老保险制度创建之初，基本养老金也称退休金、退休费，是城镇劳动者一种最主要的养老保险待遇。实行养老保险制度改革后，逐步建立起基本养老保险与企业补充养老保险和职工个人储蓄养老保险相结合的制度，并且我国首创性地建立了由政府主导的社会统筹与个人账户相结合的基本养老保险制度。我国基本养老保险制度将社会统筹模式和个人账户模式的优势集中起来，既体现了社会保险的互济性、保障性强、风险分散的特点，也强调了职工的自我保障意识和激励机制，是一种公平与效率相结合、社会互济与自我保障相结合的养老保险运行机制。

一、中国养老保险制度的建立和发展

我国养老保险制度的建立和发展历程可以分为以下几个阶段：

1. 养老保险创建时期(1951—1957 年)

我国养老保险制度建立的标志是 1951 年政务院批准颁布实施的中国第一部全国统一的社会保险法规《中华人民共和国劳动保险条例》(下文简称《劳保条例》)。该条例的适用范围包括雇用工人与职员人数在一百人以上的国营、公私合营、私营及合作社经营的工厂、矿场及其附属单位与业务管理机关，铁路、航运、邮电的各企业单位及附属单位。该条例规定的劳动保险的各项费用全部由实行劳动保险的各企业行政方面或资方负担，其中一部分由各企业行政方面或资方直接支付，另一部分由各企业行政方面或资方缴纳劳动保险金，交工会组织办理。各企业需按月缴纳相当于该企业工资总额的 3%作为劳动保险金，不得在雇员的工资内扣除，也不可向雇员另行征收。雇主缴纳的劳动保险

金30%存于全国总工会户内，作为劳动保险总基金；70%留在企业，作为劳动保险基金，为支付雇员的抚恤费、补助费与救济费之用。按照该条例，退休条件是男性年满60岁，女性年满50岁；本企业工龄10年，一般工龄男性25年，女性20年。退休人员的退休金由所在企业负责发放，其数额为本人工资的35%～60%。

随着我国经济状况的明显好转，劳动部对《劳保条例》进行了修订，于1953年1月26日颁布《劳动保险条例实施细则修正案》。这次修订主要扩大了适用范围以及提高了待遇标准。新《劳保条例》的适用范围扩大到工厂、矿场、交通事业单位的基本建设单位和国营建筑公司。职工的退休条件是一般职工男性年满60岁，女性年满50岁；本企业工龄5年，一般工龄男性25年，女性20年；从事井下、有毒有害工作的职工，男性年满55岁，女性年满45岁。退休金待遇标准提高为本人工资的50%～70%。

2. 养老保险的调整时期(1958—1965年)

由于我国国家机关、事业单位的工作人员的工龄计算办法和工资标准同企业不一样，他们不适用《劳保条例》，对他们实行的养老保险制度是1955年国家出台的《国家机关事业单位工作人员退休处理暂行规定》、《国家机关事业单位工作人员退职处理暂行规定》。

1958年2月9日国务院颁布《关于工人、职员退职处理的暂行规定》，同年3月7日又颁布了《关于工人、职员退职处理的暂行规定(草案)》。这两个规定统一了企业和国家机关的退职办法，适当放宽了退职条件，提高了待遇标准，解决了企业和国家机关退休退职办法不统一的矛盾。统一的退休条件为男性职工年满60周岁，连续工龄满5年，一般工龄满20年；女性工人年满50周岁、女性职员年满55周岁，连续工龄满5年，一般工龄满15年。退休待遇的标准为根据连续工龄、从事工种、身体状况等原因，退休费用为本人工资的40%～70%。

3. 养老保险的停滞时期(1966—1976年)

1966年“文化大革命”开始，社会保险工作受到了很大的冲击，社会保险费统一征集、发放都被迫停顿，企业职工的社会保险倒退为企业保险。1969年2月，财政部发出了《关于国营企业财务工作中几项制度的改革意见(草案)》，规定“国营企业一律停止提取劳动保险费”，“企业的退休职工、长期病号工资和其他劳保开支，改在营业外列支”。这一改变，使企业社会保险的统筹调剂职能丧失，养老保险费用完全由企业承担，社会保险倒退为“企业保险”，失去了社会互济功能。由于企业的经营状况和员工年龄结构的差异，各企业间的负担也不同，有些企业甚至难以正常发放养老金。

4. 养老保险的重建与改革时期(1977年至今)

(1)传统社会保险制度的问题。

由于“文化大革命”的冲击以及改革开放后经济体制的改革，传统的养老保险制度已不适应社会形势的发展。传统养老保险制度的问题主要表现如下：首先，覆盖面狭窄，社会资源分配不公。社会保险主要覆盖国有企业职工，集体企业职工参照执行。随着外资企业、合资企业及私营企业等多种经济成分的不断涌现，社会保障资源在不同经济成分之间的分配不公。其次，给付层次单一。养老保险只有一个层次，无企业补充养老保险，也没有个人储蓄型养老保险形式，职工的退休金、医疗费等均完全由国家和单位包揽，国家财政和企业不堪重负。再次，影响企业间的竞争。由于企业性质的不同以及职工年龄结构的不同，企业之间负担各不相同，影响公平竞争。最后，影响劳动力的流通。企业和机关事业单位分割的社会保险制度阻碍了劳动力市场的统一，劳动力不能在各用人单位间自由流动。

(2)养老保险制度的改革和发展。

改革开放三十多年来，我国重建了适应于经济社会发展的养老保险制度，并不断进行改革和完善，其改革和发展历程可以分为以下四个阶段：

第一阶段为1978—1990年的恢复性改革阶段。1978年以前我国社会保障制度的典型特征是“企业保险”，而1978—1990年这一阶段主要是维持、巩固和完善这种制度模式。1978年6月2日，国务院颁布实施了《国务院关于安置老弱病残干部的暂行办法》、《国务院关于工人退休、退职的暂行办法》两个办法。这两个办法主要改变了国有企业职工和机关事业单位工作人员退休待遇的计发办法及退休条件，并且提高了养老金的给付标准。从20世纪80年代开始，我国养老保险制度开始实行社会统筹，由“企业保险”转向“社会保险”，并逐步引入个人缴费机制以及多层次的养老保险制度。1983年10月，原劳动人事部提出改革全民所有制单位退休费用，将企业统筹模式转向社会统筹模式。此后，社会统筹制度便在多个城市开始试点。1986年国务院颁布了《国务院关于发布改革劳动制度四个规定的通知》，决定对国营企业新招收的工人统一实行劳动合同制，并规定实行劳动合同制的工人养老保险的计发办法，即其养老保险费来源于企业和个人，企业缴纳劳动合同工人工资总额的15%，劳动合同工人缴纳不超过本人工资标准的3%。此后，个人缴费制度逐步推广至全部企业职工，企业补充养老保险和个人储蓄性养老保险业逐渐在多个城市试点。

第二阶段为1991—1999年的探索性改革阶段。这个阶段，养老保险制度的改革和全面发展主要由以下几个重要法规文件构成：第一个是1991年国务院颁布的《国务院关于企业职工养老保险制度改革的决定》。其主要内容有：一是明确了缴费的多方负担机制，即规定社会养老保险费用由国家、企业和职工三方共同筹资，职工个人按本人工资的3%缴纳养老保险费。二是建立了多层次的养老保险制度，即探索建立国家基本养老保险、企业补充养老保险和个人储蓄性养老保险相结合的多层次养老保险体系。第二个文件是1993年中共中央十四届三中全会通过的《中共中央关于建立社会主义市场经济体制若干问题的决定》。该文件正式决定实行社会统筹和个人账户相结合的社会保险制度，在设置个人账户的同时，要求建立统一的社会保障管理机构，将社会保障的行政管理和社会保险基金运营分离开来。第三个文件是1995年国务院颁布的《关于深化企业职工养老保险制度改革的通知》，该文件具体确定"社会统筹与个人账户相结合"的实施方案，确定"统账结合"是中国城镇企业职工基本养老保险制度改革的方向。最后一个文件为1997年国务院颁布的《关于建立统一的企业职工基本养老保险制度的决定》。该文件的发布标志着社会统筹和个人账户相结合的职工养老保险模式的初步建立，从四个方面统一了企业职工基本养老保险制度：明确实行社会统筹和个人账户相结合的养老保险模式；统一企业和职工个人缴费比例；统一个人账户的规模；统一基本养老金的计发办法。

第三阶段为2000—2006年"做实"试点阶段。在"社会统筹和个人账户相结合"的制度模型下，由于改革前退休的"老人"，以及改革前参与工作、改革后才退休的"中人"缺乏积累，这造成统筹账户存在巨大支付缺口，各地社保部门均调用个人账户资金用于当期支付，个人账户有名无实。2005年12月，国务院颁布了《关于完善企业职工基本养老保险制度的决定》，针对扩大基本养老保险的覆盖范围、做实个人账户、基本养老金的缴费和计发办法等问题进行了修改和完善。

第四阶段为2007年至今的"全覆盖"改革阶段。2007年至今的养老保险改革较为平稳，并逐步实现了城乡居民养老保险制度全覆盖。2015年1月4日，国务院发布《机关事业单位工作人员养老保险制度改革的决定》，决定从2014年10月1日起对机关事业单位工作人员养老保险制度进行改革，机关事业单位实行社会统筹与个人账户相结合的基本养老保险制度，由单位和个人共同缴费。这标志着机关事业单位的工作人员将与企业职工一样缴纳养老保险费，"双轨制"退休金模式终结。

二、中国现行的养老保险制度

改革开放三十多年来，我国逐渐形成了多层次的养老保险体系，具体包括：政府主导的三方缴费的城镇职工基本养老保险、公务员养老保险、城镇居民养老保险、农村新型养老保险、企业主导的补充养老保险和个人购买的商业养老保险。2015 年 1 月 4 日，国务院发布《机关事业单位工作人员养老保险制度改革的决定》后，我国机关事业单位的工作人员养老金实行“并轨”，机关事业单位与企业建立相同的养老保险制度。城镇职工养老保险制度是我国的基本养老保险制度，也是员工福利最重要的组成部分。我国现行的城镇职工养老保险主要内容包括：

1. 覆盖范围

城镇职工养老保险制度的覆盖范围包括：国有企业、城镇集体企业、外商投资企业、城镇私营企业和其他城镇企业及其职工，实现企业化管理的事业单位及其职工，城镇个体工商户及其雇工，城镇灵活就业人员。2013 年，参与城镇基本养老保险人数已达 32218.4 万人。

2. 基金筹集

我国基本养老保险基金由企业和劳动者个人共同承担。其中，企业缴纳基本养老保险费(以下简称企业缴费)的比例一般不得超过企业工资总额的 20%，具体比例由省、自治区、直辖市政府确定。少数省、自治区、直辖市离退休人数较多，养老保险负担较重，确实需要超过企业工资总额的 20%的，需要报人力资源和社会保障部、财政部的批准。个人缴纳基本养老保险费(以下简称个人缴费)的比例为本人缴费工资的 8%，其中，缴费工资也称为缴费工资基数，一般为职工本人上一年度月平均工资(有条件的地区也可以本人上月工资收入为个人缴费工资基数)。本人月平均工资低于当地职工月平均工资的 60%的，按照当地职工月平均工资的 60%作为缴费基数。本人月平均工资高于当地职工平均工资的 300%的，按照当地职工的月平均工资的 300%作为缴费基数，月平均工资按照国家统计局规定列入工资总额统计的项目计算，包括工资、奖金、津贴、补贴等收入，不包括用人单位承担或者支付给员工的社会保险费、劳动保护费、福利费、用人单位与员工解除劳动关系时支付的一次性补偿以及计划生育费用等其他不属于工资的费用。城镇个体工商户和灵活就业人员参加基本养老保险的缴费基数为当地上年度在岗职工平均工资，缴费比例为 20%。

3. 基金运营模式

我国基本养老保险的基金运营模式为社会统筹与个人账户相结合的统账结合模式。企业缴费全部计入社会统筹基金，职工个人缴费全部计入个人账户基金，城镇个体工商户和灵活就业人员缴纳的当地上年度在岗职工平均工资 20%比例中，12%记入社会统筹基金，8%记入其个人账户。社会统筹基金以现收现付制形式用于当期退休老人的养老金支付，个人账户基金属于职工个人所有，由省级社会保险经办机构统一管理，按国家规定统一存入银行，全部用于购买国债，收益率高于银行同期存款利率。个人账户的积累额来源于个人缴费和基金收益，只能用于职工养老，不能提前支取。另外，当职工或退休者死亡时，其个人账户中的个人缴费可以继承。2013 年全国城镇职工养老保险总收入将近 22500 亿元，支出约 18400 亿元，当期结余 4000 多亿元，收支没有缺口。

4. 领取基本养老金的条件

我国职工领取基本养老保险金需满足以下三个条件：第一，本人达到法定退休年龄并办理了退休手续；第二，所在单位和个人依法参加基本养老保险并履行缴费义务；第三，个人累计缴费时间满 15 年(不足 15 年的，可以补足，也可转入农村或者城镇居民养老保险)。我国现行的法定企业职工退休年龄是男年满 60 周岁，女工人年满 50 周岁，女干部年满 55 周岁。从事井下、高温、高空、特别繁重体力劳动或其他有害身体健康工作的，退休年龄男年满 55 周岁，女年满 45 周岁，因病或非因工致残，由医院证明并经劳动鉴定委员会确认完全丧失劳动能力的，退休年龄为男年满 50 周岁，女年满 45 周岁。

5. 基本养老金的待遇水平和计发方式

1997 年 7 月 16 日，国务院颁布《国务院关于建立统一的企业职工基本养老保险制度的决定》(国发[1997]26 号文件)，将基本养老金的计发办法进行了改革。之后，我国以这个时间点为界限，将养老保险对象分为"新人"、"中人"和"老人"：本决定实施后参加工作的参保人员属于"新人"，本决定实施前参加工作实施后退休的参保人员属于"中人"，本决定实施前已经离退休的参保人员属于"老人"。我国基本养老金的给付采取"新人新制度、老人老办法、中人逐步过渡"的方式。

(1)新人新制度。

新人如缴费年限(含视同缴费年限，下同)累计满 15 年，退休后将按月发给基本养老金，基本养老金水平与缴费年限的长短、缴费基数的高低、退休时间的早晚直接挂钩。他们的基本养老金由基础养老金和个人账户养老金组成。退休时的基础养老金月标准以当地上年度在岗职工月平均工资和本人指数化月平均缴费工资的平均值为基数，缴费每满 1 年发给 1%。其中，本人指数化月平均缴费工资为上年全省在岗月均工资与本人平均缴费指数的乘积，本人平均缴费指数将职工的缴费工资和养老金挂起了钩，等于各缴费年度本人缴费工资和职工所在地当年职工平均工资比值的平均数。个人账户养老金月标准为个人账户储存额除以计发月数，计发月数根据职工退休时城镇人口平均预期寿命、本人退休年龄、利息等因素确定。

(2)中人逐步过渡。

中人由于在建立个人账户之前就已参加工作，故到其退休缴费年限有差异，个人账户上的金额也不能体现其前期劳动贡献情况。2005 年 12 月 3 日，国务院颁发的《国务院关于完善企业职工基本养老保险制度的决定》(国发[2005]38 号)规定，在国发[1997]26 号文件实施之前参加工作，国发[2005]38 号文件实施前已经离退休的人员，仍按国家原来的规定发给基本养老金，同时执行基本养老金调整办法；国发[2005]38 号文件实施后退休且缴费年限累计满 15 年的人员，在发给基础养老金和个人账户养老金的基础上，再发给过渡性养老金。

国发[2005]38 号文件实施后到达退休年龄但缴费年限累计不满 15 年的人员，不发给基础养老金，个人账户储存额一次性支付给本人，终止基本养老保险关系。

(3)老人老办法。

在国发[1997]26 号文件实施之前退休的“老人”，其基本养老金仍按国家原来的规定予以计发，同时执行基本养老金调整办法。

三、我国养老保险制度面临的问题及对策

1. 我国养老保险制度面临的问题

尽管我国养老保险制度经过几十年的发展和改革，发挥了一定的积极作用。然而，与欧美发达国家相对成熟的养老保险体制相比，我国的养老保险制度仍处于发展的初级阶段，存在诸多亟待解决的问题。

(1)人口老龄化造成养老保险金短缺的问题。

按照国际标准，一个国家或地区 60 岁以上老年人口达到总人口的 10%以上或 65 岁以上人口达到总人口的 7%即代表这个国家或地区进入老龄化社会。我国从 2000 年开始进入老龄化社会，而且老龄化发展非常迅速。根据中国统计年鉴给出的数据，2000 年，我国 65 岁以上的老龄人口为 8821 万人，占总人口的 7.0%；2013 年，我国 65 岁以上老龄人口为 13161 万人，占总人口的 9.7%。根据人口学家预测，2050 年，我国 65 岁以上老龄人口将达到 21.2%。老龄人口占比上升意味着缴纳养老保险金的人口相对减少，而需要领取养老保险金的人口不断上升。目前缴费人员与支出人员的比例为 3∶1，意味着 3 个工作人员的缴费收入支持一个退休人员，但是随着老龄化的加重，一些专家测算未来 10 年，这一比例将扩大到 2∶1。而且，随着人均寿命的不断增加，退休老人领取养老保险金的年限也不断增加。两方面的影响导致养老金的负担日益加重，从而引起养老保险金短缺的问题。

(2)地区差异大。

国家养老金发放实行标准=基本标准+职级标准+地区差异标准+国家政策奖励标准，可以看出，地区差异是养老金发放的影响因素之一。由于我国各地区的发展水平、工资增长、物价增幅有所差异，基本养老保险基金支撑能力和财政支持力度也各不相同，各地养老金调整水平也会有所差别，我国养老金水平也存在明显的地区差异。另外，我国各地区的缴费率高低不一，各地区的缴费基数口径也存在差异，导致有的省份有所结余，而且结余越来越多；有的省份却收不抵支，而且缺口越来越大。对于资金不足的情况，国家必须对其进行财政补贴，从而带来一定的财政负担。

(3)社会统筹层次低。

从政策执行情况来看，除几个直辖市和个别省份外，大多数省(区)采取的是养老保险的省级调剂金模式，而不是完全的养老保险基金省级统收统支。低统筹层次降低了养老保险制度的保障功能，也降低了养老保险基金的抗风险能力。

(4)行政管理体制缺乏效率。

我国养老保险制度的行政管理模式是属地化管理，即市(县)养老保险经办机构由地方政府管理，所以市(县)养老保险经办机构必然成为地方政府利益的首选目标。另外，我国社会养老保险的政策制定、费用收缴、投资运作、监管查处等事务全部集中在社保部门。社保局通过单独组织一批专业人士对企业进行财务核算、监控企业员工工资，通过专业征管软件对各个企业进行调查、稽核、收缴。在智利、新加坡等养老保险制度相对完善的国家，这些工作是由税务部门完成的，其基金的投资运营由独立的政府部门或私营基金管理公司负责。与这些国家的制度相比，我国养老保险制度的行政管理体制造成了大量行政费用的浪费，缺乏一定的效率。而且，社保部门的权力集中，无法相互制衡形成有效的监督。

2. 解决我国养老保险问题的对策

针对我国养老保险制度的问题，可以从以下几个方面来进行改善：

(1)延迟法定退休年龄。

为了应对老龄化问题，很多老龄化国家采取逐年延迟退休年龄的做法，我国也可以借鉴相关经验。适当延缓退休年龄不仅可以增加养老保险金的缴纳，同时还可以减少养老保险金的支付。社科院世界社会保障中心主任郑秉文曾做过测算，我国退休年龄每延迟一年，养老统筹基金可增长40亿元，减支160亿元，减缓基金缺口200亿元。然而，法定退休年龄的设定必须考虑到我国人口老龄化趋势、总体健康状况、人均寿命以及社会发展和稳定，这关乎广大参保者的切身利益。因此，我国延迟退休年龄的实施不能操之过急，要综合各方面因素通盘考虑，慎重决策，逐步推行。

(2)缩小养老保险的地区差异。

首先，应当明确各地区历史债务责任，将其与现实责任分离开来，并通过财政及其他力量予以解决，从而降低各地区通过代际转移手段消化历史债务的支出部分，缩减各地区间养老保险收支的差距；其次，结合欠发达地区的资源，发展特色产业，提高其经济发展水平，促进区域经济协调发展；最后，调整各地区职工平均工资水平，缩小各地区内部以及地区之间的工资差距，以缩小养老保险的地区差异。

(3)提高养老保险基金的保值增值能力。

扩大养老保险基金的投资范围是提高养老保险基金保值增值能力的有效途径之一。2015 年 4 月 1 日，国务院常务会议部署四大举措，扩大社保基金的投资范围：一是把社保基金债券投资范围扩展到地方政府债券，并将企业债和地方政府债券投资比例从 10%提高到 20%；二是将基金直接股权投资的范围，从中央管理企业的改制或改革试点项目，扩大到中央企业及其子公司，以及地方具有核心竞争力的行业龙头企业包括优质民营企业；三是将基金的信托贷款投资比例上限由 5%提高到 10%，加大对保障性住房、城市基础设施等项目的参与力度；四是允许基金按规定在全国银行间一级市场直接投资同业存单。在扩大养老保险基金投资范围的同时，要提高基金的管理和监督水平，并且要完善和强化风险控制机制。

(4)建立有效的养老保险行政管理体制。

社保部门的高度集权导致了养老保险行政管理的效率低下，因此，可以将养老保险金的征收权、投资经营权等分散到其他政府部门或私营管理企业；另外，对于养老保险基金的监管，要从“政府直接管理”向“市场运作、政府监管”转变，逐步建立起法律健全、职责明确、精干高效的监管制度。

复习思考题

1. 怎样理解养老保险的概念？
2. 简述养老保险划分的依据以及种类。
3. 简述我国养老保险的基本内容。
4. 我国养老保险制度存在哪些问题以及解决的对策有哪些？

【案例】

机关事业单位人员今后要怎么养老?

国务院13日决定全面启动机关事业单位工作人员养老保险制度改革，标志着养老金“双轨制”的破冰，近4000万机关事业单位人员将和企业职工一样缴纳养老金。曾经被许多人羡慕的“铁饭碗”被打破，那机关事业单位人员今后咋养老呢?

国务院明确养老金“并轨”在全国范围同步实施，机关与事业单位同步改革，这意味着全国所有按公务员法管理的单位、参照公务员法管理的机关(单位)、事业单位及其编制内的工作人员，也就是通常所说的“体制内人员”，总数近4000万人的庞大群体都将启动改革。

长期以来，这部分人及其单位不缴纳养老保险，退休后养老吃的是“财政饭”。而改革将改变这一局面：今后这些人群将参照企业等城镇从业人员缴纳养老金，并将发放全国统一的社会保障卡，从单位养老转向社会化养老。

改革后的机关事业单位人员新的基本养老金待遇分为两部分：一是基础养老金，二是个人账户养老金。为确保改革顺利推进，国务院改革决定还明确，机关事业单位在参加基本养老保险的基础上，应当为其工作人员建立职业年金，此举将保障改革人群的新养老金水平不低于现有水平。

根据改革决定，基本养老保险方面，单位按工资总额的20%缴费；个人按本人缴费工资的8%缴费，本人缴费工资高于当地职工平均工资3倍的部分不纳入缴费基数，低于平均工资60%的以60%为基数缴费，即“300%封顶、60%托底”。

比如，公务员小明除去津贴、补贴等，每个月缴费工资是5000元，改革前单位和个人都不用缴费，小明退休后照样有养老金。改革后，小明每月要缴纳养老保险400元。

职业年金方面，单位按本单位工资总额的8%缴费，个人按本人缴费工资的4%缴费。这样，小明又要缴200元，加上基本养老保险的400元，一共缴600元，这笔钱是从小明的月收入中扣除的，将进入小明的养老金个人账户。连同单位缴费部分，退休后按月发放。

如此一来，并轨后机关事业单位人员与企业职工的养老缴费和发放都基本一致，“体制内人员”以前的完全吃财政饭，变为单位和个人缴费、财政承担养老保险基金的兜底责任的多渠道筹资，形成单位、个人、政府共担的新机制。

资料来源：http：//finance. ifeng. com/a/20150116/13435250_0. shtml.

第四章 医疗保险

引言：社会医疗保险是当人们生病或受到伤害后，由国家或社会给予的一种物质帮助，即提供医疗服务或经济补偿的一种社会保障制度。具体来说，包括国家医疗保险、社会医疗保险、商业医疗保险与储蓄医疗保险这四种医疗保险模式，典型的代表国家分别是英国、德国、美国与新加坡。我国现行的医疗保险则主要包括机关事业单位的公费医疗制度、城镇职工基本医疗保险制度、城镇居民基本医疗保险制度、新型农村合作医疗制度。我国现行医疗保险制度仍存在不完善的地方，未来医疗改革将不断进行。

第一节 医疗保险概述

一、医疗保险的起源

医疗保险起源于西欧。随着西欧国家资产阶级革命的胜利，大机器生产的工场取代家庭作坊。工作环境的恶劣以及工伤事故的频发等情况使得工场工人要求得到相应的医疗照护，由于自身工资不足以支付医疗费用，于是他们便自发组织起来筹集资金并将其用于疾病开支。在当时，这种医疗形式并不稳定，且范围小、风险抵御能力差。一直到18世纪末19世纪初，西欧民间保险发展起来，成为医疗基金筹集的重要来源。此后各国医疗保险不断发展，德国1883年颁布的《劳工疾病保险法》规定了对于部分行业中工资低于限额的工人，应强制其加入医疗保险基金会，基金会强制性征收这些工人及其雇主应缴纳的基金。该法令标志着医疗保险作为一种强制性社会保险制度的产生，此后，欧洲各个国家相继效仿，使包括医疗保险在内的社会保障体系在全球范围内普遍建立并不断完善。1929—1933年世界经济危机之后，医疗保险进入全面发展的时期。

二、医疗保险的内涵

社会医疗保险主要是当人们生病或受到伤害后，由国家或社会给予的一种物质帮助，即提供医疗服务或经济补偿的一种社会保障制度。一般而言，医疗保险指的是由特定组织或机构经办，通过强制性政策法规或自愿缔结契约的方式，在特定区域的特定参保人群中筹集保险基金，在参保人因病所致健康和经济损失时实施经济补偿的一系列政策、制度和办法。

具体来说，医疗保险的内涵有广义与狭义之分。广义上的医疗保险也称作健康保险，不仅对疾病造成的经济损失给予补偿，并且还会对分娩、残疾与死亡等情形也给予经济补偿，也包括对疾病的预防与健康的维护等。狭义上的医疗保险则主要是对参保人因病就医的医疗费用进行经济补偿。

因此，医疗保险的构成要件主要有三个：首先，参保人的身体出现异常的生理变化，即患病；其次，患病后为了身体康复或生命的尽可能延续而需要适当的医疗服务；最后，患病以及接受医疗服务带来了经济损失，包括医疗费用的支出以及劳动能力的损失费用。

具体来说，医疗保险主要有两个大类：社会医疗保险与商业医疗保险。社会医疗保险由政府举办，国家强制推行，非营利性，以政府调控为主；商业医疗保险则是由保险公司举办，市场自由买卖，营利性，且以市场调节为主。社会医疗保险又可分为间接医疗保险制度、直接医疗保险制度与基本医疗照顾三类。其中，间接医疗保险制度多见于西方国家，是政府社会保险机构与私人医疗机构签订合同，病人先自付医疗费用，之后再向社会保险机构报销其费用的全部或一部分。直接医疗保险制度则多见于社会主义国家，政府直接拥有并管理医疗机构，劳动者的部分或全部医疗费用由国家承担。基本医疗照顾是一种预防性、治疗性与综合性的卫生保险服务，主要包括营养改善、卫生用水供应、母婴照护、主要传染病免疫及流行病的预防与控制等内容，该制度多见于发展中国家。商业医疗保险则主要包括报销型医疗保险、赔偿型医疗保险、津贴给付型医疗保险与费用型医疗保险这四种。报销型医疗保险即普通医疗保险，指患者在医院所花医疗费用由保险公司进行报销。赔偿型医疗保险即专项医疗保险，指患者明确被医院诊断为患有某种合同列明的疾病，由保险公司根据合同约定的金额来给付患者治疗与护理费用。津贴给付型医疗保险则是指保险公司按合同规定的补贴标准，向被保险人按次、按日或按项目支付保险金的医疗保险。费用型医疗保险则是根据客户实际发生的医疗费用支出按保单约定的保险金额给付保险金。

三、医疗保险的特点与作用

1. 医疗保险的基本特征

(1)保障内容的特殊性。

对于医疗保险来说，其保险的标的物是人的健康而非实物，这就注定了医疗保险内容上存在一定的特殊性。此外，医疗保险源于疾病风险的存在，疾病风险也具有一定的特殊性，包括普遍性、多发性、复杂性以及危害的广泛性与严重性；疾病风险带来的经济损失也具有不确定性，以至于保险费率难以厘定，保险待遇业难以确定。

(2)保障过程的特殊性。

医疗保险的实施同时需要医疗机构与医药企业的介入，医疗机构提供技术服务，医药企业提供诊疗手段，医疗保险机构筹集并提供医疗费用，参保人员缴纳保险费并享受医疗待遇，这使得医疗保险的法律关系变得复杂。此外，医疗机构提供服务的义务面对的是参保人员，其收取费用的权利面对的是保险机构，这便容易造成权利义务脱节，医、患、保之间容易产生矛盾而使利益关系难以协调。

(3)与其他社会保险的关联性。

保险可分为社会保险与商业保险，医疗保险既是社会保险的一个独立项目，同时它与养老保险、失业保险、生育保险等其他社会保险密切相关。

(4)服务频率高。

社会保险对象是劳动者，不分年龄和性别。作为劳动者，其一生中可能不发生失业、工伤等风险，但不可避免会遇到疾病风险，且通常需要经常与医疗保险“打交道”。

(5)待遇的均等性。

通常来说，对于医疗保险的参保人来说，其享受的待遇仅与自身的实际病情相关，与参保人的地位、职业以及收入水平等相关性不大，这体现了医疗保险的公平性。对于特殊人群的特殊待遇，则通过补充医疗保险、医疗补助以及医疗救助等特殊方式加以解决。

2. 医疗保险的作用

(1)提高劳动生产率，促进生产发展。

医疗保险源自于社会进步与生产发展，同时又能反过来促进社会进步与生产发展。医疗保险让劳动者没有后顾之忧而全身心投入工作中，从而有助于提高劳动生产效率和促进生产发展。同时，医疗保险也有助于提高劳动者的身心健康，确保劳动力正常再生产。

(2)调节收入差别，体现社会公平。

医疗保险能够通过对医疗保险费用的征收以及医疗保险服务费用的偿付来对居民的收入差距进行调节，在一定程度上体现了社会公平性，是国家政府进行收入再分配的一项重要手段。

(3)维护社会稳定。

医疗保险通过对患有疾病的劳动者在经济上给予一定的帮助，从而有助于避免疾病带来的社会不安定因素。因此，社会保险可以说是调整社会关系与社会矛盾的重要社会机制。

(4)分担疾病风险，促进社会文明与进步。

医疗保险通过在参保人之间进行疾病费用风险的分担，实现社会共济，充分体现了“一方有难，八方支援”的新型的社会关系，有助于促进社会文明与进步。

第二节 医疗保险的多国模式

医疗保险制度可按照保障的对象、筹资方式、费用支付方式、就医方式以及资金与业务管理等指标分为多种模式。目前各个国家的医疗保险制度总体可分为国家(政府)医疗保险模式、社会医疗保险模式、商业医疗保险模式以及储蓄医疗保险模式等。在各个模式下，各国相应的补充医疗保险则主要可分为两类：公共保险的替代保险，如德国；公共保险的补充或附加，如英国、美国等。

一、国家(政府)医疗保险模式

1. 国家医疗保险模式的内容与特点

国家医疗保险，又称政府医疗保险、免费医疗保险，是社会医疗保险较为特殊的一种形式。该保险模式是由一国政府直接举办，以税收形式筹集医疗保险基金，并通过对国立医疗机构的财政预算拨款，向本国居民直接提供免费或低收费的医疗服务。实行国家医疗保险的典型国家是英国，该国最早于1948年颁布《国家卫生服务法》，实施全民医疗保险制度。此外，我国的公费医疗、瑞典与加拿大等国的福利性医疗、前苏联与东欧国家的全免费型医疗等也均为国家医疗保险模式。

国家医疗保险模式具有以下几个突出特点：首先，其保险基金主要来源于税收，包括一般税与特殊税。例如，英国1976年国民健康服务基金中有88%来源于国库；瑞典的卫生保健服务则有近90%是由公立卫生设施提供的。其次，国家卫生部门直接投入建设医疗服务机构，其建设与日常运营费用通常以预算的形式拨放到政府主办或合作购买的医疗机构。整体上，其医疗服务活动具有显著的国家垄断性。再次，其医疗服务通常为免费或低收费，基本覆盖本国的全体公民，主要体现社会分配的福利性与公平性。在英国，90%以上的国家居民接受国家的免费医疗保障服务。最后，在该模式下，国家医疗机构的医疗卫生进行自愿配置，其医疗服务的价格等也几乎不受市场机制的调节，从而居民的医疗需求也会在一定程度上受到限制。同时，在这种模式下，医疗机构由国家开办，经费由国家定额提供，医护人员也领取国家固定工资，致使医疗机构运行效率低下，医护人员工作积极性差，医疗服务供需矛盾突出，这也是英国医疗保险模式存在的重要问题。

总体而言，国家医疗保险模式的管理程序方便，医疗费用可有效控制，且可保证医疗服务的公平性，几乎无风险。但同时也存在服务效率低下、居民过度需求与经费不足等问题。

2. 英国的国家医疗保险改革

由于国家医疗保险实施以来出现的医院运行效率低下，病人等候时间过长，医疗费用上涨以及政府财政负担过重等问题，英国政府进行了医疗制度改革。1993 年，为了提高医疗机构效率，英国政府将地区卫生局和家庭医疗服务机构合并，进行机构重组，并加强对医院绩效的管理。为了控制医疗费用的上涨，政府实施“买—办”分离，创建医院信托集团，并按结果进行付费，使得医疗成本的信息披露有所改善，病人及其代理者获得更为充分的信息，迫使提供者不得不努力降低成本。

具体来说，医院信托集团的创建，使卫生行政部门脱离了医院的日常事务管理，专注于总体规划和过程监督，医院信托集团作为独立的法人实体，虽然隶属于国家医疗保险，但不受地方卫生局的管理和限制，有较大自主权。医院信托集团的收入主要来自于其与购买方订立的提供服务的合同，因此相比于以前，医院信托集团的卫生服务效率较高、反应较快、对医院经营的财务意识较强。它要完成每年的具体财务目标，包括年收入的 6%要归入其固定资产等。医院信托集团成立后，许多医院进行了临床和财务双重治理的新型管理改革。在护理部主任和经营部主任的协助下，医院首席执行官与临床部主任一起承担了全面管理医院的工作。通过成立医院信托集团，公立医院加强了成本控制，平均住院日不断缩减，大大增加了入院治疗的患者人次，缩短了病人等候入院治疗的时间。

按结果付费的方式，是英国卫生部借鉴了美国按病种支付的方式，于 2002 年 10 月宣布将推出基于卫生情况的按结果付费方式，并开展了试点。这种付费方式主要根据病种情况由卫生部确定固定卫生资源占用的补偿资费，这就是按结果付费的支付机制。英国卫生部认为结果付费方式至少有三个好处：第一，消除各医院间的价格竞争以及可能因价格竞争而引起的交易成本；第二，由于不存在价格差异，卫生服务购买者和提供者能专心致志地提高卫生服务的质量；第三，考虑到对 NHS 管理和卖方市场的双垄断本质，这种支付机制将避免因地域不同而出现的价格差异。最重要的是，由于有了服务总量和医疗复杂程度的双重刺激，公立医院将不断提升绩效管理，减少病人排队等候手术的时间，使医院最大限度地发挥容量。经过逐步推广，从 2008 年开始所有的医院托管集团(包括急救、事故、门诊等)都将增加按结果付费的方式。

此外，英国还采用社会健康保险税作为补充，来缓解财政压力。在英国，社会健康保险税等同于国家保险，是强制性用于医疗保险的社会公积金。社会成员按收入多少缴纳一定的健康保险。这部分税收收入直接进入国家保险基金，该保险基金由财政部管理。

在英国，已经有一个比较完整的体系——医疗意外处理保险、医生责任保险、医疗民事赔偿制度、侵权诉讼、独立医疗意外鉴定委员会、医生问题的公众监督委员会。通过这个系统，大多数医疗纠纷没有进入诉讼审判就解决了，小部分通过保险索赔和侵权诉讼。与保险公司联手普遍实行医生职业风险社会化，一旦发生医疗事故，患者可直接向保险公司索取经济赔偿，这对医生个人和医院均起到了很好的保护作用。

二、社会医疗保险模式

1. 社会医疗保险模式的内容与特点

社会医疗保险，又称法定医疗保险，是国家以立法形式强制实施的一种医疗保险制度。其医疗保险费用主要来自雇主与雇员的共同缴纳，政府则适当给予补贴。在参保人及家属因为伤病、生育而需医治时，社会给予他们相应的医疗服务与物质帮助。目前，实行社会医疗保险的典型国家有德国等多数欧洲国家、日本、韩国。德国于 1883 年制定《疾病保险法》，成为世界上最早建立医疗保险制度的国家。目前德国已经形成了以法定社会医疗保险为主的医疗保险体系，覆盖了德国超过 90%的人口。此外，日本则于 1927 年正式实施社会医疗保险制度，至 1961 年成功实现全民医疗保险。

具体来说，社会医疗保险模式具有六个方面的特点：第一，保险基金主要来源于法律法规规定的在一定收入范围内的居民按规定数额或比例缴纳保险费用。第二，资金统筹、互助互济、现收现付，通过个人收入的再分配来实现社会共济与公平。第三，参保以强制加入为主，自愿加入为辅，在德国，其社会医疗保险制度规定除劳动时间较少的部分就业者以及兼职、工读学生等可以自愿加入外，其他居民均为强制加入。第四，遵循相关受益者部分分担的原理，在缴纳医疗保险费的前提下，患者本人仍需少量负担。第五，医疗保险制度与经济发展密切相关，根据不同的经济发展水平与卫生服务目标，从而保障基本的医疗服务。第六，法定医疗保险与自愿医疗保险相结合，德国的法定医疗保险属于强制性的，而自愿医疗保险则主要针对那些独立经营者、自由职业者以及国家官员等，已经参与法定医疗保险的人，也可通过参加自愿医疗保险来享有更高标准的医疗和卫生服务。该模式也存在医疗消费不合理、预防服务重视不够以及医疗费用增长过快的问题。

2. 德国的社会医疗保险的发展与改革

为了应对快速工业化带来的经济危机，德国在1883年颁布《疾病保险法》，医疗保险组织以原有的地方基金和职业基金为基础，定位为非营利机构，由按出资比例选举的工人代表和雇主代表共同组成的委员会进行自治管理。其后，在20世纪初至80年代末，德国的社会保险立法逐渐成熟。1911年德国颁布《社会保险法典》，1919年，该法典进行修订，正式将德国境内的8500个社区疾病保险组织转为地方疾病保险基金，并建立起农业工人疾病保险基金，对医疗保险的管理程序进行了规范。第二次世界大战期间，德国一度取消了社会保险自治管理体制，而在战后，德国分裂为联邦德国与民主德国。联邦德国基本维持了传统的社会医疗保险组织体制，而民主德国仿效前苏联，建立了由政府直接控制的国家卫生服务体制。1990年柏林墙倒塌，德国统一后，又重新恢复了以自治管理为核心的社会医疗保险体系，形成了较为稳定与统一的医疗管理模式①。

自20世纪90年代初期至今，德国的社会医疗保险体系进入改革阶段，尤其是对医疗保险的组织结构进行了大刀阔斧的改革。其开创新结构变革的代表事件便是1993年1月1日《卫生改革结构法案》的实施。该法案的核心是重组法定医疗保险体系，重点在于引入疾病基金之间的竞争机制，允许被保险人自由选择疾病基金，以及建立风险结构补偿计划，以调整疾病基金之间的风险结构。此后十多年，德国虽经多次政府更迭，颁布《法定医疗保险现代化法案》等多部卫生系统改革法案，但改革重心仍在控制成本上，并未对医疗保险组织体系产生实质性的影响。2007年德国政府颁布《加强法定医疗保险竞争法案》，建立了全国性的健康基金，为医疗保险融资；引入医疗保险机构之间的面向疾病状况的风险结构平衡机制；统一缴费率，即费率的厘定权将由疾病基金转移给政府。这几项改革措施于2009年正式实施。在医疗保险组织的运作机制上，2009年德国政府对20世纪90年代以来基于年龄、性别与职业等建立的全国风险补偿机制进行调整，推出新的基于疾病状况的风险补偿机制。目前，德国

① 王琬．德国社会医疗保险组织体制的发展与变革[J]．中国卫生政策研究，2011，4(2)．

医疗保险由法定医疗保险和私人医疗保险两大系统构成，根据收入水平进行选择。凡是不符合参加私人保险条件者必须强制参加国家法定医疗保险，保险基金组织不得对投保人进行风险选择(包括年龄、性别、身体状况和家庭成员数量)。保险费则由雇主和雇员各承担50%(退休后由原雇主承担的部分则改由养老基金承担)。缴费率占工资收入的14%~15%(各保险公司缴费比例不尽相同，但平均在14.3%左右)。

面对外部政治经济环境压力，近年德国卫生保健体系已经进入了新一轮的调整时期，其社会医疗保险组织体制不断进行变革，表现出向政府干预性和市场竞争性同时强化的“管理型竞争模式”的转变。同时，德国医疗保险的协会自治管理也逐渐从医生权威主义向多边主义自治管理过渡，这意味着德国传统的俾斯麦社会医疗保险模式正在向新模式转型。

三、商业医疗保险模式

1. 商业医疗保险的内容与特点

商业医疗保险，也称自愿保险，与法定社会医疗保险相反，其按照市场规则自由经营，医疗保险作为一种商品可以在市场上自由进行买卖。此外，在该模式下，医疗服务的供给与价格等均通过市场竞争和调节来决定，政府仅施加少量或完全不施加干预。其中，卖方主要指的是民间团体或者私人保险公司，买方则包括企业、民间团体、政府及个人。商业医疗保险模式的典型代表国家是美国、菲律宾。美国受自身特殊社会与文化背景的影响，其医疗保险系统主要由社会医疗保险、私营医疗保险、管理式医疗组三部分组成，其中私营医疗保险所负担的医疗费用占到了50%左右，承担着医疗保险的重要角色。

具体来说，商业医疗保险模式也具有以下五个方面的特点：第一，社会人群自愿参保，共同分担由于意外事故所造成的经济损失；第二，被保险方与保险方通过签订合约，缔结双方的契约关系来履行各自的权利和义务；第三，商业医疗保险的保险机构基本上均以营利为目的，同时也存在少量的非营利保险机构，例如美国的蓝盾、蓝十字等；第四，商业医疗保险形式较为自由和灵活多样，根据社会上的各种需要产生的不同险种来开展保险业务，供求受市场调节，可以有效满足社会各层次的需求；第五，参保人在医疗保险上的自由选购迫使医疗保险组织在保险的服务的价格与质量上展开竞争，从而迫使服务提供者控制医疗成本，保证了医疗服务的价廉质优。与此同时，商业医疗保险存在市场调节失灵，从而造成医疗消费膨胀与社会医疗总费用的失控，不公平现象较为严重。

2. 美国的商业医疗保险制度及其改革

美国的商业医疗保险可以分为非营利性与营利性两种，非营利性的医疗保险公司可以在税收上享受优惠，营利性医疗保险公司则不会享受相关优惠待遇。在美国，非营利性的医疗保险公司以蓝十字会与蓝盾卫生协会为代表，它们缴费少，服务优待，均不以营利为目的。其中蓝盾于1930年由医生发起组织成立，主要为门诊服务提供保险，蓝十字则是通过和其他成员医院的间断接触，为投保者提供住院服务保险，其在医院付款方面享受范围在4%~27%的折扣待遇，蓝十字会根据费用情况支付医院，且蓝十字的投保人缴纳保险费之后便不再另外缴费。蓝十字与蓝盾均可享受税收优惠待遇，免除2%的保险金税款，其下设一个松散的全国性网络，遍及78个地区，覆盖人群10700万人左右。营利性的商业保险，可以提供个人及团体的医疗保险。商业保险主要靠提供费用较低的医疗服务来与非营利性的蓝盾、蓝十字进行竞争，对于费用高昂的服务则单独作为项目保险，美国有5400万左右的人参加各类商业保险。

这种以市场为主导的保险制度也面临着越来越多的问题：首先，医疗费用难以控制，医疗保险受人口年龄结构的影响巨大，而人口老龄化导致对医疗需求的增加，采取“第三方支付”制度易造成过度的医疗需求，医疗保险费收入减少实质上增加了额外的支出；其次，存在福利性和市场性的矛盾所导致的严重不公平；最后，医生和医院是从给病患提供的服务中获得报酬的，缺乏控制医疗费用和提高服务质量的动力机制。因此，美国对本国医疗制度进行了不断的改革。

前期美国医疗保险的改革主要是医疗服务的提供方式和保险费用支付方式的改变，即采用“管理式医疗保险”开展医疗保险业务。该项保险业务发起于20世纪80年代左右，主要有健康维持组织(HMO)与优先提供者组织(PPO)两种类型。HMO与传统的私人健康保险公司不同，它有自己的合同医院和开业医生，可直接为成员提供门诊、住院和预防服务。HMO通常对其成员提供两方面的服务，健康保险与健康保健，参加成员预付保险费后，可免费享受规定范围内的一切服务。可去其下属医疗中心看病，不再收费。HMO努力保护成员健康，以减少以后对高昂治疗性服务的需求。并且改变了医院计价以住院天数和实际消耗付费的传统做法，按治疗多少种病拨款，医院若对某个病种诊疗费用超支，应由医院支付，迫使医院必须改变经营方式，降低成本，才能营利，否则就会破产。PPO保人的利益，针对医疗服务收费与医院或医生进行谈判及讨价还价，最终选择同意降低收费价格并愿意接受监督的医院或医生签订合同。PPO同医院和医生按服务项目付费，一般将价格压低15%左右。由于PPO的保险费较低，并且可以自由选择医院和医生(一般保险公司提供3家医院供选择)，因此比较受欢迎。

2010年3月23日，美国总统奥巴马在白宫签署了医疗保险改革法案。奥巴马的医保改革方案核心就是为美国人提供“负担得起”的医疗保险，针对的主要是中低收入人群，奥巴马主张扩大医保覆盖范围，把超过3000万不享受医疗保险的美国人纳入医改范畴。奥巴马医改的核心在于通过适当的政府干预实现全民覆盖，改善医疗体系作为公共产品的公平性；通过调整医保支出结构来削减不必要的开支，在实现低成本的同时，提高医保体系的运行效率。总体来说，该项改革主要有四项重要的改革措施：第一，规定了统一的健康保险标准，例如不能歧视已经患病的人，提供免费的常规体检以及保险必须涵盖一定的医疗服务等。第二，扩大医疗保险的范围，包括使联邦医助覆盖65岁以下，收入在贫困线1.5倍以下的人口；对收入在贫困线4倍以下的人则提供补助以购买医疗保险；要求所有个人和一定规模的企业购买和提供医疗保险，否则将被罚款。美国会预算办公室测算，该法案的实行将会在2019年减少3600万未保险人口，使非老年人口参保率达到94%。第三，建立“公共选择”保险计划作为政府示范和推行改革政策的工具，由联邦政府为该计划提供20亿元启动资金，并在计划运行十年内偿还政府，且在该计划资不抵债时，联邦政府不得向其注资。同时通过贷款和拨款扶植非营利性的保险组织(CO-OP)，以增加保险市场的竞争，并取消了目前保险公司免受反垄断限制的特殊地位。第四，创建新的保险市场。该市场对所有保险计划所涵盖的范围和投保者自付款都有限制，其运营的经费来自不参加保险的个人和企业的罚款以及政府的财政拨款。此外法案规定了基本、增强、优质和超优质计划四种保险服务类别，使保险公司只能在保费和服务质量上相互竞争，并授权建立“健康选择署”，对市场规范制定更加详细的规则。

奥巴马医疗改革方案推行的实质是改革市场和政府在医保体系中的地位和作用，但目前该法案在美国存在诸多争议，要全面推行还需要继续努力。

四、储蓄医疗保险模式

1. 储蓄医疗保险的内容与特点

储蓄医疗保险模式，通过国家立法强制劳方或者劳资双方进行缴纳保险费用，以雇员的名义建立个人的保险储蓄账户，用于支付个人以及家庭成员的医疗费用。与国家医疗保险、社会医疗保险以及商业医疗保险通过参保人群统筹共济分担疾病风险的“横向”筹资不同，储蓄医疗保险是以家庭为单位的“纵向”筹资，通过存储一定数额的保险基金，逐步积累，延续使用，从而缓解疾病风险。“横向”筹资模式则通常为现收现付制，没有积累。储蓄医疗保险模式的典型国家有新加坡，以及马来西亚、印度尼西亚等发展中国家。

总体来说，储蓄医疗保健模式具有四个方面的特点：首先，储蓄医疗保险能够促进个体责任感的提高，激励民众谨慎使用医疗服务，减少不必要的浪费。其次，该模式更有利于解决老年人口的医疗保健筹资问题，强制性的储蓄医疗保险体制要求每个有收入的居民为其终生医疗保健需要而储蓄，各代人均需解决自身的医疗保健需要，避免上一代人的医疗保健费用负担转移到下一代的身上。再次，储蓄医疗保险采用介于市场调节与政府包揽之间的管理模式，设立公积金医疗保健账户，不允许医疗服务完全由市场支配。最后，该模式下，政府补贴、保健储蓄、健保双全及保健基金四位一体，相辅相成，从而保证每个国民都能够获得基本医疗服务，且制度全国统一，没有行业、等级的特殊待遇。同时，该模式对个人保健储蓄的使用设有限制，不得随意使用或提取过多。

2. 新加坡的储蓄医疗保险体系

新加坡是储蓄医疗保险模式的典型代表之一，医疗保险制度包含三个层次：全民保健储蓄计划、健保双全计划及保健基金计划。整个制度在政府主导下强调以个人责任为基础，并且对所有国民实行统一的医疗保健，以确保本国国民均能享有良好的医疗保健服务。

新加坡于 1983 年实施全民保健储蓄计划，保障新加坡居民的基本住院医疗需求。此后经过不断完善，至 1993 年新加坡发布《大众化医疗保健白皮书》，初步完成了独具本国特色的国民医疗保健储蓄体系。在新加坡，根据每位雇员年龄的差异，其缴纳的比率为本人月薪的 6%~8%，雇员与雇主各一半，且账户有最低和最高限额，个人医疗储蓄账户归个人所有，计息，可以继承，主要用于支付本人及家庭成员的住院和部分昂贵的门诊检查与治疗费用，直至退休。

保健储蓄计划是一项强制性的全国储蓄计划，也是新加坡医保体系的基础。该项计划满足的是个人未来的、尤其是年老时的医疗需求，因此对于发生一般医疗费用的患者是足够支付的，但对于患有重病或长期慢性病的患者来说是远远不够的。为了弥补保健储蓄计划的不足，1990 年新加坡政府推出了健保双全计划，专门帮助国民支付大病或长期慢性疾病的医药开销，由个人自愿投保，政府指定的商业保险公司承办，保险费用从个人保健储蓄中扣除，缴费标准随年龄逐渐递增。这项非强制性的保险计划具有社会统筹的性质，且由于该计划保费合理、保额可观，目前的覆盖率已经超过了 90%。

为了给那些无力支付医疗费的贫困人群提供医疗保障，新加坡政府于 1993 年创立了保健基金计划，该项计划带有明显的救济性，专门为那些无力支付医疗费用的穷人提供资助，从而确保每一个公民都能得到基本医疗服务。自保健基金计划实施以来，新加坡已有1.1万左右的病人通过申请得到了保健基金的补助，占申请人数的99.6%左右。此外，新加坡政府将基金的利息收入分配给公立医院，并规定公立医院不能将无力支付医疗费用的病人拒之门外，因此确保了所有的新加坡人都能得到基本医疗服务。这种储蓄型医疗保险模式有利于提高个人的健康责任感，激励人们审慎地利用医疗服务，尽可能减少浪费，同时帮助了付不起医疗费的重病人群，以及无钱付费的贫困人口。该项计划还有效地解决了老龄人口医疗保健的筹资问题，减轻了政府的压力，促进了经济的良性发展。该制度也存在一定的缺点：雇主在高额投保费面前难免会削弱自己商品的国际竞争力，过度的储蓄又会导致医疗保障需求的减弱。

总体来说，这三项计划以储蓄为基础，将个人积累与社会统筹相结合，在加强个人责任的同时，辅以其他保险形式，有效发挥了社会共济、风险分担的作用。

第三节　中国的医疗保险模式及管理实践

一、中国的医疗保险制度

1949年以后，中国首先在机关事业单位实行公费医疗制度，企业则实行劳动保障医疗制度。随着医疗费用带来日益沉重的经济负担，国家在1994年国务院试点经验的基础上，制订了医疗保险制度改革的实施方案，并在1998年底正式出台了《国务院关于建立城镇职工基本医疗保险制度的决定》，建立了城镇职工基本医疗保险制度，并且为新时期社会医疗保险的改革构建了一个指导性的框架。之后，国家分别于2003年和2009年逐步构建新型农村合作医疗制度与城镇居民基本医疗保险制度，进一步扩大医保覆盖范围，最终形成了我国现行的医疗保险体系，主要包括机关事业单位的公费医疗制度、城镇职工基本医疗保险制度、城镇居民基本医疗保险制度、新型农村合作医疗制度以及大病医疗互助基金。

1. 机关事业单位公费医疗制度

公费医疗制度主要针对的是各级政府、党派、人民团体与文化、教育、科研、卫生等事业单位的工作人员，二等乙级以上革命伤残军人以及高等院校在校学生。在待遇标准上，除挂号费、营养滋补药品以及整容、矫形等少数项目由个人自付费用外，其他医药费全部或大部分由公费医疗经费开支。费用支付则按照服务项目来支付门诊、住院的检查费、药品费、治疗费、手术费、因公负伤、致残的医药费用等。公费医疗的经费由国家财政负担，由各级卫生行政部门设立的公费医疗管理机构进行管理。

1998年，国务院发布《关于建立城镇职工基本医疗保险制度的决定》，开展了公费医疗制度的改革。该项决定要求城镇所有用人单位，包括机关、事业单位、社会团体、企业(国有企业、集体企业、外商投资企业、私营企业等)、民办非企业单位及其职工，均需参加基本医疗。其保费由用人单位和职工共同缴纳。其中用人单位缴费率控制在职工工资总额的6%左右，职工缴费率一般为本人工资收入的2%。国家公务员在参加基本医疗保险的基础上，可额外再享受一份医疗补助政策。同时允许离休人员、老红军、二等乙级以上革命伤残军人的医疗待遇不变，其医疗费用按公费医疗政策下的原资金渠道解决，由社会保险经办机构单独列账管理，支付不足部分，由当地人民政府帮助解决。退休人员被要求参加基本医疗保险，个人不缴纳基本医疗保险费。

具体来说，2010年起公费医疗改革全面推行，以"改革实施后现有待遇不降低"为原则，在各地展开试点。北京市2010年从区县级机关事业单位进行公费医疗改革，年内区县所属公费医疗单位均纳入基本医疗保险。2011年12月22日发布《北京市"十二五"时期社会保障发展规划》，计划5年内使北京市城镇居民医保住院费报销比例达到70%，逐步缩小职工医保、居民医保和"新农合"三项医保制度报销比例差距，2012年元旦开始，北京市22万市级公费医疗人员被正式纳入医保，其中包括教师、医生等事业单位工作人员和公务员等，将可持社保卡就医。南京市2013年1月起取消公费医疗制度，所有机关事业单位均参加职工医保，实现机关事业人员和企业职工基本医疗保险统一制度政策、统一参保缴费、统一缴费比例、统一待遇标准、统一经办流程、统一医疗服务。除部分特殊人员依然享受公费医疗外，其他省市也大多先后取消公费医疗制度，参加基本医疗保险，"以医疗保险取代公费医疗"已成为医改的大势所趋①。

目前关于事业单位的医疗保险改革也逐渐提上日程，根据国务院日前颁布的《事业单位人事管理条例》，提出事业单位工作人员参加社会保险，事业单位医疗与养老保险"并轨"已箭在弦上。

2. 城镇职工基本医疗保险制度

1998年底，国务院颁布《关于建立城镇职工基本医疗保险制度的决定》，标志着我国医疗保险制度改革进入了一个崭新的阶段和新型医疗保险制度模式的确立。该制度是保障城镇职工及其家人的强制性计划。

---

① 引自《南京2013年起取消公费医疗》，中国城市低碳经济网。

城镇职工基本医疗保险制度针对的是城镇所有的用人单位，包括企业、机关、事业单位、社会团体以及民办非企业单位及其职工，坚持“低水平，广覆盖”的基本原则。医疗保险基金由用人单位和职工共同缴纳，用人单位按照当地职工工资总额的6%左右缴费，职工个人的缴费比例一般为本人工资的2%左右。按照统账结合的制度模式，基本医疗保险基金分为社会统筹和个人账户两个部分。其中，个人账户的资金来源于个人缴纳与单位缴纳两个部分，具体划入方法由统筹地区在考虑疾病支出风险的基础上确定。职工个人缴纳的保险费全部计入个人账户；用人单位缴纳的保险费一部分用于建立统筹基金(30%)，一部分划入个人账户。统筹基金和个人账户的支付范围要分别核算，不能相互挤占。

此外，统筹基金的起付标准原则上控制在当地职工年平均工资的10%左右，最高支付限额原则上控制在当地职工平均工资的4倍左右(国家的医改方案提高到6倍左右)。起付标准以下的医疗费用，从个人账户支付或个人自付。在统筹基金支付的范围内(起付标准以上，最高支付限额以下)，个人也还要负担一定的费用比例。基本医疗保险统筹基金起付标准是职工住院医疗费用达到一定额度时，统筹基金才开始支付部分费用的起点标准(也叫“起付线”)。城镇职工医疗保险设立最低缴费年限，达到缴费年限(男25年、女20年)的，退休后不再缴费即可享受基本医疗保险待遇。

此后，城镇职工医疗保险体系，本着“多层次、广覆盖”的改革方向进行了一定的改革，首先，在基本医疗保险制度上不断扩容。1999年颁布《中国人民解放军军人退役医疗保险暂行办法》，规定国家实行军人退役医疗保险制度，设立军人退役医疗保险基金，对军人退出现役后的医疗费用给予补助；同年发出《关于铁路系统职工参加基本医疗保险有关问题的通知》，引导铁路系统职工由原来的劳保医疗制度向社会医疗保险转变。1996年至今，上海、北京、河北等省市少年儿童住院医疗互助基金等相应政策纷纷出台。2003年5月，劳动与社会保障部出台《关于城镇职工灵活就业人员参加医疗保险的指导意见》，并于2004年5月出台《关于推进混合所有制企业和非公有制经济组织从业人员参加医疗保险的意见》，将灵活就业人员、混合所有制企业和非公有制经济组织从业人员以及农村进城务工人员纳入医疗保险范围。从2006年开始，医疗保险制度正式将农民工列为覆盖人群，《关于开展农民工参加医疗保险专项扩面行动的通知》提出“以省会城市和大中城市为重点，以农民工比较集中的加工制造业、建筑业、采掘业和服务业等行业为重点，以与城镇用人单位建立劳动关系的农民工为重点，统筹规划，分类指导，分步实施，全面推进农民工参加医疗保险工作”。其次，开展医疗救助体系，2005年颁布的《关于建立城市医疗救助制度试点工作的意见》，指出从2005年开始，用2年时间在各省、自治区、直辖市部分县(市、区)进行试点，之后再用2~3年时间在全国范围内建立起管理制度化、操作规范化的城市医疗救助制度。最后，不断发展补充医疗保险，对公务员实行的医疗补助，社会医疗保险机构与商业保险公司开展补充医疗保险。

3. 城镇居民基本医疗保险制度

2006年党的十六届六中全会明确提出建立以大病统筹为主的城镇居民医疗保险，已在全国范围内推广。2007年下半年开始“全民医保”试点，将在校学生、非公经济组织从业人员和灵活就业人员等纳入城镇职工或居民医保范围，也已在全国范围内展开，届时，医保制度将覆盖全国13亿人口，真正实现“全民医保”。从2009年开始，我国“全面推开城镇居民基本医疗制度试点，重视解决老人、残疾人和儿童的基本医疗保险问题，将在校大学生全部纳入城镇居民医保范围”，每人每年缴纳20元。该制度是保障城镇职工基本保险制度覆盖范围以外人口的自愿性计划。

城镇居民基本医疗保险主要针对的是那些不属于城镇基本医疗保险制度覆盖范围的未成年人、已到退休年龄但无退休待遇的老年人以及无固定工作、无固定收入来源的人员。由于这项保险制度刚刚在全国范围内开始试点，其缴费水平和保障水平各地不一。很多地方倾向于从低水平起步，缴费水平很低，保障水平也很低。

城镇居民基本医疗保险以个人(家庭)缴费为主，政府给予适当补助，有条件的用人单位对职工家属参保费用也可以给予补助。主要用于支付参保居民符合医疗保险规定范围内的住院医疗费用和规定病种门诊医疗费用。城镇居民基本医疗保险设定统筹基金的起付标准和最高支付限额。统筹基金起付标准以上、最高支付限额以下的医疗费用，由统筹基金和城镇居民按一定比例分担。城镇居民医疗保险不设立最低缴费年限，必须每年缴费，不缴费不享受待遇。

4. 新型农村合作医疗制度

新型农村合作医疗制度是由政府组织、引导、支持，农民自愿参加，个人、集体和政府多方筹资，以大病统筹为主的农民医疗互助共济制度，是我国农村基本医疗保障制度。我国2003年开始试点，并逐步扩大试点，2008年在全国基本推行，2011年政府补助标准达到每人每年200元，政策范围内的住院费用报销比例达到70%，超过85%的统筹地区开展了门诊统筹。新型农村合作医疗制度的参保对象为户籍在农村的所有农村居民，资金筹集实行个人缴费、集体扶持与政府资助相结合的机制。资金使用以大病统筹为主，有条件的地方可兼顾小额医疗费用补偿，各省、市(县)筹资水平不一。对年内没有动用农村合作医疗基金的参保人员，可安排进行一次常规性体检。

相对传统合作医疗制度而言，新型农村合作医疗制度的最大特点在于，筹资机制相对完善，明确了个人、集体、政府的筹资责任，加大了政府的支持力度。在医疗制度的筹集上政府承担了大部分责任。资金问题一直是合作医疗制度的瓶颈，新型农村合作医疗制度在资金筹集渠道和筹集标准上，突出了各级财政的资金支持和引导作用。

5. 大病医疗互助基金

我国的大病医疗互助指的是城镇职工在参加基本医疗保险的基础之上，为了应对参保患者超过基本医疗保险统筹基金最高支付限额的医疗费用问题而设立的一种社会医疗互助制度，用以保障职工的大病医疗需求。其救助对象主要包括在乡老复员军人等重点优抚对象、农村五保对象、农村低保对象、城市低保对象以及县人民政府确定的有其他特殊困难的贫困对象。

在救助标准上，农村供养五保对象与城市居民低保对象符合医疗用药目录诊疗项目内的医疗(药)费用按照50%比例给予补助，但一年内累计救助金额不得超过6000元。城市低保非常补对象与农村低保对象，符合医疗用药目录诊疗项目内的医疗(药)费用超过1000元的按照20%予以救助，但一年内累计救助金额不得超过4000元。对于已参加城镇职工基本医疗保险，生活确实困难的城市低保对象个人负担部分在2万元以上部分按照10%予以救助，但一年内累计救助金额不得超过2000元。对于除城乡低保对象、五保对象以及国家行政事业单位人员以外的其他城乡居民患有规定的救助病种，且医疗(药)费在2万元以上的，经县人民政府或县民政局城乡社会救助评审委员会批准后，其超过部分按照10%予以救助，但一年内累计救助金额不得超过2000元。

二、我国法定医疗保险体系存在的主要问题

我国当前的医疗保险形式主要为政府提供的社会医疗保险，又称强制性医疗保险。该医疗制度由国家立法强制实施，国家、单位与个人共同缴纳保险费，将具有不同医疗需求群体的资金集中起来，建立医疗保险基金，当个人因疾病需接受医疗服务时，由社会医疗保险管理机构提供医疗费用补偿。该制度在管理上、医患关系、核定方式以及待遇公平等问题上也存在一定的问题。

在管理上，形式众多、管理成本高且管理机构存在一定重叠。目前我国医疗保险体系包括城镇职工医疗保险、城镇居民医疗保险、新型农村合作医疗、铁路职工医疗保险、农民工医疗保险等，形式众多；而管理机构有劳动保障部门、卫生行政管理部门等，基本各自为政，医疗保险政策各不相同、核算方法不一；并且由于管理机构的重叠，机构臃肿，造成了管理成本的浪费。

在医疗保险管理机构职能上，社会医疗保险机构同时具有管理与服务两项职能，在实践中却是管理大于服务，对医疗单位医疗行为和参保人就医行为进行监督、约束的职能明显大于对医疗单位及时提供资金和对参保人及时报账等服务职能，如医疗保险付费过程随意性太大，造成医院资金运转存在一定困难；参保人医保卡中资金上卡时间不明确，缺乏透明度等。

医疗保险各参保对象享受的待遇不公平。城镇职工医疗保险、城镇居民医疗保险、新型农村合作医疗等的报销比例各不相同；各级城镇职工医疗保险的报销比例也不相同；更有甚者，即使同级城镇职工医疗保险中，公务员和事业单位工作人员享受的待遇也不相同，甚至差距很大。

医疗保险机构的管理方式严重制约了医疗技术的发展。对于造价异常昂贵的的新型医疗技术，如为患者更换脏器、植入高值耗材以及部分材料的使用等，医疗保险管理机构往往将其视作过度医疗，限制了医疗技术的发展，影响了对于患者的治疗。

医疗保险管理机构的核定方式不够科学。目前，医疗保险管理机构采取的管理办法是定额管理，即定统筹比例、定住院人次、定人均费用、定材料费在患者医疗费总额中所占比例、定乙类药在患者总药费中所占比例等，年初核定当年应付医院的医疗费用，并且预算一经确定，一年之内不再变更，但显然这种核定方式不够合理。

异地就医存在一定困难。目前我国绝大多数城镇居民医疗保险与农村合作医疗仍然仅能回参保地报销，不是由就医医院同医疗保险管理机构通过网络直报的方式结算，少数可以直报的也不能及时同医院结算费用。参加城镇职工医疗保险和城镇居民医疗保险的人员在本区外医院住院就医需要先批准、后报销，报销手续繁杂，存在着耽误病情的可能性。同时，为了限制到省外就医的人数，节省本地区的医疗费用，国家对有转院权的医院进行转院人数上的限制。

目前我国医疗保险体系存在的上述问题，极大地限制了我国居民享受更高待遇的医疗水平，因此，我国对现行的医疗保险体系进行了一系列的改革。

三、我国医疗保险体系的改革与发展

中国的医疗体制改革来到了一个新的十字路口。“看病贵”和“看病难”的问题，以及医疗保障覆盖的不公平性，已经成为当前中国最大的社会问题。中国医疗体制改革中出现的种种问题，已经在 2005 年引起全社会的高度关注。在建设和谐社会的目标指引下，党和政府已经开始酝酿新一轮的医疗体制改革，以促进医疗保障和服务提供的公平性。2004—2005 年，政府已经相继推

出了城乡医疗救助制度，帮助弱势群体应对医疗负担高的风险。在农村，新型合作医疗的建设开始在全国各地大力推展；在城市，社会医疗保险走向普遍覆盖(也就是俗称的“全民医保”)也被提上了议事日程。在医疗服务提供领域，政府加强了对市场准入的监管，以整顿无照经营的情形；同时也就药品价格居高不下的问题，出台了一些管制措施。

总体来说，中国医改将构建三层医疗体系：第一个层次，政府出资、筹资举办医疗机构或者直接举办，免费向全体国民提供最基本医疗药品和治疗；第二个层次，不在上述清单内的“大病”治疗，靠社会医疗保障来完成。即通过立法强制全体劳动者加入，以家庭为单位参保，保费由雇主和雇员分担，以解决大病风险问题。第三个层次是商业医疗保险，满足高层次的医疗保障和医疗服务需求。

在企业实践中，目前法定医疗保险作为国家规定的员工法定福利之一，已在众多企业中实行。有条件的企业可自行选择为本企业员工设置补充医疗保险，为员工提供更高的福利标准。此外，在医疗保险费用标准上，各地企业有所不同，均不得低于单位承担6%，个人承担2%的基准。例如，北京市医保分摊标准为单位承担10%、个人承担2%以及每月2元大病医疗；重庆市则为单位承担9%、个人承担2%以及每月2元大病医疗。

2010年7月1日起，流动就业人员医疗保险可跨省转移接续，但仅为个人账户部分。和养老保险累积制不同，我国的基本医疗保险实行“现收现付”制，即“用现在的钱看现在的病”。医疗保险按月缴费，参保者一旦停止缴费，将不再享受医疗保险待遇。目前，我国的各项医疗保障制度本身还有待完善，统筹模式和补偿方式有待优化；各项保险制度统筹层次较低，在人员流动和身份转化时还难以实现保险政策和待遇的衔接。

目前中国医改尽管存在种种问题，但是在医疗保障领域，进一步改革的方向基本上是明确的，即在现有大的制度架构维持不变的情况下通过渐进改革逐步实现全民医保。与此相对照，医疗服务领域进一步改革的方向并不明确。究竟是放弃市场化还是走有管理的市场化之路，以及政府如何遵循现代公共管理的理念而不是传统计划经济时代的做法来干预医疗服务市场，是中国医疗改革政策即将面临的重大战略选择和挑战。

复习思考题

1. 什么是医疗保险制度？
2. 简述世界上医疗保险主要有哪几种模式，以及各自的特点与代表国家。

3. 中国社会医疗保险体系主要由哪些部分构成？各部分的内容与适用对象是什么？

4. 我国未来医疗改革的方向主要是什么？

【案例】

武汉市城镇职工医疗保险政策与申领

武汉市对于城镇职工基本医疗保险规定，用人单位及其职工按照规定缴纳基本医疗保险费用1个月后，职工与退休人员便开始享受基本医疗保险待遇。而职工缴纳基本医疗保险费用的年限(含视同缴费年限与实际缴费年限)男性累计满30年，女性累计满25年的，按照规定办理退休手续后便可享受退休人员基本医疗保险待遇。缴费年限不满规定的，退休时由用人单位与职工本人按照规定一次性补足应缴纳的基本医疗保险费。

对于职工、退休人员在定点医疗机构住院、门诊紧急抢救发生的符合基本医疗保险规定的医疗费用，按以下规定列支：

1. 医疗费用在统筹基金起付标准以下的由个人自付。

2. 医疗费用在统筹基金起付标准以上的部分，则根据医疗机构等级，由统筹基金与职工按以下比例支付：(1)退休人员个人自付医疗费用为职工个人自付比例的80%；(2)一级医疗机构统筹基金支付88%，职工个人自付12%；(3)二级医疗机构统筹基金支付85%，职工个人自付15%；(4)三级医疗机构统筹基金支付82%，职工个人自付18%。

3. 统筹基金在一个年度内的最高支付限额，按照上一年度全市职工平均工资的4倍左右确定；而统筹基金起付标准则按上年度全市职工平均工资的10%左右，并结合医疗机构的不同等级确定，同一年度内两次以上住院的减半。

对于职工、退休人员患有部分重症疾病，在门诊治疗且符合基本医疗保险规定的医疗费用，则由统筹基金对职工按照80%支付，对退休人员按85%支付。

对于职工、退休人员住院、门诊紧急抢救及门诊治疗重症疾病，属于《基本医疗保险统筹基金支付部分费用的诊疗项目》与《基本医疗保险药品目录》中乙类药品的医疗费用，应当由个人先自付20%，余额按上述规定办理。

对于职工与退休人员经医疗保险经办机构同意，在市内定点医疗机构之间转院治疗的，或者经医疗保险经办机构同意转往市外治疗的，则其住院费用由个人先自付10%，余额按上述规定办理。

对于职工常驻外地与退休人员异地安置的，在医疗保险经办机构会同用人单位指定的当地医疗机构就医，其医疗费按照相关规定审核报销。

此外，职工有下列情形之一，则其在市外门诊紧急抢救的医疗费用按照上述相关规定办理：(1) 因公外出；(2) 探亲假期间外出；(3) 法定假期间外出。对于职工、退休人员因传染病爆发流行发生的医疗费用，报市人民政府协调解决。

但武汉市还规定，对于下列情形发生的医疗费用，统筹基金与个人账户资金均不予以支付：

(1) 除有规定之外，在非定点的医疗机构与零售药店所发生的医疗费用；

(2) 就医或购药所发生的不符合基本医疗保险诊疗项目、药品目录、医疗服务设施范围与支付标准的医疗费用；

(3) 由于违法犯罪、自杀或自残等而发生的医疗费用；

(4) 应当在其他保险或赔付责任范围支付的医疗费用。

第五章 失业保险

引言： 失业保险在员工面临失业风险的时候提供了必要的生活保障，并能在员工寻求工作时提供必要的帮助，在维护社会稳定方面发挥了不可替代的作用。本章介绍了失业保险相关的概念以及法律中对失业保险内容的规定，追溯了我国失业保险制度的发展历程以及相关法律，结合实践，对失业保险的管理进行了总结；最后重点分析了目前我国失业保险以及其存在的问题和未来发展方向。

第一节 失业保险的概述

一、失业率标准和失业类型的划分

1. 失业的定义

失业有广义和狭义之分。广义失业指的是生产资料和劳动者分离的一种状态。在这种状态下，劳动者的生产潜能和主观能动性无法发挥，不仅浪费社会资源，还对社会经济发展造成负面影响。狭义失业指的是有劳动能力的处于法定劳动年龄阶段的并有就业愿望的劳动者，失去或没有得到报酬的工作岗位的社会现象。

另外，失业是一种重要的社会经济现象。可以从社会和个人两个不同角度来考察其含义。从社会角度来看：表现为作为生产要素的劳动力同生产资料分离；劳动力要素总量大于生产资料总量；劳动力要素在社会各个产业部门分配的比例不符合社会需求的结构。从个人角度来看：是指劳动者处于劳动年龄，具有劳动能力、有劳动愿望并确实在寻找工作的情况下，不能得到适宜职业而失去收入的状态。

对失业的规定，在不同的国家往往有所不同。比如在美国，年满 16 周岁而没有正式工作或正在寻找工作的人都称为失业者。以下几种情况也算作失业：被暂时解雇而等待重返原工作岗位的人；30 天之内等待到新的工作单位报到的人；由于暂时患病或认为本行业一时没有工作可找而又不寻找工作的无业者。

按照国际劳工组织(ILO)的统计标准，凡是在规定年龄内一定期间内(如一周或一天)属于下列情况的均属于失业人口：没有工作，即在调查期间内没有从事有报酬的劳动或自我雇佣；当前可以工作，就是当前如果有就业机会，就可以工作；正在寻找工作，就是在最近期间采取了具体的寻找工作的步骤，例如到公共的或私人的就业服务机构登记、到企业求职或刊登求职广告等方式寻找工作。

构成失业有四个基本要素：(1)在劳动年龄之内。法定可以工作的年龄在美国为16周岁，在中国为18周岁。至于退休年龄，2015年我国修订了企业职工退休年龄规定：男年满60周岁，女干部年满55周岁，女工人年满50周岁。(2)有劳动能力。是指人类进行劳动工作的能力，包括体力劳动和脑力劳动的总和。(3)有就业愿望。指失业人员还想再找工作，到职业介绍所登记，接受职业介绍、职业培训机构提供的公共服务等。(4)没有找到任何职业。指失业者没有从事有报酬的职业或自营职业。

2. 失业相关概念

失业率是评价一个国家或地区失业状况的主要指标。其公式如下：

失业率=失业人数/(在业人数+失业人数)×100%

通过该指标可以判断一定时期内全部劳动人口的就业情况。失业率是市场上最为敏感的月度经济指标。一般情况下，失业率下降，代表整体经济健康发展，利于货币升值；失业率上升，便代表经济发展放缓衰退，不利于货币升值。若将失业率配以同期的通胀指标来分析，则可知当时经济发展是否过热，是否构成加息的压力，或是否需要通过减息以刺激经济的发展。

目前我国使用比较多的指标是城镇登记失业率，它指在报告期末城镇登记失业人数占报告期末城镇从业人员总数与报告期末实有城镇登记失业人数之和的比重。

城镇登记失业率=城镇登记失业人数÷(城镇从业人数+城镇登记失业人数)×100%

城镇登记失业人员：指有非农业户口，在一定的劳动年龄内，有劳动能力，无业而要求就业，并在当地就业服务机构进行求职登记的人员。

二、失业保险概念、特征、类型

1. 失业保险概念

失业保险是国家通过立法强制实行，由社会集中建立基金，对非因本人意愿中断就业而失去工资收入的劳动者提供一定时期的物质帮助及再就业服务的制度。

国家设立失业保险的意义在于失业保险制度的建立是经济体制改革的客观需要，是对传统用工制度进行重要的调整，也是对社会保障体系予以逐步完善的重大举措。对暂时失去工作的劳动者给予帮助，保障他们的基本生活，提供再就业服务，是把失业造成的消极影响降到最低限度的有效措施，是经济发展、社会稳定的必要条件。

2. 失业保险的基本特征

(1)失业保险不同于社会救济，失业人员领取的失业保险金不同于社会救济金。失业保险的对象是有劳动能力，但在短期内失去工作的劳动者。失业保险金的享受必须事先参加保险，交纳保费。而社会救济金的主要对象是没有劳动能力和生活来源的人，以及各种自然灾害、意外事故等原因造成的生活困难者。领取社会救济金不以事先尽义务交保险费为前提条件。同时，社会救济金的领取可以是一次性的、短期的或长期的，而失业保险金的领取一般以一段时间为限。

(2)失业保险不同于商业保险，失业保险具有社会保险的基本属性，体现了强制性、互济性的特点，它不以营利为目的，而以保障失业职工基本生活为目的。凡规定范围的企业职工都属于保险对象，都得按规定缴纳保险费，失业保险金的收入和支出要在失业率最低的不同企业间和不同时期实行统筹，互助互济。

(3)失业保险又不同于工伤、养老、疾病、生育、死亡等其他保险项目，因为这些项目的保险对象是暂时或永久丧失劳动能力的劳动者，而失业保险的保险对象是具有劳动能力的劳动者，这部分一旦具有工作机会，就脱离失业状况。失业保险尽管其直接目的是保障失业者的生活，其最终目的是有利于促进劳动者的重新就业，因此，失业保险金不能长期无条件地给付。

3. 失业保险的类型

(1)强制性失业保险制度。1911 年始建于英国，是指国家通过立法强制实行并由社会集中资金，对因失业而丧失生活来源的劳动者提供物质性援助。目的是使非自愿性的暂时失去工作的劳动者获得基本生活保障，为其尽快重新就业创造条件，属于真正意义上的社会保险。采用强制性失业保险的国家如美国、德国、日本、保加利亚等建立了失业保险制度，我国的失业保险也是强制性失业保险。

(2)非强制性失业保险制度。即由工会自愿建立失业基金会进行管理，这些基金会都从政府得到大量的财政补贴(丹麦、瑞典和芬兰)。一般来说，非强制性失业保险的适用范围取决于工会是否建立失业基金会，对工会会员是强制的，非会员自愿参加。

(3)双重失业保险制度。既有强制性的失业保险，也有由政府提供资金，以经济调查为依据的失业救助制度(德国、瑞士、荷兰)。

(4)附加条件的失业救济制度。即并非所有失业人员都能享受失业保险，只有符合一定条件的失业者才能领取失业救济，如丹麦、澳大利亚、匈牙利、新西兰等。例如丹麦规定，凡25岁以下的失业人员必须在失业后的13周内接受当地政府提供的再就业培训，25岁以上的失业人员必须在失业后一年内接受培训，否则都将失去领取救济金的资格。

第二节　中国的失业保险制度

一、我国失业保险的发展阶段

第一阶段，1986年7月—1993年4月是确立失业保险基本框架的阶段，也是初步发挥作用的时期。

1986年7月12日，国务院颁布《国营企业职工待业保险暂行规定》(以下简称《暂行规定》)。规定国营企业中的四类职工为待业人员，并对待业救济金的批准、给付期限以及待业保险金的来源、筹集与使用作了规定。《暂行规定》中没有使用“失业”概念，而是用“待业”表示，基本上是出于意识形态方面的考虑。当时在理论上仍然否认现实中国存在失业，只认为存在“待业”问题。

第二阶段，1993年4月—1999年1月是失业保险进一步调整的阶段，也是开始正常发挥作用的时期。

20世纪90年代以后，经济改革的力度加大，国有企业富余人员问题浮出水面。为了进一步发挥失业保险在建立社会主义市场经济体制改革中的作用，1993年国务院又颁发了《国有企业职工待业保险规定》以代替1986年的《暂行规定》，但是《国有企业职工待业保险规定》并没有对《暂行规定》有大的突破和超越，失业保险原有的问题依然存在，在新的形势下有些问题甚至更加尖锐和突出，从而导致了失业保险在经济改革中没有担当起应有的责任，滞后于经济的发展，在一定程度上延缓了改革的进程。

1994年，中国政府正式使用“失业”的概念，国家统计部门也放弃了曾经使用多年的“待业率”指标，正式公布“失业率”(实为“城镇登记失业率”)，并且国家有关部门也正式将“待业保险”改为“失业保险”。

第三阶段，从1999年1月开始失业保险走向基本完善的阶段，也是失业保险逐步成为社会保障体系重要内容的时期。

1999年国务院发布的《失业保险条例》，在完善失业保险制度、强化失业保险的保障功能、强调失业保险权利与义务的对应、体现失业保险的性质、保障职工合法权益方面无疑有很大的进步。确立了保障失业人员的基本生活和促进再就业的基本宗旨。将失业保险的实施范围扩大到城镇各类企事业单位及其职工。建立了国家、单位、职工三方负担的筹资机制。在支出项目安排上，强调了失业保险金及其相关支出，增加了职业介绍补贴的开支项目，取消了生产自救费和管理费。失业保险金的标准按照高于当地城市最低生活保障标准，低于当地最低工资标准的原则制定。提高了统筹层次，实行了市级统筹。加强了基金管理，规定失业保险基金必须存入银行的财政专户，实行收支两条线管理。

2010年的社会保险法则是在1999年《失业保险条例》的基础上对失业保险制度的进一步完善。规定失业人员失业前用人单位和本人累计缴费满一年不足5年的，领取失业保险金的期限最长为12个月；累计缴费满5年不足10年的，领取失业保险金的期限最长为18个月；累计缴费10年以上的，领取失业保险金的期限最长为24个月。重新就业后，再次失业的，缴费时间重新计算，领取失业保险金的期限与前次失业应当领取而尚未领取的失业保险金的期限合并计算，最长不超过24个月。且对于跨区域职工的失业保险也规定职工跨统筹地区就业的，其失业保险关系随本人转移，缴费年限累计计算。

二、我国失业保险制度的主要内容

1. 覆盖范围与享受条件

(1)覆盖范围：包括城镇的国有企业、集体企业、外商投资企业、港澳台投资企业、私营企业等各类企事业单位和单位的职工。

申领条件有以下要求：所在单位和本人已按规定缴费满一年是最主要条件。缴费费率：2015年国家将失业保险费率暂由现行条例规定的3%降至2%，单位和个人缴费的具体比例由各省、自治区、直辖市人民政府确定。在省、自治区、直辖市行政区域内，单位和职工的费率应当统一。2015年以前是按照参保单位和个人分别按其缴费基数的2%和1%缴纳失业保险费的，不过在2008年经济形势下滑期间，广州也有过阶段性调整失业保险金比例的先例。个人缴纳的失业保险费由企业按月从职工工资中代为扣缴。非因本人意愿中断就业的。法律、行政法规另有规定的。

(2)已办理失业登记，并有求职要求。《失业保险金申领发放办法》规定，“失业人员应在终止或者解除劳动合同之日起60日内，到经办机构申领失业保险金。如果超过这一期限，算自动放弃享受失业保险权利，以前所累计的缴费年限在下次失业时不再计算”。

(3)以上条件必须同时具备。

2. 失业保险基金的构成

建立失业保险基金是失业保险制度的重要内容。其他国家一般采取五种方式筹集失业保险所需资金：由雇主和雇员双方负担；由雇主和国家双方负担；由雇员和国家双方负担；由国家、雇员和雇主三方负担；全部由雇主负担。全部由雇主负担失业保险所需资金的国家，主要采取征收保险税的办法，目前只有个别国家采用。各国主要采取的是征缴费用、建立基金的方式。我国的失业保险基金包括：失业保险费(单位和个人两部分)、财政补贴、基金利息、其他资金。

3. 发放标准与支出范围

(1)保险金发放标准。应当与最低工资标准和城市居民最低生活保障标准挂钩。从我国各地执行情况看，有的省份一般标准都在最低工资70%与80%之间，有的省规定为当地低保金的120%。

(2)保险金支出范围。失业保险金；失业人员在领取失业保险金期间因为死亡而发生丧葬补助金以及其亲属的抚恤金；失业人员在领取失业保险金期间接受职业培训、职业介绍的补贴；失业人员在领取失业保险金期间发生的医疗补助金。

医疗补助发放标准：根据缴费时间的长短，按当月领取失业保险金的不同比例发放，如表5-1所示。

表5-1 **缴纳失业保险金时医疗补助发放标准**

缴费时间	门诊医疗补助	住院医疗补助
满1年不满5年	20%	50%
满5年不满10年	25%	60%
满10年以上	30%	65%

职业培训机构对失业人员在领取失业保险金期间进行一次免费职业培训，凡培训合格并实现就业者，经劳动保障行政部门审查批准，由社会保险经办机构按每人不超过400元的标准对职业培训机构予以补贴。

国务院规定或者批准的与失业保险有关的其他费用，如现阶段从失业保险基金中调剂一部分资金用于保障国有企业下岗职工基本生活。

(3)领取失业保险金的期限(见表5-2)。

表 5-2 失业保险领取期限

累计缴费	1~5 年的	最长为 12 个月
	5~10 年的	最长为 18 个月
	10 年以上的	最长为 24 个月

(4)失业保险金的管理。据《关于加强企业职工社会保险基金投资管理暂行办法规定》，基金积累的 80%左右用于购买国家发行的社会保险基金特种定向债券。

失业保险基金实行收支两条线管理，是建立监督机制的有效措施。在具体运作过程中，劳动保障行政部门、负责征缴失业保险费的机构、失业保险经办机构和财政部门、审计部门等，按照各自的职责分工，加强对失业保险基金的管理和监督。失业保险经办机构负责编制失业保险基金预算、决算；负责失业保险基金的管理和使用工作；负责失业保险基金会计核算工作；负责失业保险基金结余额存储和购买国债的安排等。劳动保障行政部门负责审核失业保险经办机构编报的失业保险基金预算、决算草案及实施情况，实施对失业保险基金收支、管理情况的监督检查。财政部门负责有关财务会计制度的制定、贯彻实施及监督检查；负责社会保障基金财政专户核算工作；负责审核失业保险经办机构编制的失业保险基金预决算和具体用款计划；负责向失业保险经办机构拨付社会保险经办机构经费。审计部门依法对失业保险基金的收支和管理情况进行审计，行使审计监督的职责。

(5)停止领取失业保险金的情形。重新就业的；应征服兵役的；移居境外的；享受基本养老保险待遇的；被判刑收监执行或者被劳动教养的；无正当理由连续两次拒不接受当地人民政府指定部门或者机构介绍工作的；法律、法规规定的其他情形。

三、国家、用人单位、个人三方对失业保险费用的承担

失业保险基金按照以支定收、留有适当储备的原则，进行全社会统筹。按属地管理原则，实行市级统筹，省级调剂。失业保险的费用，实行国家、用人单位、个人三方合理负担。

凡属失业保险费统筹范围的单位，应按照国家和地方有关法规定时定额上缴失业保险费。在缴费前，先需进行核定，核定的内容包括：

提取的基数：统筹单位应缴纳的失业保险费数额，应以上报给国家统计部门的上一年度《劳动情况》统计表中的全年职工工资总额为基数核定并收缴；

没有实行劳动工资统计制度的各类企业，按照国家统计部门公布的上一年度全市(县)职工人均工资总额为基数核定并收缴。

提取人数：统筹单位应缴纳失业保险费的职工人数，按本单位上报给国家统计部门的上一年度《劳动情况》统计表中的职工年末人数(扣除招用农村劳动力人数)计缴；没有实行劳动工资统计制度的各类企业，其当年应缴纳的失业保险费人数，按既有本市城镇居民户口的职工实际人数计缴。

失业保险费的变更：每年全市(县)失业保险费集中核定工作结束之后，用人单位有下列情况之一的，应及时到市(县)社会保险经办机构办理失业保险费核定变更手续。

用人单位应缴纳失业保险费的数额和年度核定的数额发生变动时，需持有《失业保险费缴纳证》和上季或月度劳动工资报表办理失业保险核增或核减手续。

根据国家法律规定或经政府主管部门批准，用人单位破产、关闭、被解散(撤销)、被兼(合)并后，自破产、关闭、被解散(撤销)、被兼(合)并之日起在规定之日内，企业主管部门或企业需持有关法律文件书、批件、证明和《失业保险费缴纳证》办理失业保险费核减手续。

兼(合)并企业，自兼(合)并之日起，按当地政府规定的日期持有关批件、证明和《失业保险费缴纳证》及劳动工资报表办理失业保险费核增手续。

分立企业，自企业分立之日起，按规定日期，持有关批件、证明和《失业保险费缴纳证》及劳动工资报表办理失业保险费调整手续。

新建企业从领取营业执照后，按当地政府的规定期限，办理失业保险费核定手续。

2015年国务院常务会议2月25日决定，将失业保险费率由现行条例规定的3%统一降至2%。近年来，山东、江苏、浙江等地陆续出台了阶段性降低失业保险费率的举措。山东省“减负”时间最早，幅度也最大。从2009年1月开始，山东将失业保险费率从3%降为1.5%，其中用人单位由2%调整到1%，个人由1%调整到0.5%；开始只是作为应对金融危机的阶段性减负措施，2011—2012年间曾短暂恢复到3%，自2012年9月之后就稳定为1.5%。从2015年1月起，浙江省出台文件决定全省失业保险费率统一由3%调整为2%，即用人单位按照本单位工资总额的1.5%、职工个人按照本人工资的0.5%缴纳失业保险。

四、失业保险金转移

自2012年10月起，职工和失业人员跨省流动，失业保险关系可以转移接续。规定用人单位成建制向外转移，以及职员在职期间流动到外地，可由本地失业保险经办机构开具转迁证明，转入地失业保险经办机构应在收到转迁证明之日起60日内，为他们办理接续关系。失业人员流动转迁失业保险关系，也由本地县级以上失业保险经办机构出具《失业保险关系异地转移单》，失业人员持转移单、相关身份证明，以及劳动合同、用人单位出具的解除或终止劳动合同证明等材料，到转入地失业保险经办机构接续失业保险关系。

《失业保险条例》规定，城镇企业事业单位招用的农民合同制工人应该参加失业保险，用人单位按规定为农民工缴纳社会保险费，农民合同制工人本人不缴纳失业保险费。单位招用的农民合同制工人连续工作满1年，本单位并已缴纳失业保险费，劳动合同期满未续订或者提前解除劳动合同的，由社会保险经办机构根据其工作时间长短，对其支付一次性生活补助。补助的办法和标准由省、自治区、直辖市人民政府规定。

但是，农民工的失业保险金，还是存在很多问题。主要在于：

法制不健全。相比与城镇职工，农民工一般是临时或者短期的，很少有企业会与他们签订合同，因而在缺乏法律保障的前提下，企业几乎不会为农民工缴纳失业保险金。

转移接续困难。目前各省市对于农民工失业保险的实施并不同步，有的地区甚至未建立农民工失业保险，同时，对于建立农民工失业保险的各地区，参与失业保险实施的办法并不一致。农民工在就业所在地缴纳失业保险金，由于保障水平较低，一旦失业返回家乡，就要面临失业保险金无法区域对接、城乡对接的情况。

意识淡薄。中央和地方政府往往更为重视养老保险和医疗保险，失业保险尤其是边缘化的农民工群体的失业保险问题则被搁置到次要位置。而农民工由于对失业保险制度认识不足，在甚至不知道失业保险金的情况下，很少会有主动维护自己权益的意识，这变相鼓励了企业的不作为。

在对待农民工失业保险的问题上，需要从明确农民工失业保险三方责任，即政府、企业、农民工以及建立农民工失业保险特别账户着手改善目前国内农民工失业保险状况混乱的局面。

第三节　中国失业保险的现状以及发展

一、给付标准的确定

1. 建立新的工资(缴费基数)关联型失业保险金给付标准

在我国现行的失业保险体系中，个人缴费是以本人工资水平为基准的，而失业保险金待遇却大多与本人失业前工资以及缴费期限无关，不仅待遇偏低，更重要的是不符合社会保险的权利与义务对等的原则。

比如，目前我国《失业保险条例》规定领取期限：失业人员失业前所在单位和本人按照规定累计缴费时间满1年不足5年的，领取失业保险金的期限最长为12个月；累计缴费时间满5年不足10年的，领取失业保险金的期限最长为18个月；累计缴费时间10年以上的，领取失业保险金的期限最长为24个月。重新就业后，再次失业的，缴费时间重新计算，领取失业保险金的期限可以与前次失业应领取而尚未领取的失业保险金的期限合并计算，但是最长不得超过24个月。虽然各地有相应的政策，但大同小异。这对于激发工作人员缴纳保险金是非常不利的。目前，我国也只有上海市考虑累计缴费年限和失业者年龄①。

另外，《失业保险条例》规定："失业保险金的标准，按照低于当地最低工资标准、高于城市居民最低生活保障标准的水平，由省、自治区、直辖市人民政府确定。"2013年全国月平均失业金为767.3元，仅为当年全国城镇居民月人均可支配收入的34.2%和全国城镇非私营单位就业人员月平均工资的17.9%。因此，许多参保人失业后普遍面临贫困风险②。

表5-3摘录了2012年国家统计年鉴中公布的部分省市的失业金与平均基本数据，从表中可以看出，越是发达的地区，平均基本消费越高，失业金与基本消费支出的比例越低。在这些地区，支付了食品消费、交通消费以及通信消费后，失业者很难再有结余支付其他费用。在天津、浙江、上海等地还会出现入不敷出的现象。

表5-3 **2012年部分地区失业金与平均基本消费(食品消费+交通消费+通信消费)的支出情况**

省市	北京	天津	江苏	浙江	上海	湖南	江西	新疆	西藏
失业金(元)	951	700	780	768	860	928	500	520	550
基本消费支出(元)	868.9	780.2	693.6	899.5	1059.5	576.6	498.8	492.9	538.5
比例(%)	109	89	112	85.4	81.2	161	100	105	102

资料来源：各地失业保险条例与2012年中国国家统计年鉴，失业金采用2012年一类地区情况。

① 中华人民共和国社会保险法，http：//www.china.com.cn/policy/txt/2010-10/29/content_21225907.htm.

② 郑莉．我国失业保险制度面临四大待解难题[N]．工人日报，2005(006)：1.

一方面，失业者领取的失业保险金不足以承担家人的生活，另一方面国家失业保险金年年结余。1994—2012年，除2009年出现负增长外(-0.8%)，其余年份均是正增长。1994年基金收入为25.4亿元，2012年为1138.9亿元，增长了40余倍，其中增幅最大的是1999年，增幅高达83%。而截至2014年11月，我国失业保险基金累计结存超过4300亿元。目前，失业保险基金多年来收大于支，所形成的巨额滚存结余，使得即使不再征收失业保险费，当前的结余也能够承担7年的失业保险金。

基于以上考虑，应改变目前失业保险金给付标准与最低生活保障或最低工资标准挂钩计算的办法，改为按失业者失业前工资水平的一定比例确定失业保险金给付标准，同时对最高和最低标准进行适当的控制。考虑到失业保险金除了要保障失业者失业期间的基本生活需要，还应提供其基本的求职开支需要，同时参考国际劳工组织的建议标准，建议将新的失业保险金给付标准设定为本人失业前12个月平均缴费基数的50%，最低不得低于当地最低工资标准的100%，最高不得超过最低工资标准的150%。这样做，首先，能够体现失业者从业期间的社会贡献即劳动价值，更好地体现权利义务对等原则，鼓励缴费的积极性；其次，可以提高失业保险金的总体水平，为失业者提供更好的保障；最后，能够适度缩小失业者之间的待遇差，兼顾公平。

2. 给付期限

根据我国现行的《失业保险条例》，失业保险金在给付期限上划分为三个层次，最长为24个月。这种长期限、低水平的失业保险金给付制度，既不利于保障失业者的基本生活，也不利于促进就业。建议在提高给付标准的前提下，适当缩短享受待遇的时间。根据失业者本人的参保缴费时间确定，在一个失业期内最长不超过18个月，并实行差别失业保险金给付标准。失业者在前6个月可领取相当于本人失业前12个月失业保险缴费基数的50%，第7个月开始领取相当于缴费基数的40%的失业保险金。这种有差别的失业保险金给付期限和待遇水平，能在确保失业者基本生活的同时，激励他们尽快缩短失业期，努力实现再就业。

美国各州的给付标准有差异，但计算基础大多以过去工作期间的平均工资来计算，并且有最高和最低给付额度的限制，有些州以一定的基准期的平均周薪再乘以一定比例作为计算标准，有些州则以年薪的百分比来计算。特别的地方在于，有些州对于低薪失业者会采取加重给付的方式，以保障低收入劳动者失业期间的生活。另外在给付期限方面，各州有差异，最短为1周，最长给付周数为26周。此外，根据美国的经济状况还可以启动延长给付计划。在经济衰退导致就业状况恶化至一定水准时，美国国会通常会通过临时性的计划延长给付期限。

二、保障培训与职业介绍

目前我国的失业金主要支出在于保障生活上，在法律层面上，《失业保险条例》指定失业保险基金的支出范围包括失业金、职业介绍补贴以及职业培训补贴；而《社会保险法》却没有明确失业保险基金的支出范围，由于没有法律的强制，再加上我国社会保险工作开始得晚，保险基金并没有发挥最大的作用。失业保险金的发放在一定程度来说就是在原本就业的人员在失去收入来源后保障其生活。对于失业者来说，虽然重要但只是暂时的，事后补救不如未雨绸缪好，而且授之以鱼，为其“输血”，但没有授之以渔，帮助恢复其自身的“造血”功能，不能从根本上帮助其摆脱困境。要解决失业人员的生活问题，从根本上说，还必须落实到预防失业与促进就业上来。

我国自 2006 年以来开始选取城市试点扩大保险基金的使用范围，试点城市选择北京、上海、浙江、广东、江苏、山东、福建东部 7 省(市)，根据 2012 年公布的中国劳动统计年鉴显示，2011 年扩大了基金支出范围的 7 省(市)累计平均登记失业率 2.97%，低于全国 4.1%的平均水平；表 5-4 中 2011 年年末 7 省(市)登记总人数为 206.6 万人，不足全国登记失业人口的三分之一，而失业人员就业人数 374.2 万人，高于全国失业人员就业总人数的三分之一。虽然选择试点城市在东部，不排除经济因素对就业的影响，但是综合试点前的比较，扩大基金的支出范围特别是扩大培训的支出范围对帮助失业人员再就业的影响还是很大的。“发达的市场经济国家，失业救济、转业训练和帮助失业人员再就业，构成了失业保险的完整体系。”①

表 5-4　　**2011 年全国部分地区就业、失业保险基金情况**

（单位：万人）

地区	北京	上海	浙江	广东	江苏	山东	福建	7 省（市）合计	全国	7 省（市）占比(%)
2011 年年末登记失业人员	8.1	27.0	31.7	38.8	41.4	45.0	14.6	206.6	733.7	28.2

① 郭士征．社会保障——基本理论与国际比较[M]．上海财经大学出版社，1996.

续表

地区	北京	上海	浙江	广东	江苏	山东	福建	7省（市）合计	全国	7省（市）占比(%)
2011年登记失业率	1.4%	3.5%	3.1%	2.5%	3.2%	3.4%	3.7%		4.1%	
2011年失业人员就业人数	20.5	26.8	41.6	66.1	102	89.5	27.7	374.2	1133.6	33.0

1. 国家需出台法律保障培训、职业介绍的顺利进行

自20世纪70年代以来，日本经历了多次经济危机，然而，日本的失业率一直维持在2%~3%，这其中日本以促进就业为主导思想的失业保险制度的改革发挥了积极作用。英国失业保险的变化随着1995年“求职津贴计划”的出台，将失业保险金改为求职津贴，将失业保险金的发放和提供就业服务与失业者的求职表现紧密结合起来，使失业保险促进就业的功能更为突出，根据失业人员的不同失业状态提出不同的就业服务形式。英国这种有针对性的改革方案，使66%的失业者在失业6个月内可以找到工作①。从以上实例可以看出，失业保险制度的建立和发展，的确在再就业问题上起到了积极的推动作用，为再就业工作立下了汗马功劳②。

在失业保险促进再就业方面，韩国的法律值得我们借鉴。韩国通过《雇用政策基本法》、《雇用保险法》等法律建立失业保险制度，有力保障了再就业工作的开展，《雇用保险法》更是明确了需向弱势群体倾斜。我国的法律虽然规定了失业保险金的用途不仅包括保障失业者的生活也包含职业培训、职业介绍，但是没有明确规定必须安排失业人员参加培训，也没有明确规定用于职业培训项目的基金支出比例，所以失业保险基金用于再就业上的资金就具有较大的弹性，使再就业的实质性进展受到影响。既然失业保险的目标更应该是促进失业人员的再就业，那么保险基金的着眼点就应从失业救济适当地转向扶持再就业，增加失业人员在培训等方面的开支。如德国政府使再就业培训经费放在各项失业投入的首位。我国的失业保险法规应扩大保险基金帮助失业人员再就业费用的提取比例。在立法上把当前的不确定比例固定下来，明确规定失业保险基金中用于促进再就业和基本生活方面的法定比例。以做到专款专用，互不

① 麦丽臣．日本失业制度的改革[J]．日本研究，2001(1)：17.

② 杨伟民．失业保险法[M]．中国人民大学出版社，2000：133-134.

挤占，使再就业方面的支出比例具有刚性。有了经费来源的立法保障，才能保证再就业工作的顺利开展。

另外，建立失业人员参加培训的约束和激励机制。我国的结构性失业体现了劳动者知识技能与市场发展的不适应性，失业培训的必要性也就突显出来。即使马上可以转岗就业的失业人员，培训也必然会弱化其再次失业的可能性。对失业培训在一定程度上采取强制性手段，有利于培训参与率的提高。近年来，西方国家相关规定，失业人员在领取失业救济期间有接受再就业培训的义务。例如丹麦规定，凡25岁以下的失业人员必须在失业后的13周内接受当地政府提供的再就业培训，25岁以上的失业人员必须在失业后一年内接受培训，否则都将失去领取救济金的资格。丹麦劳工部调查表明，通过这项规定，丹麦失业青年的重新就业率有很大的提升。在丹麦的法规中，把失业人员的再就业培训在一定条件上设定为义务。德国对于那些由于懒散或无力完成工作任务而被解雇者，也实行强制性的失业培训。① 德国的失业保险基金，2/3用于职业介绍和失业培训。我们可以参考设立培训证制度，失业人员只有参与培训，获得培训证书，或有可替代的资格证书，才可参与竞争就业②，利用此压力来加大参与培训的力度。大量的失业人员参与失业培训，能提高失业者的整体的知识结构层次，迎合了市场上对劳动力的素质要求，再就业的希望增大。为了激励失业人员进行再就业培训，法国对于开始领取失业津贴而要求转岗培训的失业者，从培训之日起领取的失业津贴水平保持不递减。通过使其津贴相对稳定的方法鼓励失业者通过培训提高其技能。我国在失业保险基金还不是很充足的情况下，如果采取各种补助津贴，可能会加重基金支出压力。但是可以采用根据参与失业培训的时间的长短和培训费用的高低来适当地给予优惠的措施，促使失业人员积极参与培训。或者根据失业培训的时间，按比例地延长领取失业保险金的期限。当然这要经过精密的计算，既要能刺激失业人员参与培训的热情，又要不给失业保险金带来太多的负担。

2. 失业保险金的发放与再就业相联系

我国失业保险金的领取与再就业的关联性不大。这种简单发放失业保险金而与促进再就业脱钩的现象不利于促进失业人员积极就业。应改进目前的记发办法，使其与再就业相联系。多数失业保险相对完善的国家对失业者领取失业补贴都有相当严格的制约条件。制定这些限制条件的目的均是促进失业人员尽早结束失业状态。如在德国失业保险法中规定，失业者只有努力地寻找工作，

---

① 和春雷．社会保障制度的国际比较[M]．法律出版社，2001.

② 陈佳贵．中国社会保障发展报告(1997—2001)[M]．社会科学文献出版社，2001.

接受各方面提供的"合适的"工作机会，才能享受失业补贴。在意大利，失业者领取失业补贴的条件是：必须接受与自己职业水平相当的任何工作机会或有关方面提供的任何公益工作机会。日本的失业保险制度也规定，如果失业人员在半年内还找不到工作，则取消其领取失业保险金的资格；法国失业者如果在失业期间愿意接受一份比原来工作待遇差的工作，同时继续寻找更合适的职位，可继续领取失业津贴①。可见，国外对于失业保险金的发放均是与再就业行为息息相关的。这种相关联的方式，可以促使失业人员积极寻求就业可能，失业保险金的发放不会给任何惰性创造机会②。我国也应该对失业保险金的发放附加一定条件，而不是只是简单地用时间来约束，具体途径可以包括：对于提前就业者进行补助，补助额为提前时间段内所应领的失业保险金的一定比例，激励失业者寻找就业机会；灵活发放失业保险金，对于有可行创业计划的失业人员，可考虑一次性发放多月的失业保险金，作为其创业资金；对于不积极参加就业培训的失业人员，可以采用适当减少失业保险金或对于参加失业培训的失业者给予增加失业保险金的方法，鼓励失业人员努力提高技能，尽早就业。为了防止失业人员过于依赖失业保险金，建议增设"提早再就业津贴"，但为防止道德风险，建议学习国际先进国家的经验，规定只有领取失业保险金期间剩余达 1/3 以上，再就业后参加失业保险，并确定受雇达 1 年以上者，可以申请领取提早再就业津贴。劳动者申请该项津贴的期限为再就业起 1 个月内，并且需要出具工作单位开立的预计雇用达 1 年以上的证明方可申请领取。此项津贴的设计，目的着重于劳动就业市场，以稳定劳动就业市场为前提，鼓励失业者尽快再就业。

3. 加强失业培训的监督

为了对失业培训进行有效监督，就需依法确立专门机构并明确其职责。我国社会化的失业培训方式更有监督的必要，以保证培训质量，适应再就业需求。建立质量监控机构，对培训部门进行动态的监管。监督培训目标、培训方案和培训措施的落实，采取培训资格认定，培训项目招标及考核培训机构工作人员业务素质等方式来保证失业培训顺利进行，取得直接促进再就业的效果。为确保培训质量，要对于培训后的技能严格考核。目前培训质量不高的原因之一就是缺少培训后的统一的技能考核标准。在失业培训中，应实行"培考分离"制度，即由失业培训机构负责日常培训，由劳动或社会保障部门及相关机构负责考核，并发给具有公正性和权威性的操作技能等级证书或专业上岗证

---

① 宋晓梧. 中国社会保障体制改革与发展报告[M]. 中国人民大学出版社，2001.

② 王东进. 中国社会保障制度的改革与发展[M]. 法律出版社，2001.

等。建立起科学合理的职业技能鉴定制度，可以为识别劳动者的专业技术素质提供可靠的参考，也保证了失业培训效果的考核，避免培训机构欺骗劳动力市场供需双方的现象。对失业培训进行客观、公正、统一的考核和技能鉴定，能够使培训更好地为再就业作后盾。

三、加大对保险基金的运营管理

我国保险基金目前主要管理手段便是以财政转款储蓄，通过近几年基金运营情况来看，这种方式不仅不能够实现基金的增加甚至会因为利率不高导致贬值。我国登记失业人数逐年上升，失业保险基金的结余也是一年一年递增。据中国社会科学院郑秉文所长介绍，2009 年我国失业保险金结余是 1524 亿元①。到 2014 年 11 月这一数据增长到 4300 亿元，这些基金结余形态为定期存款、活期存款和其他形式，如图 5-1 所示。据《关于加强企业职工社会保险基金投资管理暂行办法规定》，基金积累的 80%左右用于购买国家发行的社会保险基金特种定向债券。实际却是，地方政府挪用专款的现象时有发生。2011 年，根据政府披露，9000 余万失业保险基金被挪用，8800 万元违规发放②，保值效果没有达到。据国家审计署公布的统计数据，我国多年来保险基金的收益甚至不能战胜 CPI，造成了贬值③。而对基金的管理存在责任不清、效率低下、侵占乱用的现象；我国应该从监督和使用这两方面加强管理，使我国失业保险金发挥最大作用。

1. 重视失业保险基金的管理和监督

加强失业保险基金的监管，是堵塞失业保险基金漏洞的手段。在失业保险基金管理上，应实行收支两条线的方式，即征收系统与支出系统应当保持分离，以便各司其职。实践中既可以是两个部门(如财政税务系统与社会保障系统)分别承担征收与支出职能，也可以是一个部门的两个独立系统分别承担④。在监督方面，应设立有效的监督机构。由审计、财务机关配合，来检查失业保险基金的收支及运用情况，并定期对再就业专项资金的收、支、存情况进行监督。要形成法律监督、审计监督、社会监督的失业保险基金监督体系。保障失业保险金的有效利用和不流失，充分发挥失业保险基金的促进再就业功能。

---

① 郑秉文．失业保险基金如何避免福利损失[N]．第一财经日报，2010-12-09(B2)．

② 人民网．9000 余万失业保险基金被挪用 8800 万违规发放，http://www.caigou2003.com/news/focus/news/20120802/news_387948.html.

③ 郑秉文．失业保险基金如何避免福利损失[N]．第一财经日报，2010-12-09(B2)．

④ 任正臣．社会保险学[M]．社会科学文献出版社，2001.

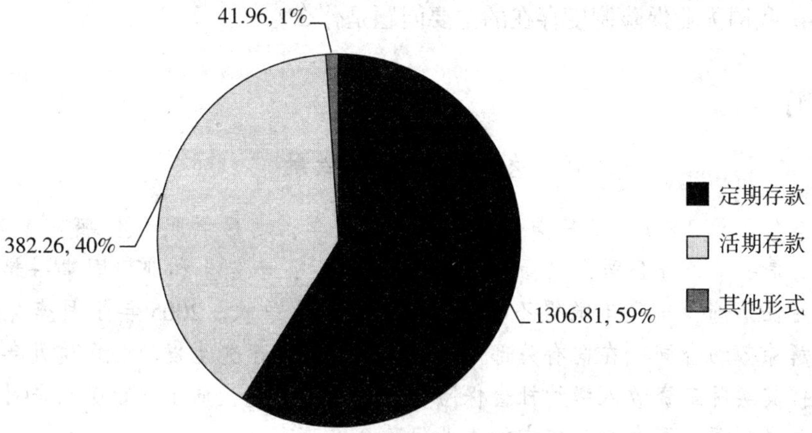

图 5-1　2011 年国家失业保险基金结余情况

2. 从基金设立项目出发应该向再就业倾斜

从激励再就业的角度出发，失业保险在立法上应增设支持再就业的开支项目。如“再就业津贴”、“跨地区求职活动费”、“跨地区就业搬迁费”等辅助就业项目。日本典型的积极失业保险制度中的相关规定值得我们借鉴。该制度在失业保险给付中，除了职工培训津贴外，还有专门促进再就业给付，如再就业补助金，就业准备金等促进失业者重新就业的项目。

通过发放各种补贴的方式，促进劳动力职业与地区间的流动，增加再就业的可能性。并且，日本的失业保险还有另一类促进就业支出：预防失业基金。以补贴的方式支付给企业，促使企业及时进行转产、内部培训等方式来抑制解雇行为，减少失业。这些详尽细致的规定可用于完善我国失业保险基金支出项目增设的参考。我国各地区经济发展不平衡，经济发展较好的地区就业机会多，可以通过得当的措施引导落后地区的失业者到经济发展迅速的地区实现再就业，帮助其消化失业人员，减轻落后地区的再就业压力。“搬迁费”和“跨地区活动费”的增设，必然降低异地求职的成本，使劳动力流动有更大的活性，减少失业者的失业时间。

复习思考题

1. 什么叫失业保险？
2. 简述失业保险的特征。

3. 日本、美国的失业保险制度对完善我国失业保险制度有何借鉴?

4. 我国失业保险制度存在的主要问题是什么?

【案例】

失业保险金的缴纳

李先生于2000年7月毕业于上海财经大学，之后供职于上海市A公司，A公司是一个外资公司，以福利好著称，4年后，李先生和部门同事一起竞聘部门主任落选，李先生觉得不公平，与公司发生争执。2005年1月李先生与公司解除劳动合同。在向有关部门领取失业金时，李先生发现公司这几年来一直未按其实际工资收入缴纳社会保险费，于是，李先生向上海市劳动与社会保障部告发公司，要求得到应有的失业保险金。

李先生说，几年来自己的工资、奖金、各种津贴等收入均已超过按规定缴纳社会保险费的上限标准，但公司却未按自己的实际工资收入缴纳社会保险费。自己的年收入都是工资性收入，不存在福利性费用。

公司则认为，公司内部每个员工的工资都是“模糊”工资，其中一部分是福利费用，比如每个月举办的小型聚会，就属于这部分福利。李先生每次都有参加，也应该担负这部分费用。因此，公司在无法将员工的工资收入与福利费用分列时，都是按员工全部收入的80%作为其缴纳社会保险费的基数，这些都是客观存在的事实，并不存在什么少缴的问题。

经调查，李先生2000年7月至2005年1月领取工资的原始凭证记载，其每年的工资收入均超过公司为他缴纳社会保险的基数，而公司提供的财务明细账册凭证，均记入财务应付工资科目，列入国家规定的工资总额范围。因此，该公司几年来未按李先生的实际工资收入为其缴纳社会保险。

那么，在用人单位认为员工的工资存在“模糊”概念，无法分列工资与福利时，是否可以按员工实际收入的80%作为社会保险缴纳费基数呢?根据《上海市失业保险办法》，单位(包括外省市驻沪办事机构和城镇个体工商户)应当于每月15日前按其应缴失业保险费基数的2%，向社会保险经办机构缴纳失业保险费。在职职工(包括城镇个体工商户业主及其帮工、非正规劳动组织和外省市驻沪办事机构中具有本市城镇户籍的从业人员)应当每月按个人应缴失业保险费基数的1%缴纳失业保险费，由单位从其工资中代扣代缴。非正规劳动组织从业人员的缴费手续由社区就业服务载体代办。另外，计算个人缴纳费额的工资收入，是指国家统计局规定列入工资总额统计的项目，包括工资、奖金、津贴、补贴等收入之和。

由此可见，单位和个人缴纳社会保险费用以实际的工资收入作为缴费基数，凡是列入财务应付工资的，均属于工资总额范围，用人单位必须按规定的比例缴纳社会保险费。A公司以自己工资福利“模糊”，无法区分开为理由，按工资的80%上交失业保险金是与规定不符的。

第六章 工 伤 保 险

引言：本章内容介绍了社会保险中的一个重要组成部分——工伤保险的基本原理，以及我国工伤保险制度在实施中的相关规定。工伤又称职业伤害，是指因职业原因导致的健康损失和经济损失。工伤保险制度包括与工伤相关的事故的处理、善后、监管及工伤预防等内容。本章介绍了职业伤害的定义及其基本内容；工伤保险的发展历程，我国现行的工伤保险制度的基本情况和该制度在企业实际运用，以及从源头处遏制职业伤害的产生和开展工伤预防的重要性。

第一节 工伤保险概述

工业化以前的社会，劳动者日出而作，日落而息，几乎全靠体力与手工从事的简单制造活动，造成中毒、致残致死的可能性很小。进入工业社会后，随着科学技术的进步，大量机器投入日常的生产中，一方面劳动者为企业和社会创造了巨大的财富，另一方面也增加了劳动者自身的职业危害风险。1884 年，德国政府颁布的《工商事故保险法》，标志着世界上第一部工伤保险立法的诞生。工伤保险是用人单位必须提供给员工的法定福利，也标志着劳资争议和冲突的解决有了明确的法律依据。

目前，世界上实行的工伤保险的国家大体可以分为三种类型：使用集中公共基金的社会保险类型、雇主责任保险类型及两种制度并存的混合型。在很多发展中国家，雇主责任保险制度和社会保险制度在支付职工伤害保险待遇方面是并存的。一方面，受到社会保险保护的企业职工减轻了雇主责任保险作用；另一方面，由于各种因素的影响，社会保险适用范围一直受到限制①，最终还是要实行雇主责任保险。

---

① 孙树菡. 社会保险学[M]. 中国人民大学出版社，2008：346.

一、职业伤害及其危害

根据国际劳工专家的统计，全世界每年发生的工伤事故达10万起以上，死亡2000多万人，其中死亡约15万人，占全世界死亡人数的5%。在住院治疗的病人中，有10%～30%的人是工伤的受害者。发展中国家的工伤死亡人数在各种死因中排于前5位。“工伤”一词比较规范的说法是1921年国际劳工大会上通过的公约中提及的，即“由于工作直接或间接引起的事故为工伤”。当时的定义中并不包含职业病。随着时间的推移，职业病的存在越来越不容忽视，各国又逐渐把职业病也纳入“工伤”的范畴。

“工伤”又称职业伤害，是指由于职业原因导致的健康损失和经济损失。包括因突发性生产事故导致的工伤，以及由于工作环境原因侵害工人健康造成的职业病。即使员工不在劳动岗位，由于用人单位设施不安全、劳动条件恶劣而引起的人身伤害事故，也属于职业伤害。职业伤害使劳动者的身体器官或生理功能受到损伤，引起暂时、部分的劳动能力丧失，严重者经过治疗休养仍然不能完全复原，以致身体或智力功能部分或全部丧失甚至死亡，其结果是造成劳动者中断、减少或失去工薪收入。

根据工伤的基本概念，可以得出工伤的四个条件：一是劳动者在劳动过程中造成伤害的事实；二是事故伤害发生在劳动者的工作时间；三是事故伤害的地点为工作的场所；四是劳动者受到的伤害是由工作原因引起。这四个条件可以概括为“三工一关系”，即工作时间、工作场所、工作原因和劳动关系。其中，劳动关系是工伤的前提和基础，是工伤的最基本条件。

二、工伤保险的基本概念

工伤保险是指劳动者在生产经营活动中或在规定的某些特殊情况下所遭受的意外伤害、职业病，以及因这两种情况造成死亡、暂时或永久丧失劳动能力时，劳动者及其遗属能够从国家、社会得到必要的物质补偿。这种补偿既包括医疗、康复所需，也包括生活保障所需。现代意义上的工伤保险除了上述内容外，还包括以下功能：通过预防促进企业安全生产，减少事故发生；通过康复工作，使受害者尽快恢复劳动能力，促进受伤害者与社会的整合。工伤预防、工伤救助与补偿、工伤康复，已成为工伤保险的三大支柱。

工伤保险是社会保险中开展和立法最早，在世界范围内实施国家和地区最多的险种。在具体的实施过程中，形成了一整套不同于其他保险项目的实施体系，其主要特点有：

1. 普遍性

工伤保险是为了保障因工致残员工的合法权益，在世界上较早出现的一种社会保险制度，世界上有关工伤保险的立法也是最完善的。工伤保险制度问世100多年以来，在全球172个建立社会保险制度的国家和地区中，已有164个实行了工伤保险制度，占总数的95%。实行社会保险制度国家的工伤医疗都是免费的，受保人原则上不交纳费用，例如：法国工伤事故的医疗费、药费、住院费全部由社会保险部门提供①。政府通过法律，通过对社会经济生活的一定干预，在职业风险与未发生职业风险之间进行收入再分配，切实达到保障劳动者基本生活水平的目的。

2. 强制性

由于工伤具有突发性、不可预测性和不可逆性，其造成的损失往往难以挽回，严重时会为员工个人带来终身的痛苦，给其家属带来永久的不幸。于企业不利，于国家不利。因此，工伤保险由国家立法强制执行，在一定范围内的用人单位及其职工必须参加。

3. 非营利性

工伤保险的目的是医疗救治和经济补偿，是国家对劳动者履行的社会责任，也是劳动者应该享受的基本权益。工伤保险保费由用人单位承担，摊入成本，国家不征税，当收支不平衡时，国家财政给予一定补贴。由隶属于政府部门非营利性事业单位经办，为受保人服务。

4. 保障性

工伤保险是社会保险待遇给付中最优厚、保障项目最完备的制度。工伤保险法是典型的以生存权保障为理念并付诸实践的社会保障法，集中体现了对受害者人生权利的保障，能够在劳动者发生工伤事故后，对劳动者或其供养的亲属发放工伤补助保障其基本生活。

5. 互助互济性

通过强制征收保险费，建立工伤保险基金，由社会保险机构在地区之间、行业之间、各企业之间对费用实行再分配，调剂使用基金。

三、工伤保险制度确立的原则

1. 无责任补偿原则

无责任补偿原则又称“无过失补偿”原则。即劳动者在生产过程中遭受工

---

① 公平性：工伤保险制度的国际经验. 中国日报[EB/OL]. [2011-03-30]，http://www.chinadaily.com.cn/hqcj/zxqxb/2011-03-30/content_2168494_2.html.

伤事故和职业病无论事故责任属于本人、企业(或雇主)还是相关第三者，均应依法按照规定的标准给付工伤保险赔偿。赔偿给付与责任追究相分离，不能因为事故责任的追究影响给付的时间和额度。

2. 个人不缴费原则

工伤保险费用由企业或雇主缴纳，劳动者个人不缴纳任何费用，这是工伤保险与养老保险、医疗保险等其他社会保险项目的不同之处。工伤事故属于职业伤害模式，在生产劳动过程中职工为企业和社会创造财富时付出身体和健康的代价，工伤保险待遇具有明显的“劳动力修复与再生产投入”的性质，属于企业生产成本的特殊组成部分。因此，个人不必缴纳保险费用，而要由企业或雇主承担全部的费用。

3. 风险分担、互济互助原则

风险分担、互济互助原则是社会保险制度中的基本原则，指国家通过立法强制征收保险费，建立工伤保险基金，运用大数法则测算确定用人单位的缴费义务，形成工伤保险基金，通过互助互济的方式分担风险。对工伤保险待遇的分配，国家责成社会保险机构对工伤保险基金进行再分配，在地区之间、行业之间、人员之间调剂使用，可以缓解部分企业、行业因工伤事故或职业病发生率较高产生的负担。

4. 区别工伤与非因工伤残区别对待原则

工伤保险制度中，对于界定“因工”与“非因工”所致伤害，有明确规定。职业伤害与工作环境、工作条件、工作流程等有直接关系，工伤保险具有补偿性质，其医疗康复待遇、伤残待遇和死亡抚恤待遇等水平比其他社会保险高，享受条件也是比较宽泛的。只要属于工伤保险范围内的工伤事故，不受年龄、性别、缴费期限的限制，都可以获得工伤保险待遇。对于非因工伤残，虽然个人也付出了代价，但事故与劳动者本人职业因素无关，许多国家规定的待遇水平比工伤待遇低得多。

5. 补偿与预防、康复相结合原则

工伤保险的根本任务是预防、减少和消除工伤事故的发生，保障员工的生命和财产安全，促进经济的发展。鉴于这样的出发点，工伤保险就应当与预防伤亡事故、医疗康复和职业康复相结合。加强安全生产，减少事故发生，发生事故时及时进行抢救治疗，采取有力措施帮助劳动者尽快恢复健康，重新走上工作岗位，比工伤补偿更有意义，也能尽可能减少或避免人力资源的浪费。

四、国外工伤保险制度

根据不同的工伤责任确定和不同的经济补偿原则，通常把国际工伤保险制度的建立与发展分三个时期进行考察：

1. 个人补偿阶段

个人补偿即劳动者个人自己负责伤害补偿的时期。早期的工伤赔偿法是一种典型的有过失补偿法，这一阶段的工伤保险被称为劳动者个人责任时期，雇主有权利用辩护条款证明工伤是由工人及其同事造成的，以回避赔偿责任。如果手上的工人事先知道有风险，即使雇主有过失也可以不予赔偿。雇员一旦因工受到伤害，除非能提供充分的证据证明雇主有责任，否则一切后果和善后事宜均归自己承担。所以在工业化早期，工人受到职业伤害的一切后果一般是由自己承担的，很难追究雇主的赔偿责任。

2. 雇主赔偿阶段

19世纪80年代起，一些工业化较早的国家着手推行工伤事故的“雇主责任制”。1884年，德国颁布施行《工人损害赔偿法》，对因事故而伤亡的人按“无过失原则”给予补偿。雇主责任赔偿主要有三种形式：

(1)通过政府立法仅是规定雇主有赔偿责任。

(2)政府立法具体明确雇主责任范围和工伤待遇标准，规定某些危险性大的行业必须由商业保险公司承担保险责任。

(3)政府立法规定由雇主和承担工伤保险的商业保险公司向政府主管部门缴纳保险费，以便在雇员单位或保险公司破产时保证向工人支付工伤保险待遇。

雇主责任赔偿具有十分明显的弊端：一是赔偿额度低，一次性支付难以维持致残员工或死者遗属的长期生活；二是部分企业的“自我保险”能力脆弱，或者保险公司对事故多的单位拒绝承保；三是商业保险多以赢利为目的，赔付率较低。由于商业保险公司以营利为主要目的，保险公司想方设法降低给付标准，逃避责任，不能满足雇主分散风险和给雇员提供合理补偿的要求。

3. 保险分担阶段

针对雇主责任赔偿制度的弊端，许多国家通过深入思考，最终引入了工伤社会保险制度。与雇主责任赔偿制比较，工伤社会保险的关键在于：国家实施统一的工伤保险政策，在社会范围内分担工伤风险。其主要做法是由国家立法，政府有关部门或监督机构负责工伤保险事务，确立了对所有提出支付待遇的审核和评估的明确程序，统一筹集资金，共担风险。这样既可以使受伤害者及其家属受到相应的补偿，又可以避免工伤保险成为企业或雇主个人承担的保险。实行社会保险制度的国家的工伤医疗都是免费，受保人原则上不缴纳费用。例如法国的工伤事故的医疗费、药费、住院费全部由社会保险部门提供。

目前，世界上实行工伤保险的国家大体可以分为三类：使用集中公共基金的社会保险类型，如德国、日本、意大利、法国等；雇主责任保险类型，如美国、澳大利亚、芬兰、新加坡等；混合型即两种制度并存的类型。在很多发展中国家，雇主责任保险制度和社会保险制度在支付职工伤害保险的待遇方面并存。一方面，受社会保险保护的企业雇主责任得到了减轻；另一方面，社会保险的适用范围受到限制，最终还是要实行雇主责任保险。

第二节 中国工伤保险制度

一、我国工伤保险制度的建立

1. 首次立法及其使用时期(20 世纪 50—80 年代)

1951 年政务院颁布了《劳动保险条例》，这是我国第一部包含工伤、死亡遗属等社会保险在内的全国统一性法规。该条例对各项劳动保险待遇做了明确规定，并将工伤保险列在了各项保险之前。在工伤待遇方面，包括了医疗与康复待遇、伤残待遇和死亡待遇三部分；在工伤保险待遇给付方面确立了劳动保险基金与雇主分担责任的原则。该条例还对工伤保险制度构成做出原则性规定，例如职工个人不需要承担缴纳工伤保险费的义务。

2. 改革开放初期我国工伤保险制度改革方案的提出(20 世纪 90 年代)

我国工伤保险制度的改革，实际上从 20 世纪 80 年代，即改革开放初期已开始酝酿。1988 年，原劳动部主持研究社会保险改革方案，在这个方案中已形成了工伤保险制度改革框架，即：调整工伤保险待遇，建立工伤保险待遇随物价变化相应调整的制度；适当提高丧葬费、抚恤费并建立一次性抚恤制度；建立工伤保险基金，逐步实现基金的社会化管理；工伤保险基金遵循“以支定收，留有储备”的原则；确定费率差别，定期调整。

1994 年，工伤保险与养老保险、医疗保险、失业保险和生育保险一起载入了《中华人民共和国劳动法》。在此前后，全国的一些地区已陆续开展了工伤保险制度的改革试点，重点是建立基金统筹，规范待遇结构和标准，取得了一定成效。在这一社会保险制度改革方案中，已基本明确了建立社会统筹的工伤保险制度模式设想。

3. 工伤保险制度改革重大发展(21 世纪以来)

21 世纪以来，随着我国社会主义市场经济体制改革的进一步深入，适时建立并通过国家立法的形式，统一和规范工伤保险制度被提上重要议事日程。2003 年 4 月 27 日，在广泛论证、多次征求各方面意见的基础上，国务院正式颁布了《工伤保险条例》。

《工伤保险条例》颁布后，为配合条例的贯彻实施，原劳动保障部和有关部门又先后颁布制定了一系列配套规章和政策，就工伤认定的范围、工伤保险费率和基金管理、工伤保险待遇管理和调整等政策以及工伤保险药品目录、劳动能力鉴定标准、工伤康复相关标准、工伤医疗服务管理等作了进一步具体的明确规定，各省、自治区、直辖市也都先后印发了本地区的工伤保险实施办法，结合各地实际，细化了一些政策标准。至此，基本形成了贯穿中央和地方工伤保险的法规和政策标准体系。

国家于2010年10月28日颁布了《社会保险法》，2011年7月1日期实施。《社会保险法》中有关工伤保险的规定有11条，在五项社会保险中居第2位，这充分说明了工伤保险在整个社会保险中的重要地位。与《工伤保险条例》相比，《社会保险法》对工伤保险的五项内容作了实质性的变更，一是扩大了工伤认定范围，二是增加了工伤保险基金支付范围，三是完善了保护工伤职工措施，四是减少了停止享受工伤保险待遇的情形，五是加大对用人单位欠费的处理力度。2010年12月20日，第586号中华人民共和国国务院令公布了《国务院关于修改〈工伤保险条例〉的决定》，2011年1月1日开始实行。

二、我国工伤保险的发展现状和存在的问题

1. 我国工伤保险的发展现状

我国工伤保险制度建设和经办管理已经迈上了新的台阶。2010年12月8日，国务院第136次常务会议通过《国务院关于修改〈工伤保险条例〉的决定》，12月20日时任国务院总理温家宝签署中华人民共和国国务院令，公布该条例(以下称新《工伤保险条例》)，自2011年1月1日起施行。2011年和2012年两年中《社会保险法》和新《工伤保险条例》贯彻实施取得实质进展。2011年人力资源社会保障部出台了相关配套制度，2012年大部分省份已制定和下发了新条例实施办法或实施意见。全国工伤预防和工伤康复试点工作取得了新进展。《社会保险法》以及新《工伤保险条例》对我国工伤保险制度作了重大变革，主要体现在以下几个方面：

(1)扩大了工伤保险适用范围。

原《工伤保险条例》的参保主体主要是各类企业和有雇工的个体工商户。工伤保险是一项与劳动者身体健康相关的社会保险制度，只有参加工伤保险，才能通过社会保险基金统筹，分散用人单位的风险，保护工伤职工及其家属的合法权益。《社会保险法》规定，职工应当参加工伤保险，由用人单位缴纳工伤保险费，职工不缴纳工伤保险费。新《工伤保险条例》规定，中华人民共和国境内的企业、事业单位、社会团体、民办非企业单位、基金会、律师事务

所、会计师事务所等组织和有雇工的个体工商户应当依照本条例规定参加工伤保险，为本单位全部职工或者雇工缴纳工伤保险费。

(2)调整扩大了工伤认定的范围。

原《工伤保险条例》对应当认定为工伤、视同工伤以及不属于工伤的情形作了列举，明确了工伤认定的范围。《社会保险法》对原《工伤保险条例》中关于不应当认定为工伤的情形作了重大变动。第一，原《工伤保险条例》规定犯罪不得认定为工伤。《社会保险法》区分了故意犯罪和过失犯罪，规定故意犯罪的不认定为工伤，实际上是扩大了应当认定的工伤范围。第二，删除了“违反治安管理伤亡的”(吸毒除外)不属于工伤的规定。违反治安管理行为与犯罪相比，社会危害性较小，不宜将因这种行为导致的事故伤害排除在工伤认定范围之外。新《工伤保险条例》除了延续《社会保险法》的上述变动外，还进一步调整工伤的范围，即：将原来的上下班途中机动车事故伤害调整扩大到非本人主要责任的交通事故以及城市轨道交通、客运轮渡和火车事故伤害，交通事故导致的工伤认定的范围有所扩大。

(3)简化了工伤处理程序。

新《工伤保险条例》对简化程序问题作了几处修改：第一，增加了工伤认定简易程序，规定对事实清楚、权利义务明确的工伤认定申请，应当在15日内作出工伤认定决定，实际上是由原来规定的60天缩短为15天；第二，明确了再次鉴定和复查鉴定的时限按照初次鉴定的时限执行；第三，规定了工伤认定的时限中止制度，即作出工伤认定决定需要以司法机关或者有关行政主管部门的结论为依据的，在司法机关或者有关行政主管部门尚未作出结论期间，作出工伤认定决定的时限中止；第四，取消了行政复议前置程序，规定发生工伤争议，有关单位或者个人可以依法申请行政复议，也可以直接依法向人民法院提起行政诉讼。

(4)提高了工伤保险待遇标准。

新《工伤保险条例》规定，从工伤保险基金按伤残等级支付一次性伤残补助金，标准为：一级伤残为27个月的本人工资，二级伤残为25个月的本人工资，三级伤残为23个月的本人工资，四级伤残为21个月的本人工资。此外，五级至六级伤残职工增加2个月的本人工资，七级至十级伤残职工增加1个月的本人工资。一次性工亡补助金标准为上一年度全国城镇居民人均可支配收入的20倍。

(5)增加了工伤保险基金的支出项目。

新《工伤保险条例》把因工伤发生的由用人单位支付的工伤职工“住院伙食补助费”、“统筹地区以外就医的交通食宿费”以及“终止或解除劳动关系时的一次性医疗补助金”改为按照国家规定从工伤保险基金中支付，具体标准由统筹地区人民政府规定。工伤保险基金支出项目中增加了由工伤保险基金支付的待遇项目，减少了由用人单位支付的待遇项目。

(6)减少了停止享受工伤保险待遇情形。

原《工伤保险条例》规定了停止享受工伤保险待遇四种情形：丧失享受待遇条件的；拒不接受劳动能力鉴定的；拒绝治疗的；被判刑正在收监执行的。《社会保险法》只规定了停止享受工伤保险待遇三种情形，删除了“被判刑正在收监执行”停止享受工伤保险待遇的规定。

(7)规定了工伤保险基金先行支付和追偿。

参加工伤保险是用人单位的法定义务，同时，劳动行政部门也有责任监督用人单位缴纳工伤保险费用。不管用人单位是否为职工参加工伤保险，工伤职工都有权享受工伤保险待遇。为了更好地保障工伤职工权益，督促用人单位依法履行义务，《社会保险法》第 41 条规定，职工所在用人单位未依法缴纳工伤保险费，发生工伤事故的，由用人单位支付工伤保险待遇。用人单位不支付的，从工伤保险基金中先行支付。用人单位不偿还的，社会保险经办机构可以依法追偿。

(8)规定了第三人侵权造成工伤的医疗费用支付。

由于第三人侵权导致工伤的，基于工伤事故，职工享有工伤保险待遇请求权；基于第三人侵权，职工享有人身损害请求权。原《工伤保险条例》没有对民事赔偿与工伤保险之间的关系做出明确规定。依据《社会保险法》的规定，由于第三人的原因造成工伤的，受害人应该向第三人主张侵权损害赔偿，第三人应该支付工伤医疗费用，赔偿受害人的损失。但是，当第三人不支付工伤医疗费用或者无法确定第三人的，由工伤保险基金先行支付。

(9)加大了工伤保险制度的强制性。

工伤保险属于社会保险，具有强制性。新《工伤保险条例》坚持了强化社会保险费征收的法律规定，增加了对不参加工伤保险用人单位的行政处罚规定。此外，还增加社会保险行政部门作出认定为工伤的决定后发生行政复议、行政诉讼的，行政复议和行政诉讼期间不停止支付工伤职工治疗工伤的医疗费用的规定，增加了拒不协助工伤认定调查核实的用人单位的行政处罚规定，提高了工伤保险的强制力度。

2. 我国工伤保险存在的问题

(1)关于时效问题。

新《工伤保险条例》第 15 条规定：“在工作岗位和工作时间，因突发疾病死亡或者在 48 小时内经抢救无效死亡的视同工伤。”48 小时与 48 小时零 1 分死亡，仅一分钟或几分钟之别，却是工伤与非工伤两种截然不同的结果。

(2)关于“过劳死”的认定。

新《工伤保险条例》第 7 条规定，构成工伤或视同工伤必须有三大条件，即工作时间、工作地点、工作原因，也成为判断工伤的三个特征。但是“过劳死”不具备该特征，应视为工伤的一种特殊形式。新《工伤保险条例》没有将“过劳死”纳入视同工伤的范畴。由于“过劳死”发生的时间和地点具有不确定性，不能认定是工伤。但“过劳”和工作有着不可分割的联系，职工是由于过劳死亡，故即便不是在工作岗位、工作时间发生也应视同为工伤，以保护这类职工的利益。

(3)“本人主要责任”不认定为工伤。

新《工伤保险条例》第 14 条规定，“在上下班途中，受到非本人主要责任的交通事故或轨道交通、客运轮渡、火车事故伤害的应当认定为工伤”，这与工伤保险“无过失补偿原则”相违背。“无过失补偿原则”是在世界范围内在工伤待遇中通用的原则，是对工伤职工的保护性原则，此原则规定了工伤职工即便存在过错，仍应按工伤待遇给予赔偿。我国《工伤保险条例》对上下班的交通事故附加条件无疑是对世界公认原则的否定，工伤职工可能因为自己的过错而无法享受工伤保险待遇。

三、我国工伤保险制度内容

1. 工伤保险基金

(1)资金来源。

工伤保险基金由用人单位缴纳的工伤保险费、工伤保险基金的利息和依法纳入工伤保险基金的其他资金构成。用人单位应当按时缴纳工伤保险费，职工个人不缴纳工伤保险费，用人单位缴纳工伤保险费的数额为本单位职工工资总额乘以单位缴费费率之积。对难以按照工资总额缴纳工伤保险费的行业，其缴纳工伤保险费的具体方式，由国务院社会保险行政部门规定。

(2)工伤保险费率。

工伤保险费根据以支定收、收支平衡的原则，确定费率。由于不同行业、不同企业风险的差异性，工伤保险实行差别费率办法，即根据不同行业的工伤风险程度确定行业差别费率，形成工伤保险对工伤事故预防、促进安全生产的激励机制。

关于行业划分，参照《国民经济行业分类》将行业划分为三个类别：一类为风险较小行业、二类为中等风险行业、三类为风险较大行业。三类行业分别实行三种不同的工伤保险缴费率。

关于费率确定，工伤保险费平均缴费原则上要控制在各省、自治区、直辖市职工工资总额的1.0%左右。在这一总体水平下，各统筹地区三类行业的基准费率要分别控制在用人单位职工工资总额的0.5%~2.0%。用人单位属一类行业的，按行业基准费率缴费，不实行费率浮动；用人单位属二、三类行业的，费率实行浮动。

2. 工伤范围及其认定

新《工伤保险条例》第14条规定，职工有下列情形之一的认定为工伤：(1)在工作时间和工作场所内，因工作原因受到事故伤害的；(2)工作时间前后在工作场所内，从事与工作有关的预备性或者收尾性工作受到事故伤害的；(3)在工作时间和工作场所内，因履行工作职责受到暴力等意外伤害的；(4)患职业病的；(5)因工外出期间，由于工作原因受到伤害或者发生事故下落不明的；(6)在上下班途中，受到非本人主要责任的交通事故或者城市轨道交通、客运轮渡、火车事故伤害的；(7)法律、行政法规规定应当认定为工伤的其他情形。

除上述情况外，新《工伤保险条例》第15条规定职工有下列情况之一，视同工伤：(1)在工作时间和工作岗位，突发疾病死亡或者在48小时之内经抢救无效死亡的；(2)在抢险救灾等维护国家利益、公共利益活动中受到伤害的；(3)职工原在军队服役，因战、因公负伤致残，已取得革命伤残军人证，到用人单位后旧伤复发的。

但是，职工有以下情形不能认定为工伤或视同工伤：(1)故意犯罪的；(2)醉酒或者吸毒的；(3)自残或者自杀的。

我国工伤认定的主要程序为：(1)提出申请；(2)审核受理；(3)调查核实；(4)做出决定；(5)书面送达。(6)针对认定结论不服的申诉。具体为：职工发生事故伤害或者按照职业病防治法规定被诊断、鉴定为职业病，所在单位应当自事故伤害发生之日或者被诊断、鉴定为职业病之日起30日内，向统筹地区社会保险行政部门提出工伤认定申请。遇有特殊情况，经报社会保险行政部门同意，申请时限可以适当延长。用人单位未按前款规定提出工伤认定申请的，工伤职工或者其近亲属、工会组织在事故伤害发生之日或者被诊断、鉴定为职业病之日起1年内，可以直接向用人单位所在地统筹地区社会保险行政部门提出工伤认定申请。工伤认定程序如图6-1所示。

3. 劳动能力鉴定

各级劳动鉴定委员会(由当地劳动、卫生等行政部门和工会组织的主管人员组成)应当按照国家制定的工伤与职业病致残程度鉴定标准，对因公负伤或者患职业病的职工伤残后丧失劳动能力的程度和护理依赖程度进行登记鉴定。

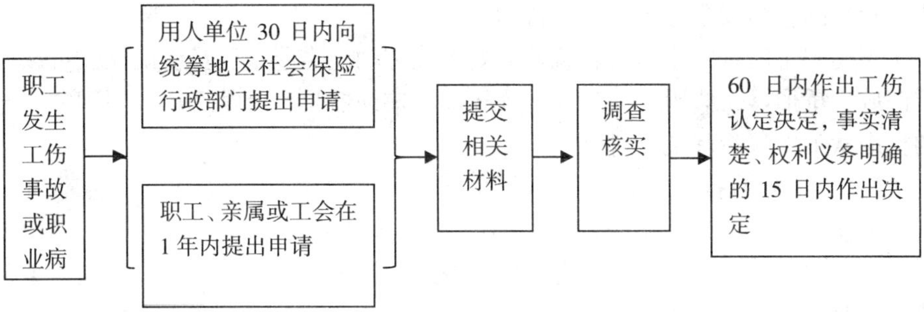

图6-1 工伤认定程序图

劳动功能障碍分为十个伤残等级，最重的为一级，最轻的为十级。符合评残标准一级至四级为全部丧失劳动能力，五级至六级为大部分丧失劳动能力，七级至十级为部分丧失劳动能力。伤残待遇的确定和工伤职工的安置以评定的伤残等级为主要依据。

劳动能力鉴定由用人单位、工伤职工或者其近亲属向市级劳动能力鉴定委员会提出申请，并提供工伤认定决定和职工工伤医疗的有关资料。劳动能力鉴定委员会应当自收到劳动能力鉴定申请之日起60日内做出劳动能力鉴定结论，必要时，做出劳动能力鉴定结论的期限可以延长30日。劳动能力鉴定结论应当及时送达申请鉴定的单位和个人。申请鉴定的单位或者个人对市级劳动能力鉴定委员会做出的鉴定结论不服的，可以在收到该鉴定结论之日起15日内向省、自治区、直辖市劳动能力鉴定委员会提出再次鉴定申请。省、自治区、直辖市劳动能力鉴定委员会做出的劳动能力鉴定结论为最终结论。

4. 工伤保险待遇

(1)工伤医疗待遇。

职工因工作遭受事故伤害或者患职业病进行治疗，享受工伤医疗待遇。

职工治疗工伤应当在签订服务协议的医疗机构就医，情况紧急时可以先到就近的医疗机构急救职工住院治疗工伤的伙食补助费，以及经医疗机构出具证明，报经办机构同意，工伤职工到统筹地区以外就医所需的交通、食宿费用从工伤保险基金支付，基金支付的具体标准由统筹地区人民政府规定。

职工因工作遭受事故伤害或者患职业病需要暂停工作接受工伤医疗的，在停工留薪期内，原工资福利待遇不变，由所在单位按月支付。停工留薪期一般不超过12个月。伤情严重或者情况特殊，经设区的市级劳动能力鉴定委员会确认，可以适当延长，但延长不得超过12个月。工伤职工评定伤残等级后，停发原待遇，按照本章的有关规定享受伤残待遇。工伤职工在停工留薪期满后仍需治疗的，继续享受工伤医疗待遇。

工伤职工因日常生活或者就业需要，经劳动能力鉴定委员会确认，可以安装假肢、矫形器、假眼、假牙和配置轮椅等辅助器具，所需费用按照国家规定的标准从工伤保险基金支付。

(2)因工致残抚恤待遇。

工伤职工已经评定伤残等级并经劳动能力鉴定委员会确认需要生活护理的，从工伤保险基金按月支付生活护理费。生活不能自理的工伤职工在停工留薪期需要护理的，由所在单位负责。生活护理费按照生活完全不能自理、生活大部分不能自理或者生活部分不能自理3个不同等级支付，其标准分别为统筹地区上年度职工月平均工资的50%、40%或者30%。职工因工致残被鉴定为不同等级伤残的，分别享受不同的待遇。

(3)因工死亡抚恤待遇。

职工因工死亡，其近亲属按照下列规定从工伤保险基金领取丧葬补助金、供养亲属抚恤金和一次性工亡补助金：丧葬补助金为6个月的统筹地区上年度职工月平均工资；供养亲属抚恤金按照职工本人工资的一定比例发给由因工死亡职工生前提供主要生活来源、无劳动能力的亲属，抚恤金之和不应高于因工死亡职工生前的工资；一次性工亡补助金标准为上一年度全国城镇居民人均可支配收入的20倍。

5. 监督管理

工伤保险实行属地管理，以中心城市或者地级市为主实行工伤保险费用社会统筹。《企业职工工伤保险试行办法》具体规定了工伤保险经办机构主要的6项职责：(1)根据省、自治区、直辖市人民政府规定，征收工伤保险费；(2)核查用人单位的工资总额和职工人数，办理工伤保险登记，并负责保存用人单位缴费和职工享受工伤保险待遇情况的记录；(3)进行工伤保险的调查、统计；(4)按照规定管理工伤保险基金的支出；(5)为工伤职工或者其近亲属免费提供咨询服务。(6)按照规定核定工伤保险待遇。

6. 工伤保险争议处理

工伤职工及其亲属在申报工伤和处理工伤保险待遇时与用人单位发生争议的，按照劳动争议处理的有关规定办理。工伤职工及其亲属或企业对劳动行政部门做出的工伤认定和工伤保险经办机构的待遇支付决定不服的，按照行政复议和行政诉讼的有关法律、法规办理。职工对劳动鉴定委员会做出的伤残等级鉴定结论不服的，可以向当地劳动鉴定委员会办公室申请复查；对复查鉴定结论不服的可以向上一级劳动鉴定委员会申请重新鉴定。复查鉴定最终结论由省级劳动鉴定机构做出。

四、工伤预防

工伤预防是工伤保险的三大目的之一，它指采取积极的措施事先防范职业伤亡事故以及职业病的发生，减少事故及职业病的隐患，改善和创造有利于健康的、安全的生产环境和工作条件，保护劳动者在生产、工作环境中的安全和健康。2013 年全国安全生产工作会议数据显示，2012 年全国亿元 GDP 事故死亡率降幅 18%，安全生产取得一定成效。但事故总量仍很大，全年发生 33 万起事故，平均每天接近 1000 起；死亡 7.2 万人，平均每天 200 人在事故中丧生。此外，重特大事故时有发生，全年共发生 59 起，平均 6 天左右 1 起，频率较高①。2004 年实施的《工伤保险条例》仅在第 1 条中提及“促进工伤预防”工作，2010 年 12 月 20 日修订的新《工伤保险条例》在第 12 条中增加工伤保险基金可用于“工伤预防的宣传、培训等费用”的表述，并规定“工伤预防费用的提取比例、使用和管理的具体办法，由国务院社会保险行政部门会同国务院财政、卫生行政、安全生产监督管理等部门规定”。工伤保险制度作为一项社会保障制度，其工伤预防功能在减少事故方面发挥着重要不可替代的作用，许多发达国家的工伤保险制度把工伤补偿和工伤预防、职业康复紧密结合在一起，并将重点放在落实工伤预防功能上，并尽最大努力提供工伤康复。

1. 工伤预防存在的问题

当前我国工伤预防工作正值试点实践阶段，政府部门的监控措施还不够到位，相关立法工作缺乏可操作性，预防资金投入不大，政府内部的协调工作体制也尚未形成。新《工伤保险条例》首次将工伤预防列入工伤保险基金支出项目，并没有明确具体操作规程，如工伤预防费提取比例、使用范围与监督管理的具体办法等，只明确了工伤保险具有工伤预防功能，但如何发挥工伤预防功能进而促进工伤预防工作却缺乏详细规定。

工伤预防的主要责任在于用工单位，受生产经营利润最大化驱使，实践中大部分用工单位对生产安全、工伤预防与劳动保护的投资过少，存在安全生产意识薄弱、安全生产监管机构不全、安全生产管理不善和安全生产制度缺失、劳动者生产环境恶劣及生产设备安全性能差等问题，造成工伤事故不断、职业病频发。

虽然工伤事故与职业危害的责任也主要在于用工单位，但造成工伤与职业伤害的原因还有劳动者个人因素在里面。由于绝大部分劳动者文化素质不高，

---

① 赵永生．工伤预防的新形势与机制创新难点及思路[J]．中国医疗保险，2013(7)．

掌握的相关政策法律知识不多，安全生产意识不高。通常情况下，他们都不懂得或者不敢要求用工单位为他们缴纳工伤保险费，以至于发生事故时只能忍气吞声，无法享受工伤待遇。

2. 构建“三位一体”的安全监管与事故预防机制

我国工伤预防在实践中面临的困境，政府相关部门和用工单位必须引起重视，承担相应的责任。为此，要加大政府监管与投资力度，强化用工单位安全生产观念，改善员工工作安全环境，加快构建“用工单位—社保经办机构—安全生产监管部门”三位一体的安全监管与事故预防机制(如图 6-2 所示)，促进社会保险经办机构与安全生产监管部门等相关政府部门之间协调好预防工伤事故方面的工作，为劳动者的生命安全与职业健康提供全面保障。

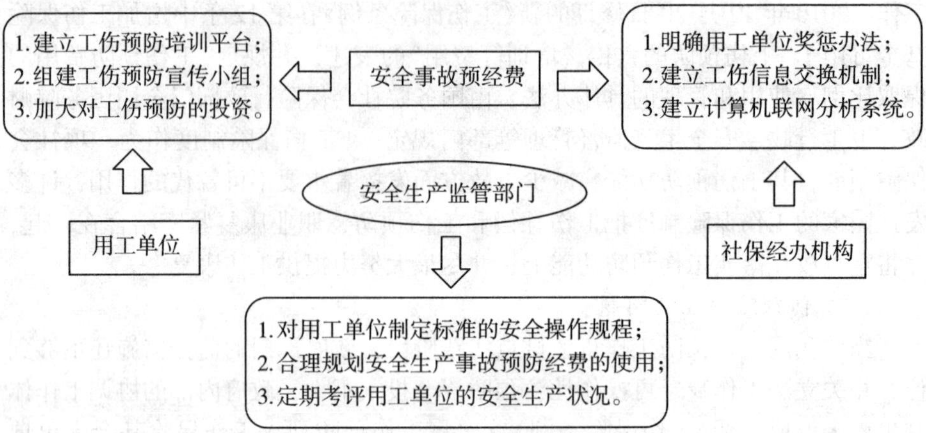

图 6-2 三位一体的安全监管与事故预防机制图

对用工单位而言，要建立工伤预防培训平台，加强劳动者的安全生产技术与技能培训，提高他们的安全生产综合素质。加强宣传安全生产与工伤预防知识，在单位内部成立专门从事宣传工作的宣传小组，通过报告、座谈、讲座、展览、广播、电视电影与互联网等多种宣传渠道，定期进行安全生产、工伤预防、职业病预防及工伤保险政策法规等相关知识宣传。

对社会保险经办机构而言，要明确用工单位奖惩办法，可以利用计算机联网分析系统，对用工单位的工伤风险进行动态评估，适时核查用工单位安全生产状况，也有利于社保部门与安全监管部门之间建立信息数据交换、资源共享。

对安全生产监管部门而言，应当督促用工单位制定标准的安全操作规程，合理规划、使用预防生产事故的经费，并对用工单位的安全生产状况做定期考评。

复习思考题

1. 工伤保险的类型有哪几种？

2. 工伤保险制度建立遵循哪几条原则？

3. 国外的工伤保险制度有哪几种？各有什么利弊？

4. 新《工伤保险条例》对我国工伤保险制度做了哪些重大变革？

5. 如何合理安排政府、企业与监管部门的职责以达到有效预防工伤发生的目的？

【案例】

过 劳 死

当前，“过劳死”作为一种现象，国人对其已经不再陌生，新浪微博关于“过劳死”的搜索已经超过150万，国内外许多专家和学者对“过劳死”的法律规制提出了广泛的看法。然而我国法律并没有对“过劳死”做出明确的规定。“过劳死”一词源自日本，最早出现于20世纪七八十年代日本经济繁荣时期，主要表现为因为工作时间过长，劳动强度过重，心理压力太大，从而出现精疲力竭的亚健康状态，由于积重难返，将突然引发身体潜在的疾病急性恶化，救治不及时而危及生命。

日本是世界上开展“过劳死”研究较早的国家，1987年开始对“过劳死”问题展开工伤认定，1995年正式以“过劳死”的名称进行工伤认定，此时不包括“过劳自杀死”，从1999年开始，日本分别依据“‘过劳死’工伤认定基准”和“‘过劳自杀死’工伤认定基准”进行工伤认定和赔偿。但是，1995年和1999年“过劳死”工伤认定都将“过劳”作为事故前一周的突发事件来对待，并没有考虑到过劳是一个日积月累的蓄积过程。于是，2001年修订的“过劳死”认定标准中在原因中增加了“日积月累的工作疲劳和紧张”这一项，将过劳死与劳动状态的因果关系的判断时间间隔从原则上“症状前一周”扩大到“症状前6个月”，“过劳死”的原因包括“工作中日积月累的疲劳和紧张”，其判断的标准可以是死亡前一个月加班工作时间超过100小时或者死亡前的2至6个月中每月加班超过80小时，另外，工作条件、工作环境、工作是否有规律、出差次数等都可作为参考因素，使“过劳死”的工伤认定更加科学化。除日本之外，欧盟、美国和我国台湾地区也有规范“过劳死”的立法。

目前，过劳成为我国各行业普遍现象，据统计：日本每年约有1万人因过劳而猝死，而我国目前已经超过60万。典型的真实或疑似案例如：2011年“普华永道25岁女硕士过劳死”案，“华为员工胡新宇过劳死”案，“女工甘红英猝死案”以及“戴尔公司中国总部前员工郑杰过劳死”案，都在社会上引起了较大反响，“过劳死”已经成为工薪阶层面临的一个巨大问题。

我国的法律条文中目前关于“过劳死”的规定几乎为空白，2002年卫生部、劳动保障部印发的《职业病目录》也没有收录“过劳死”的条目，对如何认定“过劳死”也是空白。唯一能给“过劳死”提供一定程度法律支持的条文是《工伤保险条例》(国务院2003年颁布、2010年修订)第十五条第一项的规定：“职工有下列情形之一的，视同工伤：(一)在工作时间和工作岗位，突发疾病死亡或者在48小时之内经抢救无效死亡的。”就该条款规范解释看，其包含几层含义：一是职工在工作时间和工作岗位上突发疾病死亡或者在48小时之内经抢救无效死亡，视同工伤；二是职工在工作时间和工作岗位以外突发疾病死亡的不属于视同工伤的情形；三是职工在工作时间和工作岗位突发疾病抢救超过48小时后死亡的，不能视同为工伤。从上述规定看，其并非严格的“过劳死”的规定，只是简单地将“在工作时间和工作岗位上，突发疾病死亡或者在48小时之内经抢救无效死亡”的情形视同工伤。该规定主要是考虑了死亡发生在工作时间和工作岗位上，与工作有一定的关联性，从保护劳动者的角度，对工伤的认定作了扩大性解释，此外，以48小时作为时间节点，容易做出判断，有利于法律适用。但国内各界对此条文能否适用于“过劳死”仍然存在着广泛争议。国家应适时修改《工伤保险条例》，将“过劳死”纳入工伤保险范围，并明确认定标准，从而更好地发挥工伤保险制度的功能，有效预防和遏制“过劳死”现象的高发，保护劳动者的合法权益。鉴于目前“过劳死”并未纳入工伤保险范围，对于劳动者因过劳死亡的，如果能够证明用人单位存在严重违反国家劳动法的相关规定，如缺乏必要的劳动保护措施，要求员工长时间加班加点工作，应当由行政部门追究用人单位行政责任，受害者家属也可以向法院主张民事赔偿。在对“过劳死”的规制上，我国可以借鉴同样经历过经济快速发展的日本的先进经验，通过尽快将其纳入工伤认定等做法更好地保障劳动者的权益。

第七章 生育保险和其他法定福利

引言：本章内容共有两部分。第一部分是生育保险的概述及生育保险的管理实践，首先对生育保险的概念、内容、特点以及实行生育保险的作用和意义进行了叙述，然后将我国生育保险在企业中的管理实践与德国、英国、瑞典、美国等国家的生育保险实践进行了对比分析。第二部分主要阐述休假制度的现状，结合我国休假制度的特色，对休假制度的内容进行介绍，同时也陈述了我国休假制度的发展历史，尤其针对我国带薪休假这一制度的不足提出了相应的完善措施。

第一节 生育保险概述及管理实践

一、生育保险概述

1. 生育保险的概念

生育保险是指根据法律规定，在女性职工由于怀孕、分娩和育婴暂时无法从事正常的社会劳动，造成劳动力的中断、失去正常的收入来源时，由国家和社会及时提供必要的物质帮助的一种社会保障制度①。生育保险提供的物质帮助包括实物帮助和现金补助两部分。实物帮助主要是指提供必要的医疗保健服务和其他实物方式；现金补助是指向女性职工定期支付的生育津贴，以保持其基本生活水平。

2. 生育保险基本待遇

由于各国经济发展水平不同和政治、文化各方面的差异，生育保险的具体项目和保障水平有所不同。最基本的内容包含三个部分：

一是产假。产假是指在职妇女产期前后的所享受的有薪假期。我国现在正在正式实施的产假标准依据的是 2012 年 4 月 18 日国务院常务会议审议并原则通过的《女职工劳动保护特别规定(草案)》。该草案将女性职工的生育产假由

---

① 阮凤英，王慎民，李和森. 社会保障通论[M]. 山东大学出版社，2004.

原来的90天延长至98天，并对相关待遇进行了规范。该草案规定，我国所有的女性职工在劳动关系存续期间，全部享有产假待遇。相比较之前剥夺未婚生育、超生等违反计划生育相关法律法规的女性职工产假权利的规定，新的规定更体现了人性关怀。产假的一般规定为：(1)女职工生育享受98天产假，其中产前可以休假15天；(2)难产，增加产假15天；(3)生育多胞胎，每多生育1个婴儿，增加产假15天；(4)怀孕未满4个月流产的，享受15天产假；(5)怀孕满4个月流产的，享受42天产假；(6)晚育产假，由各省、自治区、直辖市根据本省计划生育条例规定。

二是生育津贴。指对因生育而中断劳动活动，暂时离开工作岗位的女性职工给予生活费用，维护和保证妇女及婴儿的正常生活。在我国，生育津贴的支付方式和支付标准主要有两种：一是实行生育保险社会统筹的地区，支付标准按照本企业上年度职工月平均工资标准支付，期限不少于90天；二是在没有开展生育保险社会统筹的地区，生育津贴由本企业或单位支付，支付标准是女性职工生育之前的基本工资加上物价补贴，期限也为90天。

三是医疗服务。是指为女性职工提供妊娠、分娩和产后的医疗照顾和必要的住院治疗。大多数国家为女职工提供从怀孕到产后的一系列的医疗保健及治疗。在我国，生育保险的医疗项目主要包括检查、接生、住院、药品、计划生育手术费用等。女性职工怀孕后，体内身体系统发生变化，身体器官负担加重，提供相应的生育医疗服务有利于保证女性职工和婴儿的身体健康。

生育保险根据“以支定收，收支基本平衡”的原则筹集资金，由企业按照其工资总额的一定比例向社会保险经办机构缴纳生育保险费，建立生育保险基金。生育保险费的提取比例由当地人民政府根据计划内生育人数和生育津贴、生育医疗费等项费用确定，并可根据费用支出情况适时调整，但最高不得超过工资总额的1%。

按照国家规定，职工必须参加生育保险，生育保险费由企业按月缴纳，职工个人不缴纳生育保险费。机关、事业单位(财政拨款)以在职职工缴纳基本养老保险费的基数作为缴纳生育保险费的基数，按照0.4%的比例缴纳生育保险费；企业、自收自支、企业化管理的事业单位、民办非企业单位和个体经济组织以在职职工缴纳基本养老保险费的基数作为缴纳生育保险费的基数，按照0.8%的比例缴纳生育保险费；灵活就业人员以基本养老保险费的基数作为缴纳生育保险费的基数，按照0.4%的比例缴纳生育保险费。灵活就业人员自己缴纳生育保险费。

3. 生育保险的特点

生育保险属于保障劳动者健康范畴，与疾病保险有许多相同的特点，都是给丧失劳动能力的职工提供物质帮助，保障职工的正常生活；生育保险也与医疗保险密切相连，由医院提供一定的医疗保健服务，但是生育保险又与医疗保险等其他保险不同，有其自身的特点，具体表现在：

第一，生育保险的实施对象主要是女性职工。生育保险对女性职工实行经济帮助，而享受生育医疗服务和产假的也主要是女性职工。但随着社会经济的发展，在世界上有些国家和地区，允许在女性职工生育后，给予男性职工一定假期，照顾和陪伴生育后的妻子和婴儿。2012 年 4 月 18 日，国务院颁布了《女职工劳动保护特别规定》，删除了“女职工违反计划生育规定的，其劳动保护应当按有关计划生育规定办理，不适用本规定”的条文，意味着职业女性有未婚生育、超生等违反计划生育相关法律法规的情形，也不剥夺其享受产假的权利，但是在国家机关、事业单位及国有企业等单位工作的职业女性除外。

第二，生育保险提供的医疗服务一般不需要特殊治疗，而以保健、咨询、检查为主，侧重于修养和营养补充，明显区别于医疗保险以治疗为主所提供的医疗服务。因为分娩属于自然现象，产前检查以及分娩时的接生与助产，都是通过医疗手段帮助产妇顺利生产，生育期间的劳动中断属于正常的生理改变，并非疾病、伤残等非正常生理变化。

第三，生育保险实行产前和产后都应享受的原则。生育行为的特殊性决定了生育保险必须同时具有善前和善后的特点。女性职工在临产分娩前一段时间，由于行动和生理反应，已经不能正常工作；在身孕、分娩后一段时间，又需要一段时期恢复身体、照顾婴儿。这决定了生育保险的产假理应包括产前和产后两个阶段。而其他保险项目诸如失业保险、工伤保险的津贴只有在失业和工伤后才提供。

第四，生育保险制度建制时间的滞后性。妇女是在经济发展水平达到相当程度后才参加社会生产和工作的，并且生育保险是和社会福利密不可分的，社会福利制度也是在经济发展到较高水平之后才建立起来的。相对于医疗保险、养老保险、工商保险和失业保险，生育保险制度出台晚些。

二、我国职工生育保险存在的问题及完善

1. 我国职工生育保险存在的问题

(1)对职工生育保险认识不足。主要表现在以下几个方面：非生育阶段的职工由于不能从生育保险中得到补偿而认为缴纳或者不缴纳生育保险与自己没有关系，认为只缴纳了养老、医疗等保险就足够，而据相关部门统计，我国生育保险参保人数占养老保险的 1/4，占医疗保险的 1/3；处于生育阶段的职工对其自身享有的受法律保护的特殊权益缺乏了解，没有考虑企业应该为其参保

生育保险，也不奢望在生育期间可以享受生育保险待遇；参保单位对生育保险认识不到位，未能给予足够重视，容易形成重养老、医疗、工伤，轻生育的偏见，只缴纳其他社会保险，不缴纳生育保险，或只为部分职工缴纳生育保险。

(2)生育保险保障水平偏低。生育保险科目相对单一，结构不够合理，据统计，从当前医疗消费水平来看，生育保险基金支付的生育费用达不到实际费用的一半，因此生育保险待遇水平仍有较大提升空间。无论是生育保险知识普及，还是生育保险待遇的优化等方面，生育保险工作仍然大有潜力。

(3)生育保险覆盖范围有限。《中国妇女发展纲要(2001—2010)》提出2010年城镇职工生育保险覆盖面达到90%。已婚的城镇企业女职工为主要对象，女性自主创业者、非正规就业和乡镇企业的女性职工不包含在内；生育保险的企业里，相比集体企业和非公有制企业，国有企业所占比重最大。而发达国家生育保险的覆盖面基本上是将全体妇女囊括在内。

(4)保险基金结余率过高，企业负担较大。虽然生育基金运行的基本原则是"以支定收，收支平衡"，但从生育保险工作的实际情况来看，生育率逐年降低而生育基金的提取比例多年不变。随着工资总额的增长，生育保险基金提取数额不断增加，待遇支付水平偏低，使得生育保险基金结余比较多。2014年度人力资源和社会保障事业发展统计公报显示，2014年生育保险基金收入446亿元，支出368亿元，分别比上年增长21.1%、30.2%。

2. 生育保险制度的完善

(1)提高生育保险立法层次。目前实行生育保险除了依据劳动部统一颁布的《企业职工生育保险实行办法》外，各地方还依据本地政府制定的地方性法规。但是由于行政法规和规章的法律效力低，缺乏强制力，在实行的过程中，容易造成各地生育保险执行标准不统一、执行力度不一致。因此，要加强立法、提高立法层次，将全国所有的生育保险法律都设立起来，使保护妇女就业权利不受侵犯具有法律依据。

(2)确定合理的支付标准。与国际社会相比，我国的生育保险支付水平明显偏低，不仅减弱了生育保险的作用，而且抑制了企业参保的积极性。生育保险待遇保障水平要与社会发展相适应，随着社会经济的发展，应该结合实际情况，合理制定生育保险待遇的支付标准，逐步提高支付水平，用高水平的生育保险待遇鼓励和提高职工参加生育保险的积极性。

(3)进一步扩大生育保险的参保范围。多渠道、多形式扩大和增强生育保险宣传力度，提高职工和企业对生育保险的认识，纠正重医疗、工伤，轻生育的偏见；将企业全体员工及其他育龄妇女纳入生育保险的保险对象；针对员工频繁流动现象造成的"断保"现象，出台生育保险关系转移接续手续。

(4)建立科学的生育保险基金管理体系。对生育保险基金结余过多的情况进行科学的调查分析，确定影响因素，并严格按照生育保险基金的运行原则管理基金的收支；企业缴纳的生育保险金，在扣除实际支付额、风险备用金等后，若有结余，应该由社会保险机构将结余额返还给企业，以降低基金结余率。

三、生育保险的意义和作用

女性职工不仅要从事经济活动，还肩负着生儿育女、不断延续劳动力再生产的重要职责。生儿育女不仅是个人、家庭的私事，更是关系社会存在和发展的大事。虽说生儿育女是女性职工的神圣天职，但是生儿育女也是有风险的。一方面，女性职工在怀孕、分娩、育婴期间不能正常参加社会劳动，将失去必要的收入来源，而且生育还需要必要的医疗支出；另一方面，女性职工在生育期间不仅精神、心理上承担负担，有时甚至出现肌体伤残和生命危险。女性职工付出了巨大代价，理应受到保护，生育风险理应由社会来承担和补偿。因此，建立和实施生育保险具有十分重大的意义。

第一，保护了女性职工的安全和基本权利，使其健康渡过生育时期。女性职工从怀孕到生育，身体器官负荷变大，体力消耗很大，特别需要照顾和营养。生育保险提供了孕期检查、医疗服务、生育津贴和有薪休假，从根本上保障了女性职工在生育期间的经济补偿和医疗保健，保障基本生活水平，解除了女性职工因生育而影响工作和生活的后顾之忧。

第二，分散风险，维护社会稳定。世界上每年都有上百万妇女死于分娩或者分娩并发症，有的因为分娩而留下伤残。当产妇出现高位妊娠或者是分娩引发其他疾病时，会造成高额的医疗手续费用，生育保险把由于个体身上的风险而导致的经济损失风险集中分摊到社会更大的范围，通过转移风险，达到社会共济互助的目的，维护社会稳定。

第三，有利于提高人口素质，延续后代，保障社会劳动力的再生产。社会劳动力的再生产是社会得以生存和发展的基础。而延续后代，保障劳动力再生产的任务就落到了妇女的身上。提高劳动者素质应该首先提高妇女素质，保护女性身体健康。而中国新闻网 2011 年调查数据显示，我国每年约有 3 万妇女死于宫颈癌。妇女儿童健康指标不仅是国际社会公认的最基础的健康指标，更是衡量社会经济发展和人类发展的重要综合指标。如果女性职工在生育期间的基本健康水平得不到保障，而降低必要的保健和营养标准，会直接影响到婴儿的健康生存和成长。这就要求采取从怀孕、产妇健康到胎儿和新生儿的保健的一系列措施，保障新生儿的健康。生育保险不仅保障了妇女的生命和身体健康，而且也有利于保护下一代，使社会劳动力得到良好的延续。

第四，体现妇女社会价值，促进妇女平等就业，企业公平竞争。生育关系社会劳动力的延续和社会再生产，人口素质直接关系国家富强、社会发展。生育作为一种特殊的劳动应该得到社会的认可、尊重和合理的补偿。生育保险制度解除了妇女生育的后顾之忧，有利于克服社会各领域的性别歧视现象，提高妇女竞争上岗的能力，增强了女性职工自我保障和独立自强的意识，有利于调动妇女的劳动积极性，发挥女性职工的聪明才智，促进男女平等就业、同工同酬。

四、生育保险管理实践

1. 我国企业的生育保险实践

各个省市的具体的企业职工生育保险管理办法并不相同，作为职工只要参加生育保险并符合规定，都可以在用人单位申报生育保险待遇手续，按照生育保险报销流程办理。

所谓生育保险报销流程，就是指用人单位和职工本人就女性职工在生育期间的生育费用、生育津贴等相关费用、男性配偶在女性职工生育期间的看护假假期津贴向统筹地区生育保险基金报销的程序。

生育医疗费，应当在女职工妊娠至生育或者终止妊娠前申办；生育津贴、一次性分娩营养补助费和异地就医的生育医疗费，应当在女职工生育或者终止妊娠后1年内申办；计划生育手术费用，应当在手术前申办；男职工假期津贴，应当在其配偶生育后1年内申办。预期申办的，社会保险申办机构将不予受理。由于用人单位原因没有在规定期限内到当地社会保险经办机构为其参保职工申办生育保险待遇的，该职工的生育保险待遇由用人单位按照所在统筹地区的待遇项目和标准支付。

在具体报销时，参保人在自己选定的医保定点医院发生生育保险费用后，先自行现金垫付费用，并妥善保存生育保险医疗费用明细、处方、原始收据及相关证明，在职工产假结束回到工作岗位后，由所在单位到相关单位申报生育保险待遇。申报时应该提供《计划生育服务手册》原件、复印件，婴儿出生医学证明原件、复印件及医疗费发票，剖腹产还需要提供医院出具的剖腹产证明。引流产需要提供《计划生育服务手册》原件、复印件，诊断书、门诊病历原件复印件以及医疗费发票。女职工生育出院后，因生育引起疾病所发生的医疗费用，按照城镇职工基本医疗保险的有关规定办理。

2. 各国生育保险实践

(1)德国。

德国是世界上最早建立社会保险制度的国家，也是社会保障体系最为完善的国家。早在1887年，德国就已经将妇女生育保险列入疾病保险法，发放分娩补助金。1965年，将接入疾病保险内的分娩补助金作为独立的保险项目，更名为生育补助金，1969年起开始实行。德国的生育保险基金来源于个人、雇主和政府。凡是在生育前参加了生育保险并且缴纳了保费的企业职工均可享受生育保险制度规定的产假和津贴福利。

生育补助金按被保险人工资的100%发放，共计14周。其中产前6周，产后8周，被保险人可领取相当于分娩前3个月净工资的工资额。如遇早产或一胎以上时，则生育补助金产前发放6周，产后发放12周。同时，妇女在产后可享有6个月的休假期，休假期间享受一定的现金补助。

(2)英国。

英国首次关于生育保险的立法是在1911年，之后经过多次修改，不断完善。英国的生育保险没有单独立法，而是与疾病保险合并立法，采取的是社会保险现金补助和普遍医疗保健制度相结合的生育保险制度。生育保险基金来源于受保人、雇主和政府。享受对象是在生育前有一定时间的参保或就业记录的本国妇女。

在英国，新生婴儿可以获得250英镑的首笔津贴，低收入家庭的新生婴儿则可以得到500英镑。产妇每产下一个婴儿，可以领取每周25英镑的津贴，共领取18周。另外，产假长9个月，其中有6个月为带薪休假。政府负担每个产妇的平均医药费。

(3)瑞典。

瑞典关于生育保险的首次立法有两部：一部是1891年关于现金补助的法律，另一部是1931年关于医疗补助的法律。瑞典采用社会保障和普遍保障相结合的生育保险制度，提供现金补助和医疗保健。法律规定，对于生育现金补助或者父母现金补助，所有居民都有资格得到法定的基本补助。

瑞典的生育保险制度规定，所有工作的父母每生育一个子女都享有16个月(480天)的带薪产假，有的产假最高可以请到672天，费用由国家和雇主分摊。其中，前390天的薪水为原工资的77.6%，后90天为固定薪水(每天补助180克朗，约合人民币162元)。育婴假有450天，小孩满8岁前都可以使用。瑞典法律还规定，16个月中有两个月必须由父亲享有，强制“准爸爸”休假。孕妇有权在产前和产后各带薪休产假7个星期，还有权要求休假用母乳喂养孩子。

(4)美国。

美国的生育保险分为商业和政府保险两种。因为商业保险是公司行为，如果已怀孕，不可能买到商业保险。美国政府保险带有福利性质，原则上是仅给美国公民和持绿卡者。美国女性一般会购买医疗保险，而医疗保险中包含生育保险。当她们怀孕后，会收到一份由保险公司提供的所在地详尽的妇产科医生及医院目录名单，据此寻求自己合适的医生和医院。

(5) 日本。

在日本，产前、产后各给生育妇女假期 42 天。产假期间的工资待遇按月工资的 60%~80%发放。此外生育补助费和育婴抚养津贴再发放半个月到一个月。正常分娩的职工，保险机构给付最低保障额为 6 万~10 万日元的生育补助金，孪生子女给付双份生育补助费和育婴抚养津贴。难产女职工，生育保险不支付任何费用，其医疗费用由保险机构按伤病医疗对象办理。

在国际社会保障发展史上，妇女生育保险是现代工业化社会的产物。现今全世界已经有 150 多个国家和地区建立社会保障制度，大部分包含生育保险内容。虽然由于经济发展水平和社会制度的区别，具体生育保险制度的实际运作和制度规范也不可能完全相同。生育保险制度的制定必须坚持从国情出发，保证经济发展水平与待遇保障标准的协调统一。可以看到西方发达国家的生育保险制度比较全面，给付项目主要包括生育津贴、医疗护理、生育补助和生育休假四个方面，充分保障了妇女的权益。

第二节 休假制度

一、休假制度概述

中国在经过改革开放三十多年以后，经济、社会、阶层发生了巨大变化，为了适应社会的发展，国家对休假制度的改革也在进一步深化。

1. 休假制度的概念

(1)休息权。

《世界人权宣言》第 24 条规定：“人人享有休息和闲暇的权利，包括工作时间的合理限制和定期给薪休假的权利。”我国《宪法》第 43 条规定：“中华人民共和国劳动者有休息的权利，国家发展劳动者休息和休养的设施，规定职工的工作时间和休假制度。”可见休息权是劳动者的基本权利。休息权是指：“劳动者在劳动中经过一定的体力和脑力消耗以后，依法享有的获得恢复体力、脑力以及用于娱乐和自己支配的必要时间权利。”休息权作为人权的重要内容，与人们的生活息息相关。

(2)休假制度。

休假制度是为了保障劳动者的休息权，规定劳动者何时休假、如何休假和违法休假制度的法律后果的一整套法律规制的总和。休假制度从广义上讲，涉及有关公民休假的各个方面的制度，包括固定和非固定的休假日期，休假的时间跨度，必须完成的工作时间以及工作时间的计算方法，各种休假制度的保障机制，包括加班工资的计算方式和休假期间薪酬的计算方法。此外，休假制度还应包括休假产业政策。

2. 休假制度的内容

(1)循环休假制度。

指以一段工作时间为周期，每个循环周期获得相同天数的休假制度。目前世界上大多数国家普遍以星期作为循环周期，每星期周一到周五为工作日，然后是两天假期。循环休假能发挥优势的一个主要原因还在于其基本上达到了全球范围内的统一，方便各国的业务交流，这对于国际贸易、国际协作有很大促进作用。循环休假制度因为工作性质的不同，也有不同的循环方式，例如我们经常见到的倒班工作方式，一般就会采取较短的循环周期，但是，无论周期如何，法律一般规定一年中循环休假的总天数要与采取五天工作的星期制持平。

(2)法定节日休假制度。

指根据各国、各民族的风俗习惯或纪念要求，由国家法律统一规定的用以进行庆祝及度假的休息时间。法定节假日制度是国家政治、经济、文化制度的重要反映，涉及经济社会的多个方面，涉及广大人民群众的切身利益。在广泛征求各界意见和社情民意的基础上，《全国年节及纪念日放假办法》于2013年经第三次修改，于2014年1月1日起执行。

全体公民放假节日如下：

新年，放假1天(1月1日)；春节，放假3天(农历正月初一、初二、初三)；清明节，放假1天(农历清明当日)；劳动节，放假1天(5月1日)；端午节，放假1天(农历端午当日)；中秋节，放假1天(农历中秋当日)；国庆节，放假3天(10月1日、2日、3日)。

(3)年休假制度。

指在一年中，劳动者可以享受一定期限休假的制度。在休假期间，用工单位仍给付劳动者报酬，习惯称为带薪年休假。我国的带薪年休假制度在劳动法中早有规定，我国《劳动法》第45条规定国家实行带薪年休假制度。劳动者连续工作1年以上的，享受带薪年休假。具体办法由国务院规定。2008年1月1日实施的《职工带薪年休假条例》规定机关、团体、企业、事业单位、民办非企业单位、有雇工的个体工商户等单位的职工连续工作1年以上的，享受带薪年休假。单位应当保证职工享受年休假。职工在年休假期间享受与正常工作期间相同的工资收入。职工累计工作已满 1 年不满 10 年的，年休假 5 天；已满 10 年不满 20 年的，年休假 10 天；已满 20 年的，年休假 15 天。国家法定休假日、休息日不计入年休假的假期。对职工应休未休的年休假天数，单位应按工资收入的 300%支付工资报酬。我国在 2008 年正式出台了《职工带薪年休假条例》，紧接着又出台了《职工带薪年休假实施细则》，随着这两部法规的出台，中国的年休假制度已比较完善，解决了职工年休假的许多问题。

(4)永久休假制度。

指劳动者在工作一定年限或达到一定年龄，或者由于身体健康原因，劳动者不再参加劳动，永久休假下去。永久休假制度最基本的内容就是退休制度。永久休假制度是对劳动者人权的尊重，也是对劳动者一生劳动的回报。世界各国都比较重视退休制度的建设。

2002 年 1 月 1 日起施行的《中华人民共和国法官法》第 42 条规定，“法官的退休制度，根据审判工作特点，由国家另行规定”。同日施行的《中华人民共和国检察官法》第 45 条规定，“检察官的退休制度，根据检察工作特点，由国家另行规定”。

企业职工的退休年龄按照劳动和社会保障部办公厅劳社厅函[2001]125 号文的解释，“国家法定的企业职工退休年龄”，是指国家法律规定的正常退休年龄，即：“男年满 60 周岁，女工人年满 50 周岁，女干部年满 55 周岁”。根据相关法律规定，从事井下、高空、高温、特别繁重体力劳动或其他有害身体健康工作的，退休年龄为男年满 55 周岁、女年满 45 周岁；因病或非因工致残，由医院证明并经劳动鉴定委员会确认完全丧失劳动能力的，退休年龄为男年满 50 周岁、女年满 45 周岁。

目前关于 2015 年退休新规定：第一，从 2015 年开始，1965 年出生的女性职工和居民应当推迟 1 年领取养老金，1966 年出生的推迟 2 年，以此类推，到 2030 年实现女性 65 岁领取养老金。

第二，从 2020 年开始，1960 年出生的男性职工和居民推迟 6 个月领取养老金，以此类推，到 2030 年实现男性职工和居民 65 岁领取养老金。

公务员退休制度的有效实施，结束了干部人事制度领域的人治，为干部人事制度领域奠定了法治的基础。企业职工的退休制度保障了劳动者在年老和长期劳动后身体的休养、恢复，是对劳动者休息权的重要保障。

(5)特别休假制度。

指针对劳动者的特殊情况规定的休假，其功能比较单一，需专假专用。如：病假、婚丧假、产假、探亲假、寒暑假等。

(6)休假保障制度。

指休假保障方面的相关制度，是休假制度的重要组成部分，这些制度虽然不直接规定休假内容，却是休假制度执行的有力保障。其中包括：休假时间安排制度、国家工时制度、关于延长工作时间、休假时间的劳动报酬和加班报酬的规定等。

3. 休假的功能

(1)劳动力再造功能。

现代社会环境质量不断下降、工作强度逐渐增大、生活节奏也在加快，在紧张的工作之后，如果劳动者得不到充分的休息，不仅会影响劳动者的身体健康，造成劳动能力的丧失，而且还容易造成生理上和心理上的损伤，情况严重者可能会发生工伤事故。因此我国的《宪法》、《劳动法》都赋予劳动者休息休假权，以保障劳动者身心健康。

(2)社会化功能。

现代社会高度的城市化、封闭的居住条件导致了社会关系的缩减。大城市虽然在空间上将人类聚集在一起，但实际上人们更加分隔、孤立。目前，聚集三代甚至四代人的大家庭几乎消失，取而代之的是父母和孩子两代人共存的核心体系。因此，休假可以为工业化背景下的人们提供难得的与家人、与朋友交流感情、增进友谊的时间。这也是实现人的社会需求的重要条件之一。

(3)消费功能。

休假的经济意义体现在其消费功能上。节假日里，人们大多利用大段的时间进行消费。例如报旅行团的目的是为了旅游观光。2011 年黄金周期间，全国有超 3 亿人次出游，创下历史新高。而商务部的统计数据显示，全国零售和餐饮业销售额近 7000 亿元，出游人数与销售额两项数字均创历史纪录，大大增加了我国的财政收入。此外，休假的消费功能，促进了广大农村地区经济的发展。我国有 70%的旅游资源分布在农村，黄金周长假为中长途旅游创造了条件，推动了广大农村旅游及相关产业的发展，涌现了一大批以旅游、文化、商贸等为特色的县、乡、村。据测算，全国乡村旅游年接待现已超过 5 亿人次，旅游收入超过 3000 亿元人民币，旅游带动发展的村(寨)超过 2 万个，脱贫致富的农民超过 600 万。正因为休假的消费功能，所以在 1997—1998 年，我国受东南亚经济危机的影响，国内经济趋冷，需求不振，黄金周制度的建立，在一定程度上促进了内需，繁荣了经济。

(4)发展功能。

人们在休假时间里，在劳动力再造功能、社会化功能和消费功能得到很好实现以后，广泛参与智力、艺术、体力的发展活动，从而使自己的知识储蓄得到提高，道德情操得到升华。

因此，足够多的休假时间可以鼓励业余爱好的发展，并反过来增强劳动者在工作上的效率和竞争力。

二、我国的休假制度

1. 我国休假制度的历史变迁及发展

我国休假思想历史悠久，从我国休假制度的发展历史看，早在奴隶社会晚期就开始出现了休假制度的雏形，随后封建社会的各朝各代都对休假制度的各个方面不断进行完善。

从清末洋务运动开始，中国逐渐开始实行以七天为一周期的循环休假制度，星期制的循环休假制度逐渐从官员普及到各行各业，新式大学还采用了西方各国普遍使用的寒暑假制度。民国建立以后，加强了对全国休假的统一，特别是对循环休假的统一。辛亥革命之后，中国的节假日开始与国际接轨。在革命刚刚结束时，国民政府试图禁止人民群众庆祝农历新年，但终因民间的坚持而未成功。

1949 年中华人民共和国成立后不久，政务院于当年 12 月 23 日发布了《全国年节及纪念日放假办法》，将元旦、春节、国际劳动节、国庆节规定为法定节日，共休假 7 天。在全国各行各业统一执行每周工作六天的循环休假制度，对职工的探亲假也开始逐步制定相关规定。保障了绝大多数劳动者合法的休假权利。

改革开放以来，先后 40 余次调整休假制度，其中最重要的几次是 1995 年开始执行的“五天工作制”、1999 年开始执行的“黄金周”休假制度、2007 年修改的《全国年节及纪念日放假办法》以及 2008 年 1 月 1 日起实施的《职工带薪年休假条例》。我国休假制度得到迅速发展，在短短的 20 多年的时间里，我国国民休假时长提高了近一倍，休假集中度也发生质变，休假制度迅速与世界接轨。

2. 我国现行休假制度的不足与完善

自从我国现行的休息休假制度推行以来，社会上对它的争议就没停止过，这也说明它确实存在问题，有待完善。相比较而言，西方的休假制度比较完善。以法国为例，法国人生活的浪漫与休闲举世闻名，一年 365 天约有 1/3 的时间在度假。法国人不仅懂得享受生活，更深知工作的重要性。在法国人心中，休假是神圣不可侵犯的。目前世界多数国家都实行了带薪休假，这一制度就源于法国。早在 1936 年，法国政府就提出了带薪休假的权利，后来工人以大罢工的形式保留了这一权利的实施，带薪年假也写进了《劳动法》。现如今，法国带薪休假一般为 30 天（星期日不计在内）。除年假及周末两天的休息日外，法国人每年还有10天的法定节假日——元旦、复活节、劳动节、第一次世界大战停战日、第二次世界大战停战日、圣灵升天日、国庆节、圣母升天日、万圣节、圣诞节。自2002年开始，根据工龄期限，或根据某些行业的特殊性，法国大约有10%的人能够享受有超过五周的带薪休假，社会党执政时又将日常工作缩短了一小时，每周工作时间仅35小时。凡超过的部分，都可以转化成假期。另外，依据《劳动法》，只要在一家企业工作满一个月，所有的员工都可以享受带薪休假，带薪假期的天数根据员工一年之内的实际工作时间而定，每工作一个月，可"存下"两天半的带薪休假。如果工作满一年，那么全年的带薪休假天数为30个非假日。法国人的休假方式呈现多样化，外出度假、体育运动、听音乐会……多种多样的休闲方式，使得法国民众体验闲情，享受快乐。

除此之外，西方国家的带薪休假时间普遍比较长。美国是3至5周；法国是4周；荷兰人每年有25天的带薪休假期，可以随时休假；英国人至少有3周的休假时间；加拿大是2至3周；最长的是丹麦，每年有5周带薪休假时间。在这些国家，带薪休假制度一般是强制性的。雇主如果不执行，政府都会给予惩罚。

相比较西方休假制度的完善性，我国带薪休假制度的不足主要体现在以下几个方面：

(1)中国带薪休假制度的不足。

带薪年休假的期限问题。首先国际劳工大会第52号公约规定连续工作满一年后至少享有6个工作日的带薪年休假，而条例规定年休假最低5天，少于公约规定的最低标准。虽然我国还未批准该公约，但应当不低于该标准，便于将来与世界接轨。再者是休假期限的计算，职工累计工作已满1年不满10年的，年休假5天；已满10年不满20年的，年休假10天；已满20年的，年休假15天。这里就明显产生了不公平，工作1年和9年后享受到休假天数没有本质上的差别，工作11年与19年所享受到休假待遇完全相同。

缺乏可操作性。在我国，除政府机关和少数有条件的国有企业和经营规范的"三资"企业外，多数国企和机关事业单位没有实施带薪年休假制度，一些用人单位根本没有把年休假作为制度性的规范加以安排。即使是已经建立起休假制度的少数企业，其带薪年休假时间和条件也标准各异，而且带薪年休假变成了公司的奖惩内容，在绝大多数民营企业、规模较小的外资企业，实施起来随意性非常大，员工根本无法享受到法律所规定的带薪年休假。

受经济发展水平不平衡制约。带薪年休假制度在我国的实施现状与我国的经济发展水平有着密切关系。经济发展不平衡使带薪年休假制度在我国部分地区和行业落实得不好。对于企业来说，职工休假势必造成岗位空缺，可能就要降低效益，对于一些企业来说是一笔不小的支出；对劳动者来说，一些人认为带薪年休假减少了奖金收入，因此更愿意领取假期工作的现金补贴；还有一些劳动者担心休假影响自己的升迁，部分劳动者出于工资、奖金等短期利益考虑和在公司企业中的地位、业绩等长远利益考虑，对带薪年休假制度的实施持消极抵制的态度。

(2)休假时间安排尚需调整。

因我国法定节日长假较少，在这种情况下，休假功能的实现受到限制。长距离的旅游消费难以进行，即使是短距离的旅游也必须起早贪黑，这与休假的初衷是背道而驰的。因现代人流动性大的特点，亲人都居住在同城的情况少之又少，因此对于清明、端午、中秋等传统节日，虽然法律规定了一天的法定节日休假，且可以和双休日连休，但受时间的限制，很难实现全家团圆，或者到亲人的墓地进行祭扫。

(3)传统节日文化内涵需大力弘扬。

传统节日是民族文化最显著的表征，是民族精神的重要载体。虽然国家新增设了三个传统节日为法定节日，但传统节日的弘扬不是一朝一夕就能取得良好效果的。而且现在年轻人对传统节日的丰富内涵并不是很了解。与此同时西方节日大量传入我国，并被广大人民群众接受，成为商家促销的热点，如情人节、母亲节、父亲节、圣诞节等。这种现象一方面说明了我国作为文化大国以开放、包容的心态接纳世界文化，是一种进步。但另一方面，也说明我们传统文化教育传承的缺失。

3. 中国带薪休假制度的完善

(1)带薪年休假制度。

加强立法，制定实施办法。不断完善《劳动法》条文，使实施办法得以细化。没有实施办法，有关带薪年休假制度法律条文的运用和实施将成为空中楼阁。同时，在制定实施办法的过程中，还要考虑到我国的具体国情。我国幅员辽阔，且各地区发展水平有较大的差异。带薪年休假制度不能一刀切，应该允许不同的地区，甚至不同的行业、不同的部门根据实际情况实行有差异的带薪年休假制度。此外，放假时间的制定也要讲求经济成本，尽量避免因放假而加重社会运转负担，减少因放假带来的隐性经济损失。

休假时间的调整。为完善带薪年休假制度，必须使所有劳动者享有公平的休假时间。在制定具体实施办法时可以确定以一年为标准，享受年休假为 5 天，在此基础上工龄每增加两年年休假增加一天，最多不超过 15 天。这样工龄对年休假时间的调整更加细化。

对企业休假制度落实的监督。首先要加强行政监督，充分发挥政府的力量，以最快的速度和最小的成本充分有效地推广和普及带薪年休假制度。其次是不断完善相关法律，对于拒不执行该规定的企业，政府主管部门有责任督促企业执行国家的法律规定。同时，还要建立、健全、完善监督举报制度，发挥新闻媒体的重要作用。

(2)改变休假时间安排，增长中长假期。

在法定假日绝对数无法再增加的情况下，国家可以借鉴法国休假搭桥的做法，如果法定节日在周二或周四那么周一和周五就成为桥，从而连成一个四天的中长假，人们可以进行短途旅行，或借助现代化的交通工具全家团圆。如果法定节日在周三则不进行搭桥而改成窜休。这种搭桥做法的好处是不仅增加了一天假期而且避免因双休日的上移下错造成劳动者有一周要连上多天班，形成休假过后新的疲劳。

(3)扩大调研，优化带薪休假制度的落实。

我国各地区经济发展不平衡，不同类型的行业、企业经济发展水平也各不相同，政策制定时需要能够充分考虑各方面存在的问题，国家有关劳动保障部门应该对带薪年休假制度的具体实施情况加以调查研究，根据不同地区的条件差异制定不同特色的实施办法，切实解决地方实际困难，发挥地区优势。

(4)配套支持，保障带薪休假权益充分落实。

一方面，《职工带薪年休假条例》第6条第2款规定：工会组织依法维护职工的年休假权利。因此，工会应该充分发挥其组织作用，可以通过召开职工代表大会等形式制定本单位带薪年休假制度的实施细则，在劳资双方协商带薪年休假过程中起到桥梁作用，一旦劳资双方就此发生争议，工会应积极调解该类纠纷，如果职工因此提起诉讼，工会应予以支持。此外，政府部门应该做好带头引导的角色。相关机关与企事业单位可以率先实行带薪年休假制度。同时，政府也可以在调研的基础上，通过在一部分地区试点实行，基于相应的优惠与补贴支持，发现、改善问题并能够做到良好的宣传与推广。

复习思考题

1. 实施生育保险制度有什么意义？

2. 谈谈最新生育保险制度和之前的生育保险制度相比有哪些进步。

3. 谈谈我国的生育保险制度和西方国家的生育保险制度相比，有哪些需要改进的地方。

4. 休假制度的内容有哪些？

【案例】

如何休带薪年假

1. 背景

2011年1月小马应聘到A公司就职，但工作8个月后就与A公司解除了劳动合同，于2011年9月又被B公司聘用。2012年3月小马在B公司工作了6个月后，因家中有事，向B公司提出要求休带薪年假，但B公司说现在公司工作很忙，人手很缺，没有批准小马的休假申请，并回答说小马到B公司还没有满一年，不能享受带薪年假。

2. 问题

(1)小马在B公司是否可以享受带薪年假?

(2)B公司是否可以不批准小马的休假申请?

(3)如果小马全年未能享受带薪年假，B公司将按何标准向小马支付工资?

3. 分析

(1)小马在B公司虽然只工作了6个月，但仍可享受带薪年假待遇。国务院《职工带薪年休假条例》第2条规定："机关、团体、企业、事业单位、民办非企业单位、有雇工的个体工商户等单位的职工连续工作1年以上的，享受带薪年休假。单位应当保证职工享受年休假。职工在年休假期间享受与正常工作期间相同的工资收入。"本案中的小马虽然在B公司工作了6个月，但是在A公司还工作了8个月，其连续工作已超过一年，应当享受带薪年休假。

(2)《职工带薪年休假条例》第5条规定："单位根据生产、工作的具体情况，并考虑职工本人意愿，统筹安排职工年休假。年休假在1个年度内可集中安排，也可以分段安排，一般不跨年度安排。单位因生产、工作特点确有必要跨年度安排职工年休假的，可以跨1个年度安排。单位确因工作需要不能安排职工休年休假的，经职工本人同意，可以不安排职工休年休假。对职工应休未休的年休假天数，单位应当按照职工日工资收入的300%支付年休假工资报酬。"因此，虽然享受带薪年休假是劳动者的法定权利，但如何安排年休假却是用人单位的权利。在一般情况下，公司安排员工年休假应当统筹兼顾工作需要和员工个人意愿，但如果员工未经公司同意擅自休年假，严重的可能会导致劳动合同的解除。

(3)《职工带薪年休假条例》第5条第3款规定："单位确因工作需要不能安排职工休年休假的，经职工本人同意，可以不安排职工休年休假。对职工应休未休的年休假天数，单位应当按照该职工日工资收入的300%支付年休假工资报酬。”需要注意的是，这里的“日工资收入的300%”，已经包含用人单位支付职工正常工作期间的工资收入。就是说，除正常工作期间的工资外，应休未休的带薪年假折算工资=应休未休的天数×2。

第八章 企业年金

引言：本章将对企业自定福利中的企业年金进行介绍。作为整个社会养老保险体系的“第二支柱”，企业年金在现代员工福利管理中扮演着重要角色，无论是对于管理者还是员工本身而言，都有必要对其进行深入了解。首先，我们将阐释企业年金的基本概念，并对其特点与功能进行解析。在此基础上我们将着重阐述DB与DC两种年金缴费和包括401K在内的几种典型的年金运作模式。最后，我们对中国企业年金的发展状况进行梳理，并将其与国外发达国家进行比较，就其发展现状作出合理的评估，从而对中国企业年金的未来作出展望与建议。

第一节 企业的概述

一、企业年金概念和性质

企业年金，是企业及其职工在依法参加基本养老保险的基础上，在国家政策的指导下，根据自身经济实力和经济状况建立的，旨在为本企业职工提供一定程度退休收入保障的补充性养老金制度①。从宏观角度上看，企业年金制度是整个社会养老保险体系的“第二支柱”，是国家基本养老保险制度的补充；从微观角度上看，企业年金于企业是一种人力资源管理战略，于个人是一种退休后方可支取的私人财产，其基金运营往往独立于企业的日常经营活动。

二、企业年金特点

企业年金与基本养老保险和商业养老保险是我国养老保险体系的三大支柱，它们在覆盖范围、参与主体和运营方式等方面存在差异。通过对比，我们可以发现，企业年金的特点主要表现在以下几点：

---

① 邓大松，刘昌平．中国企业年金制度研究[M]．人民出版社，2004.

1. 非强制性

政府不会强制企业和个人参与年金计划，只会通过一系列政策与法律法规进行引导和调节，企业年金一般坚持企业自主建立原则，其制度的制定和执行建立在企业和雇员进行平等协商的基础上，这种非强制性是企业年金区别于基本养老保险的明显特征。

2. 企业福利性

作为一项企业福利制度，企业年金不是商业化的保险，也不是国家规定的社会保险，是企业人力资源管理战略的重要组成部分。尽管企业年金的运营管理具有一定市场化特征，其本质属性不会改变。

3. 企业年金的责任主体是企业

企业根据自身财务状况选择建立，企业或职工承担因实施企业年金计划产生的所有风险；国家或政府的主要职责是制定规则和依法监管，它们不直接干预企业年金计划的管理和基金的运营。

4. 资金筹措完全积累

企业年金实行个人账户下的完全积累，即个人账户上的基金由过去缴款和基金运营收入积累而成，是长期积累和市场化运营的结果，这一点与基本养老保险普遍实行的“现收现付”制大有不同。

三、企业年金功能

企业年金制度的功能可以从宏观、中观和微观层面进行阐释。

首先，从宏观层面来看，其功能主要体现在：减轻由养老问题带来的财政负担。在人口老龄化问题凸显的今天，企业年金制度作为我国社会养老保障体系的第二支柱，能有效克服基本养老保险的单一性，增强国家养老保险体系的灵活性和适应性。对于缓解国家所面临的日趋严重的养老压力有重要意义。此外，基本养老金的替代率难以保证员工在退休后能维持正常的生活水平并承受一定冲击，因而企业年金作为这种缓冲机制，不仅能提高我国退休员工的普遍生活质量，也有利于缓解国家由养老问题所带来的财政负担。

其次，从中观层面来看，企业年金的功能体现在其对金融领域的影响。企业年金基金具有相当规模且追求长期稳定投资回报，因而可以借助企业年金制度，将大众存款引领到资本市场中，从而为国内资本市场提供发展所需的资金，加大资本市场的整体容量，增强资本市场整理流动性，规范和完善商业银行、保险公司等金融机构的资金管理和运作，提高资本市场的经营效率。企业年金的社会保障属性要求企业年金基金投资建立在完善成熟的金融市场基础之上。因此我们说，企业年金制度对我国金融市场的发展具有明显的促进作用。

最后，从微观层面分析，企业年金的功能则体现为对企业人力资源管理的战略意义以及对退休员工的保障性和激励性。企业年金作为一种补充养老保险，帮助员工将收入在即期和远期进行合理分配，提高退休员工的收入水平；同时它对员工还有一定激励功能，激励员工努力工作以获得更高工资收入，从而享有更多的企业年金。另外，企业年金也成为企业间进行人才竞争的手段，企业年金制度作为一项企业自定福利，反映了管理者较高的员工关怀度以及企业较完善的人力资源管理水平，实施企业年金制度的企业往往在劳动者需求市场上更具竞争力，因而可以吸引到更多高素质人才。

四、企业年金种类

企业年金可以依创立主体、供款来源、决定因素、缴费模式等不同的标准划分为不同的种类。根据创立主体不同，企业年金可分为由单个企业创立的和由多个企业(行业)创立的；根据供款来源不同，企业年金可分为个人缴费企业年金计划和个人不缴费企业年金计划；根据决定因素不同，企业年金计划可分为强制性、自愿性和集体谈判决定的三种；根据筹资方式不同，企业年金计划可分为积累制的和现收现付制的；根据缴费和受益的关系不同，企业年金计划可分为待遇确定制和缴费确定制。下面对收益确定型和缴费确定型这两种企业年金制度进行详细说明。

收益确定型(Defined Benefit，DB)，指的是雇员退休后定期可领取的养老金数额是确定的，而工作期间的缴费则是不确定的。该方案不设置个人账户，费用主要由企业缴纳，有些方案中也需要雇员缴纳一定费用，企业则负担所有费用的差额，企业所缴费用也与基金运作状况有关。确定收益型企业年金制度的良好实施往往有赖于信用担保机制的建立和较高的精算与基金运作水平，且具有较大的成本风险，经济状况不佳时政府易陷入较高赤字。

在英国，大部分企业采用收益确定模式的企业年金制度，员工退休后得到的退休金与工作年限和退休前平均工资关联，一般不超过最后工薪收入的2/3。雇员和雇主的养老金缴费金额由确定的养老水平估算得到，并将定期根据投资收益情况进行估值调整。1988 年以后，允许员工使用现金购买的方式，其缴费和国家收入关联退休基金中的回扣资金均可以进行投资。

缴费确定型(Defined Contribution，DC)，就是指"雇主和雇员定期缴纳一定比例的费用，费用计在已建立的个人年金账户上，当雇员退休后可以根据该账户上的资金数额领取一定的退休金，从而保证雇员退休后的生活水平不会下降太多。这种年金制度的显著特点是雇员和雇主共同缴纳的费用是可以确定的”①。在这种制度下，雇员退休后可以领取到的养老金数额取决于前期缴纳的费用和投资收益。2001 年 10 月，日本国会通过了《缴费确定型年金法案》，并于 2002 年 4 月生效。从国外发展来看，确定收益型年金计划逐渐衰落，确定缴费型逐渐兴起。

联想是国内公司实施 DC 年金计划的典型。为了能给员工享受高质量的退休生活提供保证，联想于 2007 年开始实施企业年金计划。根据该计划，公司与员工按照 1∶1 的比例缴费，员工按照工资一定比例缴纳年金，公司与员工缴费共同构成联想的企业年金，联想委托专业的服务供应商负责基金的管理和运营，企业年金的最终受益人为联想员工。

DB 与 DC 计划各有利弊，其对比情况如表 8-1 所示。

表 8-1　**DB 与 DC 计划对比表**

	DC	DB
收入水平	取决于年金运作的收益情况	更稳定
缴费弹性	弹性小，但公平	较好(好年景或核心员工可以多给一些)
融资	不需要精算，透明化	复杂，对支付能力要求高
劳动力管理	个人激励主要靠多劳多得	雇主可以对年轻优秀员工做出承诺，但容易导致不公平
投资灵活性	雇员个人的决策权力很大	灵活性更大，但出现失误只能由雇主予以完全补偿
税收优惠政策的适用性	税收优惠政策明确，几乎所有国家都是税前列支	更多采用税后列支
退休窗口	容易说服员工提前退休	没有“退休窗口”，退休收入只取决于个人账户积累总额

在美国，DC 计划模式又可以按照具体的年金项目分为员工持股计划、利润分享退休金计划、401K 计划、股票红利计划、货币购买年金计划、简易雇员退休金、基奥计划等。

401K 计划中雇主雇员共同负担退休福利的局面取代了原来雇主一方单独为雇员提供退休金福利的局面。按该计划，企业为员工设立专门的 401K 个人

① 朱青．养老金制度的经济分析与运作分析[M]．中国人民大学出版社，2002.

账户，员工每月从其工资中拿出一定比例的资金存入养老金账户，企业一般也按一定的比例(不能超过员工存入的数额)配合缴费，并计入员工个人账户。与此同时，企业向员工提供3种以上的证券组合投资组合，员工可任选一种进行投资，投资风险由员工个人承担(通常美国大公司的雇员更愿意购买自己公司的股票)。退休时退休金的高低取决于缴费水平和投资收益的高低。员工退休时，可以选择一次性领取、分期领取和转为存款等方式使用。

值得注意的是，为了形成一套完备的企业年金运行监管体系，美国税收法等相关配套法律法规对401K计划的发起、缴费、投资和支取等各项环节都作出了明确规定。在缴费方面，雇员和雇主缴费均享受税前列支的税收优惠政策，个人只在账户资金提现或支取年金时缴纳个人所得税，因而401K计划对员工来说具有税收递延的效果。在携带性方面，允许员工在更换工作时选择账户处理方式：一是账户余额转移至新企业，二是将账户资金转至个人退休账户，三是将账户余额提前全部取出。此外，对领取条件也做出说明：年满59.5岁；死亡或永久丧失工作能力；发生大于年收入7.5%的医疗费用；55岁以后离职、下岗、被解雇或提前退休。一旦提前取款，将被征收惩罚性税款，但允许借款和困难取款。雇员在年满70.5岁时，必须开始从个人账户中取款，否则将对应取款额征税50%，这一规定旨在刺激退休者的当期消费。目前401K计划已成为美国退休福利体系的重要组成部分，2009年401K计划资金规模达2.8亿美元，占16.1亿美元养老金总额的约17%，预计这一比例今后还会提高。

由上可知，DB与BC模式各有利弊，在进行企业年金运营管理模式选择时，需要结合一国的实际情况。由于我国地区企业间差异较大，可考虑采用弹性型企业年金模式。一般地，DB模式适用于经营效益好且稳定的大型企业，如通信、电力、石化行业，这样可以充分发挥DB模式吸引和稳定员工尤其是专业技术人才的优点，同时展现企业持续经营的实力和信心。DC计划则适用于规模有限或处于成长阶段的企业，在该类企业中员工流动性较大，因而对年金计划基金的可转移性要求较高。

五、与基本养老保险的区别

第一，从实施主体来看，基本养老保险是强制执行的，而企业年金是由企业和职工自主决定而建立的，属于自愿建立的。第二，从筹资方式来分析，基本养老保险采用现收现付加部分积累的方式，通过代际赡养提供养老保障；而企业年金采取个人账户完全积累方式，实行个人保障。第三，从运营模式方面来分析，基本养老保险由政府社保机构统一管理运作；而企业年金则是采用市场化方式，委托给专业机构进行管理和运作。第四，从缴费方式来说，基本养老保险缴费是由政府强制执行，并统一缴费方式、缴费标准等，但是企业年金却是采取个人账户完全积累方式、实行个人保障。

第二节 企业年金的发展

一、国外企业年金发展历程

国外企业年金发展大致可以分为萌芽、发展和完善这三个阶段。

萌芽阶段(从工业革命开始到第二次世界大战期间)。大部分资本主义国家或地区的企业年金市场还处于萌芽状态。以美国为例，1875 年，运通公司为其员工建立了世界上第一个企业年金计划；1920 年起，美国的企业年金的发展经历了一个小高潮；到 1925 年，企业年金计划一般建立于银行、电气公司、铁路公司和石油公司，公共事业领域的雇主养老计划较为完善。总体来说，该阶段的企业年金支配权大多掌握在雇主手中，且过分强调效率原则而忽略公平问题，计划的信誉度较低。

发展阶段(从第二次世界大战结束到 20 世纪 90 年代)。第二次世界大战后，政府开始介入企业年金的管理，企业年金制度在西方发达国家普遍实行，其对国家养老保险的补充性作用逐渐凸显。在美国，企业年金计划在资金总额和参与企业数量方面都有了突飞猛进的进步，政府制定相关政策并适时进行修改，企业年金的体制更加成熟。在英国，政府也先后颁布了一系列的法律法规来引导本国企业年金的发展，并建立相关机构对企业年金进行监管。荷兰和丹麦也颁布相关法律，鼓励企业依照集体合同建立积累式的职业年金。韩国在 1994 年引入自愿型个人养老计划。此外，欧洲、拉美和东南亚一些国家也开始逐渐建立起符合国情的企业年金制度。可以看到，美国企业年金的迅速发展使其他国家意识到企业年金对补充基本养老保险和活跃资本市场的重要作用，世界企业年金的发展特征主要体现在政府通过税收优惠或减免政策来对年金制度进行干预调节。

完善阶段(从 20 世纪 90 年代中期至今)。在大多数国家中政府强制实施的基本养老保险计划仍然是不可替代的，同时企业年金计划发展迅速，起到了很好的补充作用，其在整个养老保险体系中占据重要份额。各国养老金计划在数量和资金总量方面都迅速增长，特别是美国、日本和加拿大等发达国家；各国企业年金资金纷纷进入资本市场以使其保值增值；各国政府纷纷加大对企业年金市场的监管力度①；合理的保险金替代率和政府、雇主、员工三方责任机制逐渐形成。表 8-2 列举了部分国家的企业年金发展历程。

如今国际企业年金发展的主要特征和趋势如下：(1)个人账户管理逐渐取代公共账户管理。相较于公共账户，个人账户计划便于员工流动，具有较强的激励性和投资收益性，而且能较好保障个人财产不受侵占和挪用。企业年金的养老保险性质决定了个人账户进行年金管理的优越性。(2)DC 模式逐渐取代 DB 模式。从 20 世纪 80 年代以来各国发展趋势来看，DC 计划发展速度远远高于 DB 计划，逐渐成为企业年金主流模式。(3)大力推行税收优惠政策。在基金运行的缴费、投资和给付这三个环节中，包括美国、英国和加拿大在内的大多国家对前两个环节免税，即采用 EET 税收模式，增强个人和企业自愿参与企业年金计划的积极性。(4)法人受托逐渐成主流。由于法人受托模式能较好保证企业独立性，具有较高的财务管理能力、投资运营能力、信息获取能力和专业技能操作能力，因而逐渐成为当今世界各国进行企业年金管理的主流。

表 8-2 **各国企业年金发展历程**

	萌芽阶段	发展阶段	完善阶段
美国	(1)养老金限于“永久残疾”； (2)企业年金资金来源不当期应税收入，缺少投资渠道	(1)企业年金保障对象由“残疾者”转变为“退休员工”； (2)雇员也参与年金缴费； (3)20%年金计划用于资产投资	(1)成为企业员工福利的重要组成部分； (2)享受国家税收优惠； (3)基金全面进入资本市场
英国	考虑出台社会保障年金法案	明确国家收入关联年金项目，强制雇员向改项目缴费	颁布《年金法》，成立职业年金管理局和年金赔偿委员会
日本	实行“一次性退休”制度，员工退休可得到一次性支付的一笔养老金	三种类型的年金计划并存：非基金退休收益计划、雇员养老金基金计划和税收适格年金计划	通过“确定缴费年金法案”，引入缴费型企业年金
瑞典	与收入挂钩的补充养老金计划纳入社会保障制度系统	成立面向蓝领工人的 STP 计划以及后来的 ITP 计划	SAF-LO 计划取代 STP 计划，每一个瑞典人都能得到一份基本养老金

① 张弛，黄善春．国外企业年金发展进程及其启示[J]．福建论坛(人文社会科学版)，2003(7)．

二、我国企业年金发展历程

与西方发达国家相比，我国企业年金起步较晚，发展较缓慢，始于20世纪90年代初，至今共经历了三阶段：企业年金探索、试点和规范化①。

1. 企业年金探索阶段(从1990年至2000年)

在这个阶段，企业年金被称为企业补充养老保险。1991年出台的《国务院关于企业职工养老保险制度改革的决定》规定："国家鼓励用人单位根据本单位的实际情况为劳动者建立补充养老保险。"这是我国第一次在文件中明确提出要鼓励企业建立补充养老保险制度。1995年，劳动部在下发文件《关于建立企业补充养老保险制度的意见》中明确提出补充养老保险采用"个人账户"的方式进行管理，并对企业年金的实施条件、资金来源、决策程序和经办机构提出了若干政策意见。1998年，国务院将制定补充养老保险政策和对补充养老基金进行监督列为劳动社会保障部的职责。

这一阶段，建立多层次养老保险的制度框架逐渐被提出，一些地方性企业尝试推出地方试点的政策文件，为以后各地企业年金的发展做好了铺垫。但是企业年金的管理仍隶属于社会保险公共管理机构，且对于基金的投资范围、投资主体和风险控制等缺乏明确规定。

2. 企业年金试点阶段(从2000年至2004年)

2000年底，国务院颁布了《关于完善城镇社会保障体系的试点方案》，该文件的发布标志着我国企业年金进入发展完善的试点阶段。该文件将"企业补充养老保险"正式更名为如今的"企业年金"，并指出："有条件的企业可以为其员工建立企业年金计划，并进行市场化运营和管理。企业年金采用个人账户进行管理，实行基金完全积累制，费用由企业和员工缴纳，企业缴纳在工资总额4%以内的部分，可以从成本中列支。"随后，辽宁省在劳动保障部门的引导作用下，率先开始企业年金试点工作。

试点阶段提出了企业年金的概念，并规定实行市场化管理，对实行市场化运营作了进一步的规定，但对于应采取"经办模式"还是"自办模式"抑或"团险模式"未做出明确规定，因而各地的企业年金投资管理制度存在差异，有的是由地方社会保险机构管理，有的是行业保险机构或企业自己进行管理，也有的是联合商业保险机构进行团队管理，对投资运营的方式、基金管理缺乏系统和统一的规定。另外，在税收优惠方面，仅仅对企业缴费部分作出了明确规定，优惠力度十分有限，对个人缴费部分的税收问题未作出明确说明，因而税收政

---

① 杨长汉．中国企业年金运营投资研究[M]．经济管理出版社，2010.

策对企业和员工的引导性和鼓励性不强。

3. 企业年金规范阶段(从 2004 年至今)

《企业年金试行办法》自 2004 年 5 月 1 日起正式实施，该文件对企业建立企业年金的基本条件、决策程序、资金来源、管理办法、待遇给付、管理机构等做出了明确规范，例如对建立年金的企业做出了规范：依法参加基本养老保险并履行缴费义务；具有相应的经济负担能力；已建立集体协商机制。缴费比例也有规定：企业缴费每年不超过本企业上年度职工工资总额的 1/12。企业和职工个人缴费合计一般不超过本企业上年度职工工资总额的 1/6。这些规定标志着我国企业年金的发展开始进入全面推行的阶段。同时，由原劳动和社会保障部、中国银监会、中国证监会、中国保监会联合发布的《企业年金基金管理试行办法》也于同日起正式实行，该办法对基金管理和市场服务主体行为、企业年金的治理结构、信息披露和监管方面等都作出了系统规定。另外，《企业年金基金证券投资有关问题的通知》、《企业年金基金管理机构资格认定暂行办法》、《关于企业年金资金银行账户管理等有关问题》、《关于中央企业实行企业年金制度有关问题的通知》等一系列配套性政策法规和实施办法也相继发布，解决了以往在年金管理方面的疑惑和漏洞，推动了企业年金基金管理的规范化和市场化进程。

三、我国企业年金总体运营状况

自我国推行企业年金制度以来，参加该计划的企业和员工数量逐渐增加，基金的规模也在逐渐递增(见表 8-3)。

表 8-3 企业年金发展情况统计

年份	2007	2008	2009	2010	2011	2012	2013	2014
参保企业数(个)	32000	33000	33500	37100	44900	54737	66120	734261
参保职工数(万人)	929	1038	1179	1335	1577	1846. 5	2056. 3	2292. 78
年金基金规模(亿元)		1911	2533	2809	3570	4821. 0	6034. 7	7688. 95
加权平均收益率收益	41. 00	-1. 83	7. 78	3. 41	-0. 78	5. 68	3. 67	9. 3

资料来源：人力资源与社会保障部官网。

但是，我国企业年金在覆盖率、替代率和政策优惠方面仍然存在一定问题。首先，企业年金的覆盖面狭窄，虽然参与投保的企业和职工绝对数量在增加，但从相对占比来看，企业年金的覆盖面显得太过狭窄。其次，企业年金的替代率有待提高，与发达国家20%~50%的替代率相比，我国仅仅约5%的替代率难以满足退休员工养老的资金需求。再次，税收优惠政策不够明显，我国大部分地区可在税前列支的资金比例为4%，远远低于发达国家的10%~30%，因而企业缺乏开展企业年金的积极性。最后，企业和员工个人对企业年金的认识不足以及在企业年金运营过程中存在的信息不对称的问题也是企业年金发展较为缓慢的原因。

我国《机关事业单位职业年金办法》于2015年4月7日正式公布，办法规定职业年金由单位和个人共同缴费，退休后可按月领取。这一关系到所有公务员和事业单位工作人员的补充养老办法，意味着我国多层次养老体系的和养老"并轨"制度的建设又前进了一步。

2013年年底，财政部、人力资源社会保障部、国家税务总局联合出台了《关于企业年金、职业年金个人所得税有关问题的通知》(财税〔2013〕103号，下称103号文)，对企业年金和职业年金给予个税递延优惠政策。通知规定，在年金缴费环节，单位为员工支付的企业年金，在记入员工个人账户时，个人不缴纳个人所得税；个人缴费部分，在不超过本人缴费工资计税基数的4%以内的部分，暂从个人当期的应纳税所得额中扣除；在年金基金投资环节，对年金基金投资运营收益分配暂不征收个人所得税；在年金领取环节，个人达到国家规定的退休年龄领取的企业年金或职业年金，按照"工资、薪金所得"项目适用的税率，计征个人所得税。103号文自2014年1月1日起开始执行。而企业缴费部分税收优惠政策仍依照2009年《关于补充养老保险费补充医疗保险费有关企业所得税政策问题的通知》(财税〔2009〕27号)这一旧规定执行，即企业为在本企业全体员工支付的补充养老保险金，在不超过职工工资总额5%标准内的部分，在计算应纳税所得额时准予扣除①。

我国年金管理市场的竞争程度与成熟度与发达国家也有较大的差异。目前，中国的监管机构对年金管理机构管得过于严格，股票等权益类产品得投资比例不得高于30%，这限制了年金的收益率。长期来看，放松对年金市场的管制，不仅有助于年金市场的健康发展，也能丰富资本市场的机构投资者，有利于股市和债市的发展。因此，年金市场想要得到进一步的发展，就必须通过做大年金市场，让在职职工在年金投资品种、组合策略等方面有更多的选择权。此外，也应该降低在职职工的基本养老保险费率，以延迟缴税、税前扣除

---

①　人力资源社会保障部办公厅关于印发扩大企业年金基金投资范围和企业年金养老金产品有关问题政策释义的通知，http://www.mohrss.gov.cn/gkml/xxgk/201403/t20140319_126497.htm.

等税收优惠政策将其释放到年金市场。

第三节 企业年金管理

为了方便讨论，我们可以根据监管内容的不同，将我国企业年金的整个监管体系分为市场监管和内部监管，其中市场监管是对运营机构、基金投资、信息透明化和违规处理等方面的监控和管理，内部监管是对企业年金发起设立、委托代理问题和防止内部人控制的监管①。

一、市场监管

1. 市场准入

这里的市场准入主要指的是对企业年金发起企业和基金管理机构设置的准入标准。根据相关法令，企业发起企业年金需满足以下三个条件：依法参加基本养老保险并履行缴费义务；财务状况良好，具备相应的经济负担能力；已建立集体协商机制。而基金管理机构的准入条件又包括机构准入标准、业务准入标准、高级管理人员的准入标准等。机构准入标准，一般包括对金融机构的注册资本、法人资格、营业场所的设置以及安全措施等硬件的规定；业务准入标准指是否从事过相关业务的背景要求等；高管人员的准入标准指的是对相关人员从业资格的要求。

根据规定，我国企业年金管理机构的市场准入实行的是二次准入机制，即申请从事企业年金管理业务的机构，首先由证监会、银监会、保监会等业务监管部门进行资格审查，然后再由劳动社会保障部门对申请机构进行第二次准入审查。

2. 投资监管

企业年金基金需要通过投资达到保值增值的目的，企业年金投资的基本原则是：在保证基金安全性的前提下，追求收益最大化，同时保证一定的流动性，这就要求基金投资者分散投资、科学组合，降低投资风险。

目前我国企业年金基金处于发展初期，有关企业年金基金的投资比例和投资品种等都有相应规定。(1)投资范围的监管。企业年金基金的投资范围限于国债、银行存款和其他具有良好流动性的金融产品，包括短期债券回购、信用等级在投资级以上的金融债和企业债、可转换债券、商业银行理财产品、信托产品、基础设施债权投资计划、特定资产管理计划、股指期货等；(2)投资股

---

① 于海中．我国企业年金的监管研究[D]．首都经贸大学学位论文，2005.

票、股票基金、混合基金、投资联结保险产品(股票投资比例高于30%)、股票型养老金产品的比例，合计不得高于投资组合委托投资资产净值的30%；投资银行活期存款、中央银行票据、一年期以内(含一年)的银行定期存款、债券回购、货币市场基金、货币型养老金产品的比例，合计不得低于投资组合委托投资资产净值的5%；清算备付金、证券清算款以及一级市场证券申购资金视为流动性资产。(3)单个企业年金计划基金资产，投资商业银行理财产品、信托产品、基础设施债权投资计划、特定资产管理计划专门投资组合的比例，合计不得高于企业年金计划基金资产净值的30%。其中，投资信托产品专门投资组合的比例，不得高于企业年金计划基金资产净值的10%。专门投资组合，应当有80%以上的非现金资产投资于投资方向确定的内容。当然，由于金融市场处在不断变化之中，劳动保障部会同银监会、证监会和保监会对上述规定进行适时调整。

3. 信息披露制度

完善的信息披露制度是主要监管手段，有利于降低监管部门的监管成本，同时也可以通过市场来监管有关当事人，有效防范违法违规行为的发生。信息披露应遵循充分性、真实性、及时性和有效性原则。企业年金信息披露包括会计信息披露和报告制度，披露的主体有：受托人向委托人提交季度和年度企业年金基金管理报告，账户管理人向受托人提交季度和年度企业年金基金账户管理报告，托管人向受托人提交季度和年度企业年金基金托管和财务会计报告，投资管理人向受托人提交经托管人确认的季度和年度企业年金基金投资组合报告。

4. 税收优惠的监管

我国企业年金税收优惠监管主体应是各级税务机关，监管措施应以制定颁布的企业年金税收优惠政策为依据，具体措施主要有：企业年金计划审批制度，对年金方案是否符合税收优惠条件进行审查，经过税务机关审查批准的年金计划才能享受税收优惠政策；同时在监管时也要避免单纯以竞争为目的而设立的年金计划享受税收优惠政策。

5. 违规和争议处理

(1)违规处理。企业年金的管理主体如果违反规定的，由劳动保障部予以警告，责令限期改正；逾期不改的，可责令其停止企业年金基金管理相关业务；申请从事企业年金管理人如果隐瞒有关情况或者提供虚假材料的，劳动保障部不予受理认定，并给予警告，1年内不得再次申请企业年金基金管理机构资格；如果采用贿赂欺诈等不正当手段取得企业年金基金管理机构资格的，取消其资格，申请人3年内不得再次申请企业年金基金管理机构资格；构成犯罪的，移交司法机关依法追究刑事责任。

(2)争议处理。企业年金发生争议的类型主要有：劳资纠纷，如企业年金理事会与年金参加者之间的争议，年金设立企业与参加职工之间的争议；民事纠纷，如企业年金委托人与年金受托管理机构之间的争议；行政纠纷，如政府监管部门与企业年金管理机构之间的争议。在处理争议时，应根据争议类型分别按照不同的申诉和诉讼程序进行。

6. 市场退出机制

建立市场退出机制有利于控制与减少企业年金计划基金管理和运营损失，维护计划受益人和委托人利益，保障企业年金基金管理市场秩序。正常退出分为到期退出和自愿退出，企业年金管理机构在资格证书到期时不申请延续被视为到期退出；而自愿退出是指企业年金管理机构减少或者取消在企业年金市场上的业务，解除与各当事人的合同关系，退出企业年金市场。另外，企业年金管理机构由于种种原因失去参与企业年金运作的资格而被强制退出市场称为强制退出。

7. 社会监管

为年金提供中介服务的中介机构也是企业年金监管体系的重要组成部分，例如注册会计师负责审计受托人和托管人提供的年度财务报告；精算师的职责在于为企业年金计划提供精算服务，投资咨询机构向广大计划参与者和其他相关主体提供有关投资的咨询服务；律师负责为企业年金计划的设立、运作以及纠纷的解决提供法律咨询服务。

二、内部监管

1. 集体协商制度

企业在建立企业年金前，应当由企业与工会或职工代表通过集体协商确定，并制定企业年金方案，国有及国有控股企业的企业年金方案草案应当提交职工大会或职工代表大会讨论通过。

2. 委托代理问题

企业年金基金的运作是具有多层次委托代理关系的组合。年金参加者(职工)与年金发起人(企业)之间，年金理事会与年金托管人之间，年金托管人与年金投资管理人之间等。根据规定，企业年金受托人与账户管理人、投资管理人和托管人确定委托关系，应当签订书面合同，确立委托代理关系，建立一套合理的激励机制来解决委托中的代理问题。

受托人是指接受委托人(企业及其职工)的委托，负责管理企业年金的机构。依照企业年金管理办法的有关规定，受托人有两类，一类是企业年金理事会，是由企业代表和职工代表等自然人组合而成的组织；另一类则是符合一定条件的金融机构或由金融机构设立的企业年金业务专营机构。

账户管理人负责对企业年金账户管理，对企业年金计划的权益和财务信息进行记录、保管和处理。账户管理是企业年金业务流程管理的基础，也是联系企业年金管理各个角色的纽带。

托管人是指受托人委托保管企业年金基金财产的商业银行或专业机构。

投资管理人是指接受受托人的委托，根据委托人制定的投资策略和战略资产配置，为企业年金受益人的利益，采取资产组合方式对企业年金基金财产进行投资管理的专业机构。在投资管理方面基金管理公司、证券公司较有优势。目前基金管理公司已经成为我国证券市场的主导力量，无论资金规模、投资管理水平，还是治理结构、内控机制建设方面，基金公司都略胜一筹。

“2+2 模式”：企业年金的运作要由 4 个资格人共同运作：受托管理人、投资管理人、账户管理人和托管人。由保险公司承担两个资格人——受托人和投资管理人，选择银行承担另外两个资格人——托管人和账户管理人。由两家机构合作承担 4 个角色的功能。“3+1 模式”即受托人兼任投资管理人和账户管理人。

《企业年金基金管理试行办法》(劳动和社会保障部、中国银行业监督管理委员会、中国证券监督管理委员会、中国保险监督管理委员会第 23 号令)第 44 条规定：企业年金基金投资管理应当遵循谨慎、分散风险的原则，充分考虑企业年金基金财产的安全性和流动性，实行专业化管理。投资管理人的董事、监事、经理和其他从业人员，不得担任托管人或其他投资管理人的任何职务。投资管理人与托管人不得为同一人，不得相互出资或相互持有股份。

3. 建立内部控制体系

想建立较完善的内部控制体系，首先要合理安排决策人员组成比例，有规定指出企业年金理事会中职工代表应不少于 1/3；其次，要在基金托管人、受托人、账户管理人和投资管理人之间建立相互制衡的内在机制，投资管理人与托管人不得为同一人，要求不得相互出资或相互持有股份，基金托管人有监督投资管理人行为的权利，可以拒绝执行违规的投资指令；最后，建立相互约束的组织体系和财务内控制度，如规定投资管理人的董事、监事、经理和其他从业人员，不得担任托管人或其他投资管理人的任何职务，在财务流程运作方面要定期或不定期进行内部审计、稽核，以提前发现企业年金内部管理中的问题。

三、企业管理实践

在企业正式实施企业年金前，首先需要明确是否设立企业年金以及其具体内容有哪些，然后交由劳动社会保障部门进行审核，接着确定相应的账户管理人、托管人和基金投资人并签订合同。我们可以把企业的企业年金内部管理大致分为内部协商与决策、与受托机构签订合同、方案上报与正式运营这四个阶段。

1. 内部协商与决策

这一阶段需要选定管理模式、拟订方案初稿、进行内部评估、投票表决年金方案。

(1)选定管理模式。

企业年金的管理模式可以分为理事会受托模式和法人受托模式，前者是指企业和员工委托一个具有相应资格的法人机构进行企业年金基金的运作管理，后者是指企业和员工委托内部年金理事会进行基金的管理和相关事务的处理。企业需要根据自身情况对模式进行正确选择，现企业多采用法人受托模式，该模式下受托人的专业性较强有利于基金的保值增值。

(2)拟订方案初稿。

方案初稿需要对缴费方式和支付方式作出说明。具体的缴费操作方式可选择确定缴费计划、利润分享计划和员工持股计划，以及这三种方式的不同组合。企业年金支付方式包括：一次性领取、分期领取、定期支付或混合方式，即规定最低账户余额，其余部分一次性支付；也可以购买与生命关联和不关联的保险年金，或继续委托投资管理。支付水平可根据中国官方制作的死亡率表和受益人退休后的预期寿命而定。

另外，由于现代企业人力资源管理中已经成功将工资与员工绩效表现、态度和能力等挂钩，因此最简单的办法是直接按照工资的一定比例来提取企业年金，这样可以实现企业年金对员工的激励作用。在此阶段，人力资源部门要结合企业人力资源现状和经济负担能力初步估计一个缴费比例。另外，为了保持一支稳定的劳动力队伍，企业年金也应该为留住核心人才服务。因此，还需要对员工离职时个人账户资金的归属权作出设置。一般情况下，账户中个人缴纳的部分全部归属个人，企业缴纳的部分根据员工工作年限大小按一定比例提取给个人。

(3)进行内部评估。

人力资源部门完成企业年金初步方案后，财务部门需要结合税收政策等对缴费成本进行评估，确定出实施企业年金制度给企业的税后利润带来的影响值。

(4)投票表决年金方案。

召开职工代表大会，由人力资源部、财务部和总经办为职工阐明企业年金方案的各项细则，包括制度的意义、原则和缴费比例等，再由全体员工对年金方案进行无记名投票表决，采取“过半数才有效”的原则，当赞成票数超过总票数一半时，初步企业年金方案在企业内部通过。

2. 与受托人签订合同

通过方案的决议后，企业应选定一家法人受托机构，并与其签订《受托管理合同》，合同对双方的权利义务、受托人职责、费用收取标准、信息公开要求事宜作出规定。

3. 方案上报

法人受托机构帮助企业整理年金方案的证明材料和紧急管理合同的备案材料、办理上报手续，方案经劳动社会保障部审核通过后，方能实施。

4. 正式运营

企业在获得劳动社会保障部门的确认函，拿到备案号之后，将首期缴费存入托管行企业年金专户，缴纳各项管理费用，法人受托机构依据合同对基金进行运作管理与监督。

复习思考题

1. 怎样理解企业年金的概念？它的功能有哪些？
2. 对比缴费确定型和收益确定型年金制度的异同。
3. 什么是 401K 计划？
4. 企业年金的外部监管制度有哪些？

【案例】

日本企业年金制度

日本的退休养老制度主要依照 1959 年制定的《国民年金法》施行，从 1961 年 4 月开始，日本所有个体经营者(包括农民)以及无业人员都参加了国民年金保险，从而实现了“国民皆年金”。日本的退休养老制度主要由三大支柱构建而成，一是公共年金制度，二是企业补充年金制度，三是个人储蓄养老金制度。企业年金由各企业自主设立，属于企业福利的范畴，目的是供职工退休职后作为养老之用。日本退休养老制度的成功在很大程度上得益于第二支柱企业年金制度的有力支持。日本企业年金的发展程度在发达国家之中处于中上水平，在日本国人口老年龄化趋势日渐严重的情况下，企业年金制度的导入和大力发展在很大程度上缓解了公共养老保障基础年金的财政压力。

一、日本企业年金的主要类别

日本的企业年金主要有三类：(1)厚生年金基金。厚生年金基金于1966年开始实施，以500人以上的大企业为对象，是根据劳资双方协商建立，由劳资代表管理，财源由政府免除本该缴付政府的厚生年金保险费的一部分加上劳资双方出资构成，到1991年底，厚生年金基金总数达到1593个，参加人数约1072万人，不仅适应了老人生活的多种需要，而且补充了公共年金制度。(2)适格退职年金。适格退职年金于1962年导入企业制度，多为一般的中小企业实行，其资金的运用必须委托信托银行或社会保险公司进行。(3)煤炭矿业年金基金。煤炭矿业年金基金成立于1967年，是为了稳定煤矿业工人就业而设立的特别年金制度。该基金向55岁以上的煤矿业退休职工发放年金，或在其死亡时支付一次性抚恤金，其费用向会员征收，按上一年的煤炭产量由雇主缴纳，到1992年3月末，共有会员11个，被保险人数1812人。

厚生年金基金和适格退职年金是日本企业年金的主要形式。二者的主要区别是：厚生年金基金代管着一部分厚生年金(公共年金)的积累金，因而在税制上有较多的优惠；而适格退职年金由于没有代管的部分，故必须交纳1%的法人税和0.173%~0.207%的地方居民税，且操作比较简单，运用比较灵活。二者的相同之处是厚生年金基金和适格退职年金都享受一定的税收优惠，企业员工缴纳的保险费可以作为损失金处理，不纳入税收范围。

二、计算方式

企业补充年金按退休金率方法计发，公式是：补充退休金=退休前工资×退休金率×投保期限，其中，退休金率和投保期限均由雇主规定，贯彻一种力求巩固熟练雇员的方针。根据统计，约90%的日本私营企业实行了企业退休年金制度，大企业几乎全部实施了企业年金制度。

三、给付方式

与其他发达国家一样，日本的企业年金主要是作为基础年金的补充，数额多寡视企业经济效益而定，主要采取三种方式给付：第一种是一次性连本带利给付；第二种是以年金方式给付，也就是逐年给付；第三种是混合给付方式，也就是既有一次性也有年金式的给付。根据日本政府1989年的统计，近半数的日本企业采取一次性给付，其中小企业多采取第一种方式，大企业多采取第三种方式。

四、对企业年金基金投资的法律限制

日本对企业年金基金的投资运营管理主要采取的是政府直接管制的办法，由政府制定统一的政策、制度和管理方法，规定养老基金的投资领域及各种投资收益率。在投资运营上遵循谨慎人原则，日本对企业年金基金资产组合作了以下严格的限制和数量规定：企业年金投资债券不低于50%，投资股票不超过30%，房地产不超过20%，外国资产不超过30%，投资单一公司的资产不超过10%。并对基金投资的最低收益率和信息披露机制都作了具体的规定，从而很好地兼顾了企业年金的收益性和安全性。

五、收革趋势：日本版401K计划

2001年10月，日本国内通过了“确定缴费年金法案”(日本401K计划)，并于2002年4月生效。导入缴费型企业年金(Defined Contribution，DC)的原因主要有两方面：一是日本终身雇佣制度的逐渐瓦解和职业流动的增加；二是日本会计制度国际化所带来的“时价会计基础”的推广，使企业背负的中长期年金负债问题表面化。DC型企业年金允许建立个人账户，从而方便了劳动者的职业流动；DC型企业年金把资金运营的责任从企业转向了个人，从而明确了企业的年金负担额，方便了新会计制度的导入。作为过渡期，政府允许厚生年金基金在2年半以内，适格年金在10年以内实现向DC型企业年金转移，并允许设置企业型或个人型DC年金。企业型DC年金主要面向工薪族，个人型DC年金主要面向20岁至60岁的农民和个体工商户。

六、实施企业年金制度的积极作用

建立企业年金计划，对于企业来说，主要具有以下几方面的积极作用：

(1)可以建立一个有效的人才激励机制，并且为年老体弱职工建立提前退出企业的机制。日本的企业文化中一个重要特点就是“雇佣终身制”。建立企业年金计划，是企业进行人力资本投资的一个重要方面，不仅可以吸引到适合自身发展的优秀员工，而且对提高雇员对企业的忠诚度，激励员工为本企业长期效力，起到积极的作用。此外，建立一个养老金计划，雇主可以通过一种非歧视的方式向那些年老体弱的员工提供一种更容易被他们接受的退出机制，并为员工退休后的生活进行一定的储备。

(2)享受政府的税收优惠。日本政府为了鼓励建立补充年金计划，往往在

税收上给予一定程度的优惠，例如政府出台的有关政策规定，企业可以在税前缴费、基金投资收入免税等。这些税收优惠、倾斜政策，也对企业年金计划的普遍实施起到了推动作用。

(3)企业年金计划为企业以及资本市场聚集了数量庞大的资产。日本企业年金基金对企业、整个国民经济的发展起到了聚集资本的作用。根据1991年数据，日本企业年金资产相当于当年度GNP的8%。尤其是在萧条时期，基金的这种聚集资本的作用就更加突出，从而有利于资本市场的稳定发展。

资料来源：http://www.chinairn.com/doc/70280/19861.html.

第九章　住房公积金

引言：住房公积金是指国家机关、国有企业、城镇集体企业、外商投资企业、城镇私营企业及其他城镇企业、事业单位、民办非企业单位、社会团体及其在职职工缴存的长期住房储金。其采取管理委员会决策、住房公积金管理中心运作、银行专户、财政监督的管理原则。具有制度安排的强制性、筹资的社会性、使用功能的互助性、资金用途的确定性、归属的私有性等特点。对于企业和员工都有很多好处，长远来看，可以促进企业的良性发展。国家对于住房公积金的缴存、提取、封存和贷款都有着明确的规定。企业和员工在操作时，必须按照这些条款严格执行。

第一节　住房公积金概述

一、住房公积金的起源

相对于世界上的一些国家来说，我国的住房公积金制度起步比较晚。由于这种特殊的背景，我国住房公积金制度的建立和发展借鉴了其他一些国家的优点。如新加坡于 1955 年就成立了公积金管理局。作为公积金制度的管理机构，公积金管理局负责公积金的归集、结算、使用和储存等业务，所有新加坡公民和永久居民都是公积金会员，必须将其工资的一定比例缴给公积金局，同时雇主也必须替雇员缴交占其工资一定比例的公积金，统一存入会员的账户，政府对公积金不纳税，公积金的所有权属会员个人。新加坡公积金制度的顺利实施为其社会保障事业发展作出了重大贡献。

借鉴类似新加坡等国的成功经验，1991 年 5 月，上海结合中国的国情，建立起了具有中国特色的住房公积金制度，开辟了我国住房公积金制度的先河。上海住房公积金建立以来，为城镇职工每年递增 100 万平方米以上的住房，极大地缓解了上海城镇职工住房的突出矛盾①。为我国找到了一条较好解决城镇职工住房商品化的途径，使住房公积金制度快速地进入了试点阶段。

继上海住房公积金制度取得成功之后，北京、天津等城市相继建立住房公积金制度。1994 年 7 月，国务院发布《国务院关于深化城镇住房公积金制度改革的决定》(国发[1994]43 号文件)，明确提出了要全面推行住房公积金制度，把建立住房公积金制度作为房改的核心内容。要求所有的行政机关和企业、事业单位及其职工均应按要求建立住房公积金制度。《决定》颁布以来，住房公积金制度由部分城市试点进入了全面推行阶段。

1999 年 4 月 3 日，国务院发布《住房公积金管理条例》，其将住房公积金定义为：住房公积金是指国家机关、国有企业、城镇集体企业、外商投资企业、城镇私营企业及其他城镇企业、事业单位及其在职职工缴存的长期住房储金。《住房公积金管理条例》的颁布，标志着我国住房公积金制度进入了规范化、制度化和法制化的发展新阶段。

2002 年 3 月 24 日，国务院公布的修改后的新《住房公积金管理条例》指出，住房公积金是指国家机关、国有企业、城镇集体企业、外商投资企业、城镇私营企业及其他城镇企业、事业单位、民办非企业单位、社会团体及其在职职工缴存的长期住房储金。

随着住房资金对住房市场的影响作用越来越积极，2005 年《住房公积金管理若干具体问题的指导意见》再次扩大了住房公积金缴存覆盖面，提出了有条件的地方可以把城镇单位聘用进城务工人员、城镇个体工商户、自由职业者纳入住房公积金缴存范围，部分城市将外来农民工也纳入缴存范围，进一步扩大了住房公积金缴存范围，政策性住房储蓄金融功能基本形成。

从图 9-1 可以看出全国住房公积金的几何平均增长率达到 20%以上，发展迅速。

2008 年，全国住房公积金累计归集 20699. 78 亿元，累计提取 8583. 54 亿元，累计 961. 17 万户申请到住房公积金贷款 10601. 83 亿元，全年有 131. 13 万个家庭获得住房公积金贷款。从归集使用的资金量上看，截至 2012 年底全国住房公积金实缴人数达 10219. 9 万人，缴存总额达 50385. 68 亿元，缴存余额 26795. 11 亿元，个人提取总额达 23592. 26 亿元，累计发放个人贷款总额 27964. 48 亿元②。根据住建部公积金监管司提供的数据，截至 2014 年 8 月末，

① 王淑晶. 住房公积金制度及其社会保障功能研究[D]. 重庆大学学位论文，2006.

② 李丽新. 加快完善住房公积金制度[J]. 时代金融，2014，35：329-330，336.

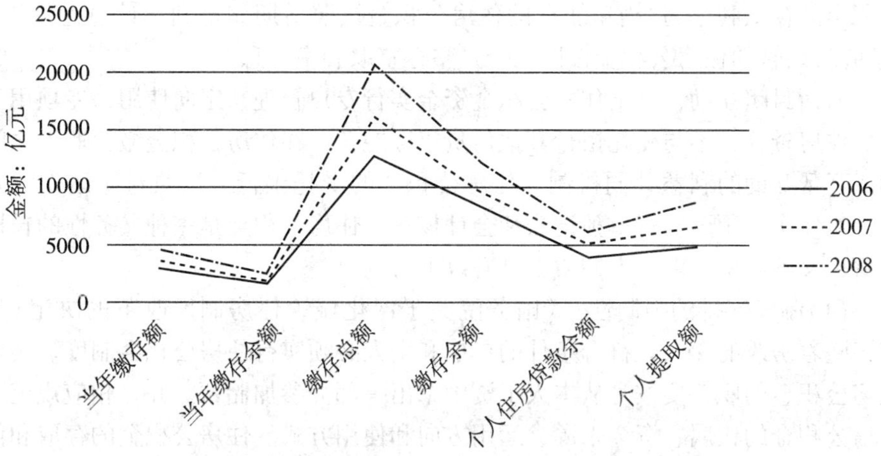

图 9-1　2005—2008 年住房公积金归集情况①

全国缴存住房公积金职工为 1. 07 亿人，缴存总额 7. 03 万亿元，职工提取总额 3. 49 万亿元②。

随着社会不断地发展，住房公积金制度在全国渐渐普及，单位及其在职职工缴存的资金逐年增加，缴存人数也在不断扩大。住房公积金在住房制度改革中发挥着重要的角色，帮助家庭困难的职工解决因资金困难而导致住房困难的问题，推动了城镇化水平的发展，使得住房分配向货币化、社会化和法制化发展，为住房体制改革提供了方向。

二、住房公积金的内容、特点及作用

《住房公积金管理条例》规定，“住房公积金管理委员会决策、住房公积金管理中心运作、银行专户、财政监督”是住房公积金管理的基本原则，其目的是保障住房公积金规范管理和安全运作，实现保值、增值，维护住房公积金所有人的合法权益。

住房公积金实行低存低贷、封闭互助的运行机制。这是住房公积金的运营不同于其他金融资金运营的地方。所谓低存低贷，是指住房公积金的存贷款利率均比金融机构经营的商业性资金的相同期限的存贷款利率要低。低存低贷的

① 数据来源于中华人民共和国住房和城乡建设部网站。

② 葛扬，徐晓明，贾春梅. 我国住房公积金制度演化的回顾与展望[J]. 华东经济管理，2015，3：1-5，193.

利率政策体现了住房公积金政策性的特征。从现有的利率政策规定来看，住房公积金的存款利率为“当年缴存的住房公积金按照活期储蓄利率计算，每年 6 月 30 日结转的住房公积金按照三个月整存整取利率计息”。

所谓封闭互助，是指住房公积金资金实行专户管理、定向使用，专项用于发放住房贷款，不与受托银行其他信贷资金融合，在住房公积金缴存职工之间形成互帮互助的利益共同机制。住房公积金的受托银行，按照封闭运作的要求，对住房公积金实行单独记账和会计核算。住房公积金是一种义务性的长期储蓄，又不同于一般个人储蓄，具有以下特点：

(1)制度安排的强制性。《国务院关于深化城镇住房制度改革的决定》规定，随着房改的深入，符合条件的单位和个人必须实行住房公积金制度。实行住房公积金的职工要按月从本人工资中拿出一部分参加储蓄。并且相应规定了住房公积金的权属、资金来源、运用方向和使用方式。住房公积金的存取和使用均受到有关房改政策、规定的制约。

(2)筹资的社会性。对现有公积金的资金来源，可做两个层次的划分：一是来源于国家、集体和个人；二是无论单位职工是否有住房，房产的产权、面积折旧情况如何，有条件的单位和职工必须上交住房公积金。第一层次体现了资金来源的分配、再分配的社会性质。第二层次表明住房公积金的存储标准已不单纯参照单位和职工的存量住房消费水平，而是以整个社会未来增量住房消费水平的提高为目标，因而体现了部分“公共产品”或社会资本的特征。

(3)使用功能的互助性。这是筹资社会性的目标功能，体现在两方面：一是受益的社会化。住房价值量大，占用资金时间长，单位个人收入的积累短期内不易迅速提高住房的有效需求，通过住房公积金的社会筹集，统一调剂滚动开发，共同受益，风险共担，就可以解决上述矛盾。二是运用的福利化。受益社会化的实现是以加大部分储户资金使用机会成本的同时，增加部分储户的住房福利的方式来实现。使用互助性表明了住房公积金的社会经济功能。

(4)资金用途的确定性。主要表现在两个方面：一是住房公积金使用限定于参储的单位、职工范围内；二是使用方向上只能用于职工住房的购买、建成大修，不得用于家具添置、室内装修，更不得用于工商业投资或市政设施建设。资金用途的确定性遵循了住房消费信用特点，是住房公积金使用的长期性、收益稳定性的前提，也是强制性的根本原因之一。

(5)归属的私有性。住房公积金存款要记入单位名下的职工个人公积金存款账户，职工拥有此账户上的公积金及其部分收益的最终所有权。由于公积金的社会福利性，在公积金的运行过程中，个人不可能享有直接占有、处理和收益的权利，必须采取委托经营方式。归属的最终所有，表明住房公积金具有部分个人资本的职能，是公积金保值增值的根本动力，而支配权的分离则是为了社会经济功能的实现。

由于具有以上特点，住房公积金对于企业和员工有了一些其他制度所没有的作用。

住房公积金可以帮助需要住房的企业员工定向积累购房款，提前购买住房。由于现在房价相对较高，一套普通住房的价格，一般相当于职工家庭二三十年的收入总和。在北上广这样的城市中，房价更贵。因此一般仅靠工资收入的普通家庭是不可能拿出这么大的资金购房、建房的。住房公积金制度可以帮助职工从参加工作开始，每月拿出一部分工资收入，实行定向储蓄，若干年后这笔储蓄的金额就能够用来作为购房的首期付款了。从职工住房公积金的性质来看，它是一种义务性的长期储蓄，单位和个人分别按月缴存占职工月标准工资一定比例的公积金，二者均归职工个人所有。在这一点上，相当于员工得到了单位的资金补贴，增发了一块住房工资，它可以使职工依靠自己的力量和单位的资助，通过长期稳定的低额度的储蓄积累，达到自我购建住房的目的。如果房价很贵，职工仍旧支付不起，当职工参加住房公积金后，职工就有资格获得住房公积金管理机构的贷款，职工可以用三五年积蓄，再加上住房公积金管理机构的贷款，买到一套住房。

帮助员工合理安排支出。住房公积金制度要求职工每月拿出一部分工资收入，定向用于购房。这并不意味着要额外增加职工的生活负担，只是要求职工拿出一定的收入用于住房方面。特别是对于一些初入职场的大学生，公积金能更好地帮助他们进行定量定期的存储，合理地安排支出。

帮助员工享受政府的各项优惠。我国政府对于住房公积金有相当多的优惠：如交存后的扶植，享受免交企业所得税的优惠。交存住房公积金是免征个人所得税的，国家为了推动住房制度改革，对企业缴存住房公积金实行政策上的倾斜，以显示对这项制度的支持。根据规定，企业为职工缴存的住房公积金在成本费用中列支，企业为职工缴纳的住房公积金，可在税前扣除。随着经济的发展，职工收入不断提高，企业建立住房公积金制度后，发放给职工个人的住房公积金可以依法在企业所得税前列支，这样既增加了职工收入又相应减少了企业的税收负担；贷款利率优惠，交存公积金后，职工可以获取的住房抵押贷款利率是低于一般市场利率的；还有住房公积金的存款以最佳的方式保值增值。现行银行定期存款都不计复利，而公积金存款当年采用零存整取一年期利率计息，第二年转为整存整取一年期利率计息，且计复利。还有就是国家规定职工在退休时能一次性、全部提出住房公积金，这相当于积累了一笔可观的养老储金。如一位参加工作 40 年的职工，缴存比例按 10%，月平均工资收入按

2000 元来算，若平时未提取或贷款公积金，就可以在退休时得到近 20 万元的住房公积金本息。

从职工住房公积金的用途来看，它有利于形成国家、集体和个人三结合筹资建房的新机制，有利于职工个人住房基金的建立。特别是把这些零散的公积金合理利用、统筹安排、有重点地投放；阶段性地集中使用，有计划地解决“重要矛盾”，使职工住房公积金百分之百地发挥作用，这样就可以有效地解决一部分单位的建房资金，为加快我国住房建设步伐作出贡献。职工住房公积金制度的实行，有利于促进职工消费结构的合理调整，有利于转变职工住房消费观念，有利于推进住房商品化，逐步改变不合理的住房消费低、房租配给制和福利型的住房制度，这样既可以逐步减轻国家的负担，又可以使职工积累一定的建房资金，改善职工的居住条件，为推进住房商品化创造条件。

从企业方面来看，住房公积金可以帮助企业吸引和留住人才，稳定职工队伍。企业按规定为职工缴存住房公积金，有利于树立职工的责任感和荣誉感，有利于增强职工的工作积极性和凝聚力，有利于稳定职工队伍。例如，效益好的企业，把缴存公积金当作为职工谋福利，提高单位缴存比例，让职工获得更多的实惠，同时也提高了单位的形象，以此吸引和留住了更多的人才为企业作贡献。

第二节 住房公积金的缴存与使用

一、住房公积金的缴存

公积金的缴存由两部分组成。一部分是职工个人公积金缴存的公积金，另一部分是职工所在单位为职工缴存的公积金。这两部分均属于职工个人所有。个人公积金缴存的月缴存额为职工本人上一年度月平均工资乘以职工的公积金缴存比例；单位为职工缴存的公积金的月缴存额为职工本人上一年度月平均工资乘以单位公积金缴存比例。新参加工作的职工从参加工作的第二个月开始缴存住房公积金，住房公积金缴存基数为职工本人当月工资。新调入的职工从调入单位发放工资之日起缴存住房公积金，住房公积金缴存基数为职工本人当月工资。各省市的住房公积金的缴存政策略有不同，但个人缴存比例与单位缴存比例一致。例如北京、重庆、杭州和昆明等市的缴存比例为 12%，上海市为 7%，深圳、广州、西安、贵阳、郑州和济南等市的比例为 5%~20%。

缴存比例在一个公积金年度内(每年 7 月 1 日至次年 6 月 30 日)只能调整一次。自 2014 年 7 月 1 日起，深圳市单位可以根据自身实际情况调整一次住房公积金缴存比例。例如员工2013年的年平均工资为62619元，折合成月平均工资为5218元。住房公积金缴存基数不得低于1600元。住房公积金缴存基数不得超过深圳市统计部门公布的2013年度全市在岗职工月均工资的5倍，即不超过26091元(2013年度职工月平均工资5218.25元×5倍)。

职工月均工资总额(实行年薪制的按月均分)未超过上述限额的，以实际月均工资总额作为缴存基数；超过上述限额的，以该限额作为缴存基数。因连续亏损两年等情况缴存住房公积金确有困难的单位，经本单位职工代表大会或者工会讨论通过，可以向公积金中心申请降低缴存比例或者缓缴住房公积金。符合前款规定条件的，公积金中心应当对单位提交的申请予以核准。降低缴存比例或者缓缴住房公积金的时间不得超过两年。期限届满后未能恢复正常缴存住房公积金的，应当按照前款规定重新申请。

北京市规定单位和职工住房公积金的缴存比例均不得低于职工上一年月平均工资的8%。连续两年盈利并且按照规定足额缴存住房公积金的企业可以将缴存比例提高到10%。对于公司运营状况不好的企业，可以申请降低缴存比例或者缓缴，但每次申请降低缴存比例或者缓缴的期限不得超过一年。待单位经济效益好转后，恢复原缴存比例或者补缴。

二、住房公积金的提取与转移

员工在符合法律规定的条件下，可以提取自己账户中的住房公积金。住房公积金的提取需要经过提取审核。所谓住房公积金提取审核，是指各地公积金管理中心(分中心、管理部)或者中心委托的各个公积金提取业务经办银行网点，根据住房公积金的相关政策、规定和操作规范，对提取申请人的提取资格和提取行为真实性进行检验，目的在于确保住房公积金资金的安全性和住房公积金的专款专用。

住房公积金的提取分为两种，一是住房消费提取：购买具有所有权的自住住房；建造、翻建、大修本市范围内具有所有权的自住住房；支付本市范围内自住住房租金；偿还本市范围内自住住房贷款本息；支付本市范围内自住住房物业管理费。二是非住房消费提取：退休；完全丧失劳动能力，并与单位终止劳动关系；男性年龄满50周岁或者女性年龄满45周岁，失业且住房公积金账户封存均满2年；在国外或者港、澳、台地区定居；户籍迁出所在市；户籍不在所在市并已申请基本养老保险或基本医疗保险关系转移手续；享受最低生活保障；因职工本人或家庭成员患慢性肾衰竭、恶性肿瘤等重大疾病以及进行重大疾病手术造成家庭生活严重困难等。

不同的省市也有不同细微差别，例如北京市规定房租支出超出家庭工资收入5%的可以提取公积金；而长沙市规定房租超过家庭工资收入15%的员工才有资格提取公积金。除此之外，长沙市还规定了租住本市廉租房和与单位终止或者解除劳动关系，连续失业2年以上的人员也可以提取个人账户的公积金。

对于提取额度，职工购买、建造、翻建、大修住房的，可提取本人个人账户内的余额。其中未申请住房贷款的，账户余额可截至签订购、建房合同的当月；本人个人账户余额超过实际购、建房支出总额的，按实际支出数提取。职工偿还住房贷款本息的，每年可提取一次，每次提取的账户余额不超过当期还本付息额。其中贷款结清时，账户余额截至贷款结清的当月，贷款结清后不再提取。职工租赁住房自住的，每年可提取一次，每次提取的账户余额不超过当期实际房租支出的70%。职工本人账户余额不足上述提取限额的，其配偶、父母、子女可在限额内按规定申请提取各自的住房公积金。职工及其配偶、父母、子女合计提取金额不得超过上述限额。

住房公积金的转移是指职工住房公积金账户从一个单位转移到另一个单位的行为。住房公积金账户转移往往发生在单位调整或职工个人工作变动时。在单位调整或职工个人工作变动情况下，需要将职工已缴存的住房公积金金额转移到变更后的单位或职工调入的单位，以准确反映职工个人住房公积金账户的流动情况，保证职工个人住房公积金账目的准确、完整。当参加住房公积金的职工变动工作单位时，其住房公积金应办理转移手续，其在原单位名下的住房公积金应转入新调入单位的公积金账户名下。该职工在原单位名下的公积金账号随之取消。

三、住房公积金的封存

住房公积金账户的封存是指单位与职工中断工资关系(但仍保留劳动关系)致使住房公积金缴存中断，其住房公积金账户无法转移且又不符合销户提取住房公积金条件时，中断缴存的住房公积金账户应予封存。等进了新的公司就可以启封，也有公司不封存的，由下一家公司转移的。职工与原单位终止劳动关系后尚无新单位就业的，原单位应自劳动关系终止之日起30日内，将住房公积金账户转入中心托管专户管理。

当住房公积金账户被封存的职工重新就业或者与原单位恢复工资关系时，职工及其所在的单位应按规定缴存住房公积金。职工恢复缴存住房公积金时，其住房公积金账户恢复正常状态。住房公积金账户启封手续由职工所在的单位办理。

四、住房公积金的贷款

住房公积金制度是我国在住房商品化进程中所建立的一种政策性的住房金融制度。建立住房公积金制度的目的之一是通过住房公积金的资金互助，提高参加该项制度的职工家庭自住住房的能力。职工通过申请住房公积金贷款，把一次性支付购房款变为长期的支付，提高职工的支付能力。

只有参加了住房公积金制度的职工才有资格申请住房公积金贷款。参加住房公积金制度者要申请住房公积金个人购房贷款还必须符合以下条件：申请贷款前连续缴存住房公积金的时间不少于 6 个月、累计缴存住房公积金的时间不少于 2 年。住房公积金贷款申请人应当有相当于购买住房价格的一定比例的自筹资金；住房公积金贷款申请人应统一办理住房抵押和住房保险。配偶一方申请了住房公积金贷款，在其未还清贷款本息之前，配偶双方均不能再获得住房公积金贷款。因为住房公积金贷款是满足职工家庭住房基本需要时提供的金融支持，是一种"住房保障型"的金融支持。

不同的地区对于住房公积金贷款的规定也略有不同(见表 9-1)。关于贷款的额度，一般的金融机构发放的住房抵押贷款的最高贷款额不超过总房价的 80%，住房公积金贷款都规定了最高限额及限制比例，并根据实际情况进行适时调整。

表 9-1　　**主要城市公积金贷款额度①**

城市	一手房最高贷款额度(万元)	二手房最高贷款额度(万元)
北京	120	80
上海	40	30
广州	50	50
武汉	60	60
长沙	40	40
福州	60	45
青岛	60	35
天津	60	60
重庆	60	60
昆明	40	40

① 数据来源于各地住房公积金管理网站。

以天津市40岁的王先生为例，每月缴存住房公积金400元，单位和个人缴存比例均为10%，住房公积金缴存余额为8000元；配偶每月缴存住房公积金450元，单位和个人的缴存比例均为15%，住房公积金缴存余额为6000元。该职工购买商品房，房价50万元，贷款年限15年。如采取夫妻双贷方式，按照有关规定，通过计算王先生夫妇的还贷能力，贷款额度约为32万元；商品房至多可贷款七成，50万元×70%=35万元；个人住房公积金贷款为40万元；在32万、35万和40万中的最小值的32万元，所以，王先生夫妇可申请的公积金贷款最大额度为32万元。如果王先生夫妇首付款为20万元，公积金贷款30万元。

第三节 住房公积金现状及发展

一、住房公积金的现状

住房公积金制度是我国重要的住房社会保障制度。自从1999年4月3日国务院发布《住房公积金管理条例》开始，住房公积金制开始普及发展，单位及其在职职工缴存的资金逐年增加，缴存人数不断扩大。各个省市和自治区因地制宜地实施了相关地方细则，促使我国住房公积金归集额大幅度增长。

住房公积金在为我们带来的好处的同时，也不可避免地存在诸多弊端。特别是我国地域辽阔，经济发展不均衡，地域差异还比较明显，地区经济的影响对于公积金的发展与实施影响很大。

管营不分的运作模式成为制约住房公积金制度发展的瓶颈。现行体制缺乏投资手段和渠道造成资金大量沉淀，使用率不高，或为银行占用，为他人谋利，不符合市场经济在资源使用方面的规律。行政占用严重，住房公积金信誉受到冲击。既然没有营运的目的和机构，实行行政管理，这块资金实际成为地方政府可支配的资金，当地政府部门为了形象和政绩挪用、占用住房公积金就是理所当然的事情，不良债权的形成也不可避免。公积金政策优势弱化，归集难度加大。据统计，北京、天津、上海、广东、福建、浙江等省市住房公积金应用率高达90%，而河南、甘肃、河北和贵州等省市不足30%。2014年全国住房公积金年度报告显示，山西省运用率仅为25%，为全国最低。住房公积金各种业务的发展程度存在明显的不均衡，这最终将会拉大地区之间居民的住房水平。2010—2012年，房价处于高位的北上广，住房公积金累计缴存余额持续走高。2012年，北京、上海高达1800多亿元，广州880多亿元，三地公积金的沉睡率在10%~15%①。一方面房价居高不下，另一方面住房公积金却提取难，高结余下高贬值。改善运作模式、有效地利用公积金是解决这两方面矛盾的根本有效途径。

目前我国的住房公积金作为提供住房贷款的机构还比较薄弱。住房公积金被用来发放住房贷款的比率并不高，这主要是住房公积金贷款主要使收入较高的家庭受益。住房公积金是基于工作就业的，大部分非正规就业或失业的中低收入者无法参加公积金，很多低收入的成员因为承受能力的制约而无法使用其公积金。同时，在公积金风险分散和监管方面还存在一些政策问题。住房公积金大部分的资产是某个特定地区的房地产贷款，因而公积金的贷款组合没有进行充分的风险分散。在监管方面，建设部缺乏金融机构监管的专业能力。最后，在促进住房开发和安全合理贷款二者之间也存在潜在的利益冲突②。

在归集额方面，住房公积金覆盖率还比较低，目前除了国家机关、事业单位和效益比较好的企业外，其他企业单位通常都没有缴纳住房公积金，据统计，大城市住房公积金覆盖率在90%以上，而大部分省市覆盖率在50%以下。另外，住房公积金缴存比例不均匀，某些经济欠发达的地区，住房公积金缴存比例低、数额小。从我国现行公积金缴费标准来看，其比例为6%~12%，缴纳公积金基数不得超过当地月平均工资的5倍。一些管理比较完善和经营情况较好的企业的公积金缴纳比例远远超过既定标准，然而那些经营状况不善和对企业住房公积金认识存在偏差的企业缴纳标准则低于6%。从企业对住房公积金制度执行的实际情况来看，许多企业内部由于宣传或者自身原因，没有及时给员工缴纳公积金或者是故意拖延不愿意给员工缴纳住房公积金；员工本身也存在只考虑现实利益而不想从工资中扣缴住房公积金，没有充分认识到这一制度带来的好处，助长了企业拖延或者不给员工缴住房公积金这一不合理倾向。

目前我国的住房公积金办理手续复杂，不仅步骤多，而且需要花费一定的时间，往往需要奔波于各个办理点之间。同时还伴随着产权风险、欺诈风险、法律风险等，从住房公积金业务本身的办理来讲，也阻碍了住房公积金事业发展。在一些住房公积金缴纳比较规范的企业中，员工的购房提取和贷款需求都比较大，住房公积金的管理部门在接受企业办理住房公积金手续时，往往出现手续复杂、办理期限短和贷款条件多等问题，企业虽然有完善和规范的公积金缴纳制度，但依然会存在员工提取和贷款的问题，这在一定程度上降低了住房

① 黄玥. 北上广巨额公积金沉睡被指成“劫贫济富”工具[N]. 广州日报，2014-04-02.

② 侯红梅，尢新伟. 现阶段我国住房公积金制度的坚持与调整——住房公积金制度的政策定位和热点问题分析[J]. 中国房地产，2007(4)：66-68.

公积金的使用率，也降低了员工使用公积金的积极性。比如，申请办理公积金购建住房贷款必须提供运作单位认可的、相当数量的抵押品，而且这些抵押品必须是有价证券；同时，还要求借款职工单位开具有关证明等。

住房公积金管理机构监管制度多样化。我国现阶段对住房公积金的管理由四部分组成，首先由住房委员会决策，再由住房公积金管理中心运作，接着由银行资金专户存储，最后由财政监督。住房公积金管理在运作和管理过程中主要通过下列模式来行使资金管理决策权：一是单独设立住房资金管理中心，由政府直接领导和管理。二是通过合并来达到职权的统一化和办公一体化的模式。三是将其规划到财政部门，成为财政部门内设机构，便于住房资金统一管理的模式。这样导致管理监督制度多样化，当住房公积金出现监管缺失等问题时，责任不明确。

住房公积金的决策制度还不健全、管理还不够规范以及监督机制不尽完善，在一定程度上影响了住房公积金工作的正常开展。譬如某些地方将住房公积金挪用到与住房无关的项目上，将住房公积金借贷给房地产开发商，与开发商、银行合谋骗取住房公积金，骗取国家保障房项目贷款，违规分配增值收益挤占公积金。公积金在运作中，一些人利用职务之便套取和挪用公积金，公积金的资金运作困难。加上监管不严和处罚力度的不足，违规使用住房公积金的行为屡禁不止。

正是缺乏科学的资金运作机制，不能确保住房公积金的安全使用。违规违纪现象、挪用住房公积金的情况时有发生，侵害了职工的合法权利。有些住房公积金管理中心管理混乱、以赚钱为主要目的，一些领导既管资金，又管开发，不按住房公积金定向使用原则，盲目用于其他方面的投资，违规发放住房公积金贷款，批准与住房公积金用途毫不相干的项目贷款，替一些单位贷款提供担保，承担了连带责任，增加了住房公积金的风险。

二、住房公积金的发展

鉴于住房公积金的现状，为了住房公积金事业的长久发展，我们需要从法律、机制、管理、宣传等方面入手，克服住房公积金相关工作存在的问题，发挥住房公积金的优势。

理顺住房公积金管理体制。优化企业住房公积金管理必须改善现行的混乱管理体制。具体说来，住房公积金管理机构的职能不够明确，机构设置不够合理，应该给企业的住房公积金管理机构重新定位，把这些管理机构的管理和运作职能分离开来，以改善管理存在重叠的问题。挂靠单位需与企业住房公积金管理中心分离。同时，住房公积金管理中心应具有独立的办公部门，管理中心管理人员不得兼职其他工作。严格控制负责人员的工作职责是为了防止挤占、挪用住房公积金的行为，从而保障企业职工的合法权益。对于企业住房公积金管理小组构成人员而言，应该加大职工代表的比例，从而使工作制度和会议决策更加民主化。

简化手续，提高办事效率。尽可能简化手续，公积金管理中心、受托银行及其他中介机构合署办公，一切以客户为中心，让客户满意。各相关单位、部门要相互协调，提高办事效率，改进贷款服务手续，同时要加强贷款风险管理，健全贷款档案管理制度。

提高风险防范能力。利用住房公积金进行贷款，要建立借款人的个人信息管理库，尤其是借款人的诚信度。由于企业员工岗位经常会有一些变动，住房公积金管理机构要时刻关注这些员工的家庭收入变动信息，避免因其偿付能力不足而引起风险，从而从根本上防止违约风险；对于信贷人员来说，要加强他们的业务素质和责任意识，避免出现技术错误和人情贷款现象。除此之外，还应该严格内部控制，审批制度要层层贯彻，避免因越权违规发放贷款而造成的风险；贷款要严格按照个人负责制，对于那些已经办理贷款的职工的信用情况要全面地了解和把握，出现问题要及时采取相应的预防措施，及时化解风险。

完善住房公积金相关法律法规。住房公积金相关法律法规的不完善是导致企业住房公积金管理混乱和监管不力的重要因素。我们可以借鉴国外企业住房公积金管理相关法律措施，从相匹配的管理措施中构建有效的管理法规。这可以最大限度地发挥企业住房公积金的利用效率。从实际情况来看，我国国内有一些城市已经为企业住房公积金的管理配套了相应的法律条款。已经具备了一定的经验，同时不仅要对现行的公积金管理制度进行探讨，还应该完善与之相匹配的法律法规，为规范企业公积金管理提供法律保障，从而维护广大职工群众的合法权益。根据《住房公积金管理条例》的相关要求，要求做到专款专用，并在立法程序上予以进一步明确，要求在法律要求的范围之外，任何部门和领导都不得擅自使用住房公积金，真正做到住房公积金工作的有法可依和有章可循。在发现出现违规挤占和挪用住房公积金的时候，需要积极采取相关措施，追回被挤占或者挪用部分，并追究相关部门和负责人的责任，对于构成犯罪的，要依法追究刑事责任。

建立一套完整且合理的安全保障机制。在这方面，可借鉴我国香港的做法。香港的安全保障机制是：强积金制度为计划成员提供三层保护：一是要求受托人、托管人及投资管理人资本充足，以防计划管理不善时，仍有能力赔偿成员的损失和改善计划的管理；二是要求各经办机构必须购买专业弥偿保险，补偿因其欺诈、疏忽或其他风险而可能蒙受的损失；三是建立补偿基金，并注资六亿港元作为补偿基金的创办基金。

推进住房公积金管理多元化。当前，我国企业住房公积金的管理形式还比较单一，无法适应企业职工多元化的要求，企业住房公积金管理多元化有必要拓宽其使用范围。为了能让广大企业职工能切身感受到住房公积金效益，应该继续放宽职工申请住房公积金的条件限制，对于那些中低层收入的职工来说，要加大对他们享用住房公积金的扶持力度；企业对广大职工背景情况有一个整体的把握和了解，将他们对住房公积金的需求进行合理分析，从而构建和优化整个住房公积金管理的使用及运作方式。结合在住房公积金管理中的软硬件保障体系，从而实现住房公积金管理的多元化。目前许多省份已经开展实施住房公积金异地购房贷款，即指在缴存地所在的住房公积金管理中心登记的缴存职工，只要满足相应的要求，便可向购房地所在的住房公积金管理中心申请住房公积金个人住房贷款。还有部分地区采用住房公积金互通互认和互提互贷等方式来丰富住房公积金的管理方式。如湛江、茂名、阳江、云浮、肇庆五市签订协议：允许在协议方使用地范围内，购买自住住房的住房公积金缴存职工提取本人账户内公积金，以及能享受使用地的住房公积金个人住房贷款政策优惠。

加大住房公积金的覆盖面。很多用人单位在招聘员工的时候，并没有严格按照相关规定办理住房公积金登记工作，而对于没有缴纳或者少缴住房公积金的用人单位，要对其进行相应的处罚。努力提高住房公积金的归集率，督促相关的用人单位按照规定按时办理住房公积金的缴纳工作，维护单位职工的合法权益。另外，住房公积金的贷款率应该进一步降低，或者实施无差别利率，购买自住、低总价和小户型的低收入家庭，应该为其提供更加优惠的贷款利率，并简化贷款的手续，真正解决低收入居民的住房困难问题。政府应把农民工纳入住房公积金的覆盖范围之内，完善和推进农民工住房公积金和住房补贴制度，对于在城市有稳定劳动雇佣关系的农民工应逐步纳入住房公积金覆盖范围，并制定异地转移、接续、缴纳、提取办法。目前，江西和四川等地已经出台一系列政策，表明会把住房公积金制度逐步覆盖到在城市中有稳定工作的农民工，农民工及其单位可以按照规定的缴存比例，先行建立住房公积金账户。济南住房公积金管理中心印发的《济南市农民工住房公积金缴存使用暂行办法》则明确规定：农民工与济南市行政区域内的用人单位签订1年(含)以上劳动合同且已缴纳“五险”的，用人单位应按单位统一的缴存比例为其缴存单位应承担的住房公积金，农民工个人可以选择不同于单位的缴存比例缴存个人应承担的住房公积金，其缴存比例不得低于5%，不得高于12%。

对比学习国外发达成熟城市的公积金制度。新加坡中央公积金制度在1955年建立时的初衷是以养老为主，1968年之后才开始进入住房领域。在微观上，公积金会员不仅可以用公积金养老，而且可以用来买廉价住房，进行医疗保险，甚至可以进行教育投资和证券股票投资，使会员得到很多实惠；在宏观上，增强了社会保障能力，并可以通过这笔资金进行宏观经济调控，有利于社会、经济和政治的稳定。中国住房公积金只是为了住房消费。又如韩国从1981年设置的国民住宅基金，到2007年新成立的租房发展基金，经过近三十年的发展，已经形成以国民住宅基金为主体，以住房贷款担保基金、租房发展基金和韩国住房金融公司为辅助的公共住房金融体系。韩国公共住房金融的主要功能是面向中低收入家庭提供长期低息购房贷款或相关支持并为小型商品房和公共租赁住房等多种类型的公共住房建设提供建设资金支持。与中国住房公积金制度相比，韩国的国民住宅基金不是基于居民个体的强制性储蓄，而是国家设立的政策性住房金融机构，具有十分强烈的公益性、政策性，功能和目标都十分明确，服务群体清晰，而且使用方向多样，既有购房贷款，也有建房金融支持；国民住宅基金没有中国住房公积金这样通过强制性储蓄获得的巨额和稳定的资金来源，但通过政府支持，发行国家住宅债券等的资金来源也比较稳定。

每一个制度都是立足该国具体国情，经过长期历史发展起来，也是在不断改革完善之中，每一个制度也都有一定的优点和长处，但也都存在相应的缺陷和不足。住房公积金已经在近20年的发展中受到老百姓的认可，这值得我们珍惜。对比国外经验，中国住房公积金有自身的不少优势，那就是规模极大，覆盖面广泛，资金来源非常稳定，融资成本低，可使用途径集中在住房消费，同时也有一定灵活性，在使用中也带有一定互助性质，而且经过近20年的发展，各项规章制度也比较规范了。这些特点是很多其他国家做不到和羡慕的。当然，跟国外一些优秀经验比较起来，尤其韩国的国民住宅基金，中国的住房公积金在住房保障和对中低收入人群的倾斜性上做得还不足，没有突出在这方面应有的功能，所以被世界银行等国际机构质疑有“劫贫济富”之嫌；另外，中国住房公积金中心是事业单位性质，导致在金融业务运作上的规范性和专业性上也欠缺，有不少风险管理上的隐忧。这些都是需要及时改进的。

综上所述，住房公积金制度及管理的完善不仅能提高住房公积金的管理水平和保障职工购房权益，促进他们的房产消费，也有利于住房分配制度的改革和完善。为缓解员工的住房压力，建立良好的企业环境，构建和谐社会迈出更大一步。

三、企业管理住房公积金

自2002年以来，我国的住房公积金制度先后出台了《住房公积金管理条例》等十几个规范性文件，强调了住房公积金制度的强制性、互助性和保障性特点，但针对企业违反住房公积金制度后，如何对企业及企业责任人进行处罚，却没有具体条款。针对国有大中型企业发生经营困难后，产生欠缴或者少缴住房公积金的解决办法依然空白。缺乏政策的执行力度，将会严重破坏公积金制度的持续性和严肃性。目前，我国应尽快制定和完善公积金有效行使的法律依据。例如建立弱势群体的保障优惠性政策。针对一些职工不愿意缴纳住房公积金的短视行为，巴西的做法值得借鉴。巴西国家住房银行1964年成立，是巴西政府住房计划的融资主体和主管机构，也是独立的政策性住房金融机构。其资金来源以“失业与保障公积金”转化而来的长期服务保证金为主，其资金运用80%用于长期住房贷款。巴西国家住房银行只对中低收入家庭发放贷款，对低收入家庭实行优惠利率，利率优惠程度随着收入而有差别，收入越高，优惠程度越少。

我国企业要强化住房公积金管理还需要加强监督和审计工作，企业的内部审计机构、政府的各个监督部门以及银行之间要加强沟通，开展监督工作，全面加强对住房公积金制度运行的监督，不仅是要在事后进行监督和检查，而且在事前和事中都需要严格地监督。建立起严密的内审管理制度和内控制度，对企业住房公积金管理机构职责履行、权力运用、行为规范等方面进行全面监督，对信贷人员、会计、财务等重要岗位人员合理分工、轮岗，建立明确的奖惩制度，禁止滥用职权。同时，也要建立适当的责任分离制度、完善的岗位责任制度和规范的岗位管理措施。住房公积金管理部门要制定出完善的岗位责任制度、严格的操作程序和合理的考核标准，完善各类监督、审计检查制度。

适当放宽住房公积金提取的使用范围和条件。以往住房公积金的使用范围比较窄，住房公积金的使用效率就比较低，为了有效提高企业的住房公积金的使用效率，应该从以下几方面进行：首先，要不断拓展住房公积金的使用范围，在以往保证购房和贷款的基础上，住房公积金也可以用来支付高额的租金，解决低收入职工的实际需要。其次，要放宽对住房公积金的提取限制，促进低收入职工的消费能力的提升。目前企业住房公积金制度规定，住房公积金的使用范围仅限于改善职工居住条件，提取条件又十分苛刻。比如职工在装修自己的房屋时，为了节约装修费用，往往雇用懂装修的社会零散人员，提供不出正规的装修发票。这样，条款便限制了职工住房公积金的正常提取和使用，永远也享用不到自己长年缴存的住房公积金，只能到退休时全额领取。建议根据企业职工实际情况，采用柔性化管理，降低职工提取和使用住房公积金门槛，放宽使用范围，切实解决低收入职工的生活中的实际困难，把沉淀的资金解放出来，提高资金的使用效能。再次，企业应该相应地放宽贷款条件，提高贷款限额。要结合目前房地产市场办证滞后现状，根据职工购房的真实行为，对职工实际购买的、房产开发公司能提供两三个证件的房产的允许使用公积金贷款；同时要取消公积金贷款担保条款，若贷款人如期不能还款时，可以用购买的房产进行清偿。最后，可以适当提高贷款限额。根据社会经济发展、职工收入水平和房地产市场的发展变化情况，及时调整贷款限额，切实为低收入职工提供有力的支撑和保障。

企业可实施住房公积金对冲还贷业务。这是指办理了住房公积金贷款的职工，在偿还贷款的过程中，可使用借款人(对冲还贷人)及配偶(共同对冲还贷人)缴存的住房公积金来冲抵部分或全部月还款额的操作方式。同时职工还可以办理“增加月供，缩短贷款年限”等业务。一方面扩大缴存力度，另一方面极大地减轻职工还贷压力，最终实现住房公积金的良性循环。

简化住房公积金的使用手续，职工在贷款的过程中能省去一些繁琐的手续，简化贷款程序，不仅能提高职工使用住房公积金的积极性，而且也在很大程度上提高了办事效率。住房公积金管理中要调整贷款发放方向，扩大职工的受惠面，贷款发放应该向基层低收入职工倾斜，使企业全体职工享受住房优惠政策，充分体现住房公积金的保障性作用。

随着网络的发展，电子化的趋势越来越明显。企业应该逐渐将计算机网络等信息技术引入公积金操作流程中来，建立住房公积金网络信息系统来满足公积金管理与核算的动态化、实时化。特别是在公司员工有所变动时，采用互联网来在公积金网站进行系统增员或减员是十分方便的。因此，做好住房公积金管理不仅仅需要信息网络技术和软件，更需要这方面的专业人才来进行操作和维护。企业需要公积金管理信息系统的复合型人才，不但要懂得公积金，还要对电子商务和信息网络有充分的了解掌握。

让员工及时掌握个人的住房公积金信息。企业可在每年年底定期为职工邮寄住房公积金个人对账单，账单中详细列明职工个人住房公积金缴存情况及贷款情况明细，同时将该账单作为企业住房公积金政策的宣传载体，使信息更加公开化、透明化。此外，企业还可在内部办公系统网上查询住房公积金缴存、提取及余额情况。多种查询方式的建立，可以向职工传递更及时、更有效的信息，自觉接受社会监督，及时纠正工作中存在的问题和薄弱环节。

当前我国企业住房公积金管理中还存在比较多的问题，所以政府要采取积极的措施强化住房公积金管理，建立完善的管理制度，加强监督工作，提高职工的维权意识，简化各种业务办理手续，使住房公积金制度真正为全体职工带来实惠。住房公积金制度的成功，不但能增强居民住房支付能力，为政府主导的市场取向的住房体制改革奠定了基石，而且对拉动新的消费热点、发展住宅业以及培育新增长点的产业而言，也是一种强有力的支持。对于员工而言，带来定向存储、优惠的贷款以及一系列的优惠的住房公积金无疑具有很大的吸引力。在以后社会的发展中，政府与企业都应该不断地完善住房公积金制度，促进社会的和谐发展。

复习思考题

1. 怎样理解住房公积金制度的概念？它的作用是什么？
2. 我国住房公积金制度还存在哪些问题？如何完善？
3. 企业如何管好住房公积金？

【案例】

上海住房公积金怎么买房 巧用贷款会减少很多

1. 首次购房用足额度，主贷参贷仔细斟酌

李先生公积金账户内的余额较多，考虑到离退休还有近10年时间，要用好这笔钱，最好的办法是贷款买房。他打算购买一套市中心的老工房作为投资，先出租，以后就给儿子作为婚房。细心的中介提醒他，办理公积金贷款不妨以儿子作为主贷人，他作为参贷人。

原来，李先生已经买过房子，按规定，再申请公积金贷款要符合改善性需求的标准，即便符合了，利率也要按照1.1倍计算。在他们前次购房时，儿子尚未成年，按规定，成年后的儿子单独购房就可以享受首套房政策。李先生儿子刚刚参加工作，公积金账户内的余额很少，不能用足额度，李先生参贷后，其账户内的余额可以合并计算额度，帮助儿子用足首套房公积金政策。

《上海市住房公积金个人购房贷款管理办法实施细则》第八条(共同贷款对象的条件)规定，贷款申请人的配偶、同户成员作为住房公积金共同借款人的，可以参与公积金贷款额度计算，同户成员是指在申请公积金贷款时与贷款申请人属同一户籍且时间在一年以上(含一年)的直系血亲。李先生符合共同贷款的条件。

此外，二套房政策中房屋套数的认定以家庭为单位，即主贷人、主贷人配偶和未成年子女属于一个家庭，由于李先生不是主贷人，因此其拥有一套住房是不作为首套房申请贷款的审核条件，只要其儿子在成年后没有购买过产权房、没有贷款记录，就可以认定为首套房，享受公积金贷款首套房政策。如此，李先生从主贷人变为参贷人，其公积金账户的余额就能取得更好的效益。

2. 提前还贷扣准年限

两年前，吴先生利用公积金贷款购置了一套房，贷款期限为10年。如今，吴先生准备提前还掉部分贷款。他听说，提前还款可以通过缩短贷款年限，享受到低利率。但他提前还款后，发现利率并未降低。

原来，公积金贷款利率年限不同，其利率也不同，主要区分是有没有超过5年。吴先生两年前买房时，5年期以上的公积金贷款年利率为3.87%，5年期以内(含5年)的利率为3.33%。缩短还款期限的利率计算依据为：缩短后的贷款年限加上已还贷款年限，若少于5年(含5年)，剩余还款期内的利率按5年期以内计算；若超过5年，则仍按5年期以上利率计算。吴先生已经还款两年，如果他将剩余贷款年限缩短到3年，这3年自然就能享受到优惠的年利率。但是如果他将剩余贷款年限缩短到4年，加上已还款的两年总共为6年，就只能仍沿用5年期以上的利率。

需要提醒的是，即便吴先生将剩余还款期限缩短到3年，其前两年已经按5年期以上利率计付的利息将不能减退，只是在剩余3年的还款期内享受低利率。

第十章 健康保险计划

引言：企业健康保险计划是在我国社会保障还不够完善的情况下建立的一种过渡式的医疗保障制度。补充医疗保险在我国已经有了近30年的发展历史，国家和各地政府给予了这种过渡式的保障制度在税收和财政上的支持，各地方政府也根据本地的特点摸索出了不同的模式。本章介绍了企业制订健康保险计划的影响因素及具体实施健康保险计划的基本程序，旨在为读者提供相应的参考和借鉴。另外，除了生理上的健康保险计划之外，本章还对员工援助计划(EAP)进行简要的阐述，重点说明了EAP的内容、实施流程及其在我国的发展。

第一节 健康保险计划概述

根据人力资本理论，劳动者的人力资本存量除了知识、技能和工作经验外，还应该包括个人健康。在这四个要素中，员工健康起决定作用，因为员工的健康关系到个人劳动周期的长短，关系到员工知识和技能的应用，关系到企业发展目标的完成情况。但是，我们可以看到，在今天这个竞争异常激烈的社会，员工健康往往被企业忽视。来自英国专家的研究显示：每年由于压力造成的健康问题，通过直接的医疗费用和间接的工作缺勤等形式造成的损失竟达整个GDP的10%。而我国国家安全生产监督管理局的数据表明，我国企业员工现在面临的压力越来越大，每天会产生5000个职业病人，企业每天因此遭受的损失达到2000万元。由此可以看出，员工健康对于企业和国家的重要性。

随着我国改革开放的不断深化，社会保障的作用和意义日益凸显。为了解决城镇和农村居民“看病难”和“看病贵”的问题，国家出台了一系列的医疗保险制度，在一定程度上改善了这种状况。随着社会的发展，医疗费用呈现出不断增长的趋势，由于我国社会保障制度还不健全，仅仅依靠国家社会保障是很难解决员工医疗费用压力，因此迫切需要企业建立健康保险计划来分担员工及其家庭医疗负担。

一、健康保险计划的概念

提到医疗保险，大多数人往往想到的是企业按国家法律强制规定为员工购买的基本医疗保险。除了基本医疗保险之外，也有一些企业制订了补充医疗保险计划，作为基本医疗保险的一项补充性的福利和健康保险计划的重要组成部分。

什么是补充医疗保险计划呢？补充医疗保险是企业在参加了基本医疗保险的基础上，为员工提供的更高层级的医疗保险福利。企业为此制订的一系列计划和政策，就被称为补充医疗保险计划，通常又称其为健康保险计划，是企业为员工建立的用于提供医疗服务和补偿医疗费用开支的福利计划。从国家政策层面来说，企业补充医疗保险依据企业经营效益和行业特点，经国家社会保障行政管理部门批准设立，其费用由企业按国家有关规定和该补充保险的规定，由企业缴纳。补充医疗保险基金必须实行专款专用并按国家有关规定营运，其他行业和中小企业及职工可以自愿参加。经批准设立的企业补充医疗保险，同等享受国家有关政策和该补充保险规定的待遇。此外，补充医疗保险在就医范围、报销标准、保障项目上与基本医疗保险一致。

企业补充医疗保险与一般商业医疗保险存在区别，这表现在以下四个方面。首先，参保人员范围不同。一般商业医疗保险的参保人员通常是企业根据组织成本和提供的福利保障来确定，可能是组织内全体在职员工，也可能企业只为部分员工提供商业医疗保险，而通常情况下，保险公司不接受退休人员投保。但是，企业补充医疗保险在参保人员方面与一般商业医疗保险不同。企业补充医疗保险的参保人员包括所有参加基本医疗保险的人员，退休人员也包含在内。此外，保险公司也可单独为在职员工投保，但是不得为部分在职员工投保。

其次，承保条件不同。相对于补充医疗保险，一般商业医疗保险对于参保人的健康状况要求更严格。例如，一般商业医疗保险公司对于正患病、慢性疾病和重大疾病等员工均不接受投保。而企业补充医疗保险对参保人员的健康状况要求不会那么严格，不过也会视保险公司的不同而有所差异，因此企业在选择补充医疗保险公司进行投保时要明确承保条件。

再次，保障责任确定方式不同。一般商业医疗保险的保障责任可以按照企业的具体需求和保险公司协商确定；而企业补充医疗保险的保险责任是基本医疗保险责任的补充，责任只能是基本医疗保险责任内报销剩余部分的二次报销。报销上限以基本医疗保险上限为准，起付线和报销比例可以自行设定。

最后，理赔标准不同。一般商业医疗保险的理赔按照保险公司条款和理赔实务标准执行，包括就医医院、就医用药、治疗等均有细致的要求。而补充医疗保险理赔标准原则上与基本医疗保险的规定一致，不再单独订立。

总而言之，补充医疗保险与一般商业医疗保险有着很大差异。不同保险机构对补充医疗保险的承保条件、保障约定、观察期、既往病史、追溯期和人员增减手续要求不一，因此单位在选择补充医疗保险承保公司时，需要根据自身情况慎重甄别。选择有经验的保险经纪公司为企业员工进行投保，这样会为企业少担一分风险多一份保障。

二、健康保险计划的特点

1. 非强制性

基本医疗保险是国家立法强制缴纳的，是为了给企业员工提供最基本的医疗保障。与基本医疗保险不同，健康保险计划不具有国家强制性，其发起原因是企业为员工提供更高层次、更全面的医疗保障。对于员工而言，健康保险计划提高了员工的保障水平，减少了对医疗费用的恐惧心理，为有需要的家庭带来生活的依靠；对企业而言，健康保险计划不仅增强了员工的归属感、满意度和凝聚力，更体现了企业以人为本的基本精神，为企业吸引和留住优秀人才增加了筹码。

2. 政府参与性

虽然企业健康保险计划不是国家强制规定的，但是这一计划无疑能提高社会居民的生活保障，因此这一行为得到了政府的肯定，甚至在一些地方，政府直接主导补充医疗保险的实施。这是补充医疗保险与商业性保险的一个非常重要的区别，而商业性保险都是由营利性组织承办，其根本目的也是营利。正是因为补充医疗保险的保障性作用，补充医疗保险被政府纳入社会保障体系，从而享受财政、税收等方面的优惠，国家财政部和国家税务总局联合发文，规定企业补充医疗保险不超过工资总额5%的部分可以直接从成本中列支。

3. 商业性

补充医疗保险与商业医疗保险既存在区别，又是相互联系的。补充医疗保险尽管不能简单地归为商业保险公司经办的商业医疗保险，却具有商业医疗保险的一般性特征。与基本医疗保险相比，补充医疗保险也体现出了一定的非福利性，它要体现多投保多受益、少投保少受益、不投保不受益的原则，即体现在一定范围内的效率优先原则。同时，补充医疗保险也遵循等价交换原则。

4. 形式多样性

健康保险计划由于是企业自愿发起，自行主导的，因此形式也是根据企业自身而定，多种多样。企业健康保险计划可以采用企业自我保障形式，可以采用商业团体保险形式，还可以采用健康储蓄计划等。

三、健康保险计划在我国的发展

1. 健康保险计划的发展背景

1997年《中共中央、国务院关于卫生改革与发展的决定》中指出，要在搞好试点、总结经验的基础上，基本建立起城镇职工基本医疗保险制度，积极发展多种形式的补充医疗保险。1998年《国务院关于建立城镇职工基本医疗保险制度的决定》中指出，为了不降低一些特定行业职工现有的医疗消费水平，在参加基本医疗保险的基础上，作为过渡措施，允许建立企业补充医疗保险。我国的基本医疗保险的保障水平有限，因此，国家鼓励用人单位为员工建立补充医疗保险计划。我国《劳动法》第75条指出，国家鼓励用人单位根据本单位的实际情况为劳动者建立补充保险。国务院《关于建立城镇基本职工医疗保险制度的决定》提出，超过(基本医疗保险)最高支付限额的医疗保险费用，可以通过商业医疗保险等途径解决。劳动保障部、财政部于2002年联合发布了《关于企业补充医疗保险有关问题的通知》，允许企业在按规定参见当地基本医疗保险基础上，建立补充医疗保险。企业补充医疗保险办法与当地基本医疗保险制度相衔接。企业补充医疗保险费在工资总额4%以内的部分，企业可以直接从成本中列支。企业补充医疗保险资金由企业或行业集中使用和管理，单独建账，单独管理。从2008年1月1日开始，这个比例改为5%。2014年8月27日，国务院常务会议确定了加快发展商业健康保险的方向，并提到了完善企业为职工支付补充医疗保险费的企业所得税政策，满足了业内对商业健康险税优政策的部分期待。

平安养老保险公司发布的2014年中国企业员工的福利保障报告显示，目前企业每年为员工提供商业补充保险支付的费用占全体员工工资总额(税前)的比例平均为12.1%。未向员工提供商业补充保险的企业中，有八成表示“已提供社会保险，无力承担商业补充保险”。而从企业员工需求来看，有51.4%的员工选择了更希望企业在商业补充保险上增加投入。同时，企业已经提供的商业补充保险项目并没有完全涵盖职工可能遇到的所有风险，商业意外保险和重大疾病保险等规避“疾病风险”产品在已提供商业补充保险项目的公司中的普及率为六成左右，而企业年金和商业补充养老保险等规避“长寿风险”产品在已提供商业补充保险的公司中的普及率仅为四成左右。

2. 我国建立健康保险计划的必要性

从宏观上看，我国进行了一系列医疗保障制度改革，初步建立了保障职工基本医疗需求的社会医疗保险制度。社会医疗保险制度的特点是“低水平、广覆盖”，其提供的保障程度和范围都很有限，因而远远不能满足不同类型企业、不同层次员工的要求。我国医疗保险制度改革的目标，是实现多层次的医疗保险体系。因此，国家鼓励企业建立补充医疗保险制度，以保证该企业职工医疗保险待遇水平不降低。而企业根据自身实际微观环境建立补充医疗保险制度，不仅能够减轻政府的压力，同时也使企业和个人从中受益。

从微观上来看，企业确实有建立健康保险计划的需求。多数企业希望在劳动力市场上处于有利地位，吸引到高素质人才，降低人员流失率，保持适度的人员流动率。在薪酬水平相近的情况下，企业福利制度的设计尤为重要。根据调查，在所有福利中，一般员工对医疗福利的需求是最大的。

3. 国内健康保险计划的模式

我国医疗保险业起步较晚，补充医疗保险发展很缓慢，政府仅对企业建立补充医疗保险的条件、资金筹集和管理等问题做出了规定，相关的配套制度和措施还不够健全，存在性质不明确，保险不规范、运行模式不统一、保障水平过高或者过低等诸多问题。根据各个企业自身在不断探索中采用的企业补充医疗保险模式进行归纳总结，总体来看基本分成保障型、第三方管理型和企业自主管理型三种保险模式。

(1)保障型。

保障型企业补充医疗保险是指企业为职工购买医疗保险，保险公司承担保险责任，一般执行基本医疗保险支付范围，按照理赔条款赔付。为了尽可能减少医疗道德风险，从承保方案设计上控制风险，保险公司对客户也有选择。如果企业自身年龄结构较轻，工资总额较低可选择保障型企业补充医疗保险，职工发生理赔条款范围内的费用时到保险公司自行理赔，企业只需负担保险费。大部分保障型企业补充医疗保险只对在职职工承保，退休职工不能参保。主要原因是退休职工医疗风险比较大。对于逐渐老龄化企业，若想所有员工均可以享受到补充医疗保险所带来的福利，则不可以选择这种模式。

(2)第三方管理型。

“第三方管理型”是相对于投保方和保险方而言的。保险公司作为第三方管理者身份出现，负责对企业医疗保障方案提供理赔管理、技术支持等一系列服务项目。保险公司利用自身的医疗保险专业化管理的经验，向大型企业集团或行业组织提供理赔和医疗控制服务等方面的专业化管理及咨询服务，保险公司根据所提供的服务收取一定比例的管理费。企业通过保险公司的专业化的医疗管理和理赔管理能控制虚假的医疗费用，在不降低员工医疗保障水平的基础上，控制医疗费用的总体规模。企业通过与保险公司的合作，从繁琐的医疗报销中解脱出来，减少在医疗费用报销中的内部矛盾。

(3)自主管理型。

自主管理型企业补充医疗保险是指企业有自己的管理队伍，或者没有条件参加前两种模式保险的企业可自主管理医疗基金，定制适合本企业的医疗报销方案，自行建立和运营基金。费用控制主要在保险方案的设计，一些效益好的中小企业自行制订医疗费补充报销方案，由人力资源和财务部门共同组织报销，为企业职工减轻医疗费负担。

这三种保险模式各有自己的优缺点，因此企业应根据自身情况选择适合公司的保险模式，尽可能做到将补充医疗保险作为一项福利和提高员工工作满意度的手段，这样既能减轻员工压力，又能提高员工的工作积极性，为企业留住人才。

四、健康保险计划的意义及存在的问题

1. 健康保险计划的意义

从宏观上看，企业补充医疗保险是对基本医疗保险的补充，在我国有着非常重要的现实意义。目前，我国仍处于社会主义的初级阶段，国民财富水平与世界发达国家相比还存在一定的差距，各项社会保障制度还不够完善。虽然，我国已经建立的近100%覆盖的基本医疗保障制度，但这只是最基本的医疗保障。现今由于环境污染、工作压力等各种原因导致疾病多发，基本医疗保险仍不能满足人们的需要，在这种背景下，一些有条件的地区和企业建立起补充医疗保险制度，无疑使得人们的保障水平有了进一步的提高，也减少了由于疾病而带来的劳动力损失，促进了社会的发展。总的来说，符合我国国情，适应社会主义市场经济发展的需要；有利于逐步过渡到全民医疗保险；是对基本医疗的有效补充，保证了基本医疗保险制度健康发展。

从微观上看，企业补充医疗保险制度的实施，不仅能够满足员工高福利需求，增加员工满意度，而且有利于企业的长远发展。总的来说，增强员工抵御疾病能力。在我国现阶段，在保障基本医疗保险覆盖面的制度目标下，基本医疗保险待遇水平不可能很高，对于绝大多数员工而言，疾病风险仍然是能使其生活陷入贫困境地的重要风险原因。企业通过实施补充医疗保险制度，可以有效分散疾病风险，减轻职工医疗费负担，增强职工抵御疾病能力。满足员工多层次医疗保障的需要。我国基本医疗保险制度不能满足具有不同支付能力和医疗需求的企业员工的医疗保障需要，特别是一些效益好的企业，这类企业客观上具备购买“补充医疗保险”的支付能力，因此补充医疗保险制度的建立有利于满足不同发展水平企业多样化的医疗需求。企业补充医疗保险是在基本医疗保险之外增加的员工福利，体现了企业以人为本的管理理念，可以增强员工与

企业间的凝聚力和员工对企业的归属感，也有利于吸引大批优秀人才加盟企业，调动员工为企业工作的积极性和创造性，促进企业长远发展。

2. 我国健康保险计划存在的问题

自1997年起，补充医疗保险就已经在我国出现，经过近30年的发展，我国的补充医疗保险制度有了较大的发展，已经有越来越多的企业参与其中，但是仍然存在一些问题。

(1)相关配套法律法规不健全。

截至目前，我国关于企业补充医疗保险政策及相关规定仅有以下三个文件：1998年国务院颁布的《国务院关于建立城镇职工基本医疗保险制度的决定》(国发[1998]44号)、2002年财政部、劳动保障部下发的《关于企业补充医疗保险有关问题的通知》(财社[2002]18号)及财政部、国家税务总局下发的《关于补充养老保险费补充医疗保险费有关企业所得税政策问题的通知》(财税[2009]27号)。这三个文件仅从建立条件、建立原则、待遇支付、费用列支、资金监管等方面对企业补充医疗保险做出了规定。

目前我国并没有一部全国性的、系统的、专门性的法律对企业补充医疗保险进行规制。由此可见，我国还没有形成适应现代保险制度，特别是能够促进各类医疗保险制度发展的较为完备的相关国家法律、制度和政策，企业补充医疗保险的审批、经办与运行更是缺乏及时有效、规范有序的制度性基础。

(2)政府管理角色错位。

首先，政府没有切实承担起补充医疗保险发展的制度供给职能，直接导致相关法律法规制度不健全。其次，政府在补充医疗保险的具体运营方式方面干预过多。现阶段，我国补充医疗保险的举办机构主要有医保部门以及社会机构两种，前者是由政府的医疗保障部门以基本医疗保险的方式来经营补充医疗保险，例如北京和上海均采用该模式，后者是以商业险种承担补充医疗保险的责任。

然而，目前在发展补充医疗保险的过程中，有些地方政府非但不鼓励社会机构经办补充医疗保险，反而对商业保险公司进入该领域设立多重限制。这种过多的行政干预，实际上是没有理清基本医疗保险和补充医疗保险的关系，混淆了社会医疗保险与补充医疗保险的界限，对政府在补充医疗保险范畴内应当承担的责任并没有很好地认识。政府在补充医疗保险的具体运营方式方面干预过多是政府职能越位的表现，并不利于补充医疗保险的长远发展。

(3)发展速度迟缓。

自1998年国务院颁布《国务院关于建立城镇职工基本医疗保险制度的决定》后，我国企业补充医疗保险开始发展，起步较早，由于政府及大多数企业均未给予足够重视，企业补充医疗保险发展速度一直比较迟缓，不能满足企业员工对解决日益上涨的医疗费用问题的需求。

(4)风险管理困难。

补充医疗保险的覆盖率低会使得逆向选择的风险加强，使得补充医疗保险的风险管理存在难题。覆盖率低除了人们对补充医疗保险的不了解和风险管理意识不足等原因，还有一部分源于经营主体经营补充医疗保险的时间还比较短，专业化程度不够，缺乏相关的专业人才，从而不能对补充医疗保险保障的风险进行有效管理。服务质量不高，造成人们投保意愿进一步下降，保障群体缩小，风险进一步积累。

(5)地区发展差异大。

由于不同地区经济发展水平不同，各地的医疗保险需求层次也就不同。基本医疗保险的强制性使得各地区间差距逐渐缩小，但补充医疗保险的非强制性会受到地区间经济和文化差异的影响而呈现不同的发展状态，有的地区仍旧处于空白状态，有的地区补充医疗保险已达到全覆盖的状态。另外，地区政府对于补充医疗保险的宣传和政策支持也对补充医疗保险的发展起到很大的辅助和推动作用，由于补充医疗保险的非强制性，且与政府绩效不明显挂钩，使得一些地方政府对补充医疗保险的重视程度不够，导致了这些地区发展缓慢，与其他地区产生差距。

3. 完善我国补充医疗保险制度的政策建议

(1)健全补充医疗保险相关法制。

国家是建立多层次医疗保障体系的责任主体，理应制定出全国性的、系统的、专门性的法律对企业补充医疗保险进行规制。同时国家也应完善企业补充医疗保险发展所需要的相关配套措施。

(2)厘清政府职责。

补充医疗保险的发展离不开政府推动，但是目前中国补充医疗保险发展过程中政府的角色错位，因此需要合理定位中国政府在补充医疗保险中的角色，厘清政府在补充医疗保险中的责任。政府在补充医疗保险发展中的职责应该是制定和完善补充医疗保险相关法律制度，提供补充医疗保险发展的税收优惠政策，实施补充医疗保险发展的行业监管，尽可能提供补充医疗保险发展的行业基础数据信息，直接提供某些补充医疗保险项目。

(3)加大宣传力度。

思想是行动的先导，因此树立正确的补充医疗保险发展理念，并在全民中普及就显得十分重要。目前社会各界对补充医疗保险的认识还不够深入，补充医疗保险是多层次医疗保障系统中重要的一部分，尤其是对于我国未来会越发显现出的人口老龄化趋势来说，在基本医疗保险之外，对补充医疗保险的需求会逐渐增大，这应该引起整个社会的高度关注。政府应在发展基本医疗保险的同时，通过媒体或其他更有效的传播方式大力宣传补充医疗保险的保障内容和社会保障作用，使人们了解、熟知补充医疗保险，并能够具有风险管理意识，提高投保意愿。

(4)提高专业化程度。

补充医疗保险风险管控困难的原因之一就是补充医疗保险行业提供者和生产者自身的专业化能力不足。因此，补充医疗保险业务实现专业化发展就成为补充医疗保险发展和完善的必由之路。一是重视研究健康保险特别是补充医疗保险的经营规律、营利模式和风险管控机制；二是逐步建立健康保险疾病发生率等基础数据库，搭建行业数据共享平台，实现健康保险行业与政府信息、健康保险行业内部信息以及社会各界的整合，强化定价能力，进一步提升风险管控水平；三是根据市场需求，加大产品开发力度，积极提供多样化、个性化的健康保障选择；四是加强补充医疗保险行业的人力资源专业化水平。

第二节 健康保险计划内容以及企业管理实践

上一节中，我们已经介绍了健康保险计划是企业为提高员工的医疗保障水平而制订的一项福利计划，这项福利计划在我国没有被立法强制执行，在现实社会中，各地方各企业采取的具体形式也是多种多样。那么，对于企业来讲，该如何设计一项既满足员工需要又给企业带来经济效益的健康保险计划呢？在接下来的叙述中我们将具体介绍这方面的内容。

一、健康保险计划的影响因素

1. 国家政策法规对健康保险计划的影响

我们都知道，在现代法治社会里，任何人都必须遵守国家的法律法规，企业也是一样，企业是社会的一分子，其一切行为都必须遵守国家的法律、法规和政策，只有与国家政策保持一致，才能得到国家的支持和社会的认同，企业也才能顺利发展。健康保险计划作为企业的一项员工福利政策，不仅仅与企业的员工息息相关，同样也受到国家政策法规的影响。在现阶段，由于全国性的、具体的补充医疗保险政策尚未出台，各地方政府在国家政策的大原则下，纷纷制定了适合本地区的相关政策，这些区域性政策都影响了所在区域企业健康保险计划的实施。例如，国家制定政策允许补充医疗保险在工资总额5%以内的部分可以从成本中直接列支，免交企业所得税，这一政策无形中对制订健康保险计划的企业是一种鼓励。

2. 企业财力水平对健康保险计划的影响

健康保险计划虽然惠及员工，可以提高员工的满意度和归属感，从而间接地给企业带来更大的经济效益，但是毫无疑问，健康保险计划的实施必然会给企业带来额外的支出，增加企业的人力成本。一些企业虽然愿意给员工提供优厚的福利政策，但是无奈资金紧张，心有余而力不足。所以说，企业的财力水平直接影响了健康保险计划的实施，换句话说，较高的财力水平是实施健康保险计划的基本前提。

3. 当地的医疗环境对健康保险计划的影响

健康保险计划一项重要作用就是分担面临病患的员工的负担，使其不至于被病患摧垮。一个地方医疗消费水平的高低影响着当地居民对病患的承受能力。例如，某个地方医疗消费水平较低，居民基本能够承担医疗费用，那么当地的员工对补充保险计划的需求就会相对淡薄；如果某个地方的医疗消费水平非常高，医药费用昂贵，居民难以承受昂贵的医疗费用，如果情况相反，那么该地区的员工的补充保险计划将会非常迫切，员工的需求是企业实施健康保险计划的前提动力。

4. 企业人力资源战略对健康保险计划的影响

企业的战略决定着企业朝哪个方向前进，企业的人力资源战略同样决定了企业如何对待其员工，健康保险计划作为员工福利政策的其中之一，必然受到企业人力资源战略的影响。

二、健康保险计划的具体实施

1. 环境分析

企业在制订健康保险计划之前，需要对周边的环境进行分析，具体有以下几个方面：

(1)政策分析。

前文已经说过，各地关于补充医疗保险的具体实施办法不尽相同，企业必须收集国家和当地政府出台的与补充医疗保险相关的一系列政策。分析政策对企业是非常有益的，一方面使企业制订的健康保险计划不会与当地政策相冲突，另一方面分析政策可以了解当地政府对健康保险计划的优惠政策，以便企业能够提前准备相关材料，争取享受优惠政策，减轻企业自身负担。

(2)周边企业政策分析。

企业的竞争归根结底是人才的竞争，了解周边企业的员工福利政策不仅有利于企业有针对性地改善自身的福利政策，提高对优秀人才的吸引力，同时也有利于企业学习其他企业的优秀政策，为本企业实施健康保险计划添砖加瓦。所以，了解并分析周边企业的健康保险计划是十分必要的。

2. 员工需求分析

健康保险计划的基本出发点是为了员工，如果我们不知道员工需要的是什么就很难满足员工的需求，这样容易使企业付出了大量的钱财而不能得到员工的认同，甚至会遭到员工的反对。因此，分析员工真正需要的是什么是一项必不可少的工作。可以通过多种方式来了解员工的需求，有如下几种方式：员工座谈会，召集一些有代表性的员工专门就健康保险计划听取员工的意见；问卷调查，制定选择式的调查问卷，咨询员工的意见；员工信箱，可以在企业宣传栏或其他宣传资料上对健康保险计划进行宣传，鼓励员工投递信件，提出建议。

3. 参保模式选择

根据之前的分析已经知道，目前我国企业制订补充医疗保险计划的模式主要有保障型、第三方管理型和自主管理型三种。通过以上的环境分析和员工需求分析，企业可以结合自身的现状选择合适的补充医疗保险模式。

4. 办理手续

根据企业选择的健康保险计划形式，到政府或者相关单位办理手续。

5. 组织宣传

虽然，在实施健康保险计划之前已经征求过部分员工的意见，但还是有必要做一些宣传。我们可以将健康保险计划的具体内容制作成小册子，对健康保险计划的缴费方式、享受条件、报销金额和方式等进行详细介绍，分发给员工，让员工对健康保险计划有充分的了解。

6. 效果评估

对于企业而言，任何一项支出都需要得到相应的回报，健康保险计划的费用支出同样也必要有所回报。怎样来评价健康保险计划给企业带来的收益呢？可以采取以下方法：

(1)工满意度提升：组织员工满意度调查，了解员工对健康保险计划的认可程度。

(2)核心员工流失率分析：通过对实施健康保险计划前后核心员工流失率进行比较，评估出健康保险计划在稳定员工方面所起的作用。

(3)员工行为改善：通过对实施健康保险计划前后员工工作行为，比如对迟到早退频度等进行统计分析，评估出健康保险计划对改善员工行为所起的作用。

企业健康保险计划需要企业综合考虑自身的经济实力、所处的用工环境和员工需求等因素，然后在此基础上制订出适合自身的健康保险计划。

第三节 员工援助计划

据报道，中国每天会产生5000个职业病人，在一项针对IT行业2000多名员工所做的调查表明，有20%的企业员工压力过高，至少5%的员工心理问题较严重，75%的员工认为他们需要心理帮助。国务院发展研究中心中国企业家调查系统2003年的《中国企业经营者成长与发展专题调查报告》显示，中国的企业家"有时出现或经常出现烦躁易怒"症状的占70.5%，"疲惫不堪"的占62.7%，"心情沮丧"的占37.6%，"疑虑重重"的占33.1%，"挫折感强"的占28.6%，"悲观失望"的占16.5%。另外，员工的职业压力与心理健康以及对企业造成的影响日渐受到广泛关注。更严重的是，近年，高校教授猝死、跳楼自杀事件，企业员工自杀事件等极端行为的报道屡见报端，令人扼腕。因此企业提供员工援助计划既能帮助员工解决压力问题，同时也是提高员工工作效率的一种重要方式。本节将引入对员工援助计划的阐述。

EAP全称为Employee Assistant Program，直接翻译过来就是"员工援助计划"。EAP在国外非常普遍，国内正在兴起。员工援助计划起源于美国，人们对EAP的定义多种多样，可是它们都包含一些共同的内容，如：为员工提供保密的个人评估、心理咨询和治疗服务，帮助员工解决家庭、法律、医疗和经济等问题。

员工援助计划最初的目标是帮助企业中的问题员工，不仅仅是要帮助他们应付所遇到的应急事件，更要帮助他们掌握心理调适方法以获得成长。后来，这一计划逐渐为大家接受，服务对象也扩展到所有的员工，甚至包括员工的家属。

一、员工援助计划概述

员工援助计划最早起源于20世纪20年代的职业戒酒计划。美国的一些企业注意到员工的酗酒和其他一些药物滥用问题影响了组织绩效，于是聘请有关专家探讨这些问题。随着社会的剧烈变动，滥用药物、工作压力、家庭问题、身体疾病、法律纠纷、亲人伤亡等问题逐渐成为影响员工情绪及工作表现的重要原因，从20世纪60年代起，企业陆续实施员工援助计划以处理员工个人问题，并提高独立解决问题的能力。到了20世纪80年代，员工援助计划延伸至员工增强计划，它更加关注压力管理、人际关系管理、工作生活质量、全面健康生活形态等问题，致力于改善工作环境下会影响组织绩效的员工问题的行为。

关于EAP的定义目前并没有统一的定论，随着组织的发展，对员工出现的问题的认识不断深入，员工援助计划的内容也一直在变化，其定义的外延也随之变化。不管怎样，EAP定义的核心都是针对那些可能会给员工造成压力和心理问题的相关事件制定相应的援助措施，包括评估、咨询和治疗服务，为员工创造良好的工作环境，以缓解员工的工作压力，从而改善员工的工作绩效，达到提高组织效益的最终目的。

总的来说，员工援助计划就是企业为提高组织效益主动对员工实施心理援助，以帮助员工识别并解决有关酗酒、物质滥用、财务、健康、婚姻、家庭、压力、情绪等方面的个人问题，为其提供福利性的服务。

二、员工援助计划的起源与发展

员工援助计划最早起源于20世纪初的美国，发展到现在，可以将其划分为4个发展阶段。

第一阶段：职业戒酒计划(1939—1962年)。从20世纪初，美国的一些企业开始注意到由于员工酗酒、吸毒和其他一些药物滥用问题影响了员工和企业的绩效，于是开始聘请有关专家探讨解决这些问题。

第二阶段：员工援助计划(1962年至今)。从20世纪60年代起，越来越多的企业开始扩大帮助解决处理员工个人问题的范围，并帮助员工提高独立解决个人问题的能力。从这时起，开始关注一些更为广泛的社会问题，积极主动地提供医疗、财务、法律、家庭等方面的援助，帮助员工解决个人问题。这一阶段逐步形成了员工援助计划的一个系统体系。

第三阶段：职业健康促进计划(1980年至今)。这一计划是针对员工戒酒计划中员工援助项目过于一般化，对员工心理与行为问题缺乏细致描述的不足而提出来的。致力于寻找并解决那些在工作场所内外引起员工健康隐患的问题，其目的在于提高员工提高身心健康水平，促进员工人际关系良性发展，增加工作环境中的合作行为，提高员工的适应性和主观幸福感，最终达到提高工作效率与组织绩效的作用。

第四阶段：员工增强计划(1988年至今)。从20世纪80年代起，一些新概念的提出使员工援助计划延伸至员工增强计划，强调压力管理、全面健康生活形态、工作生活质量、人际关系管理等问题，致力于改善工作中和工作后可能会引发员工未来健康问题的行为。员工增强计划具有系统性、全面性、动态性、超前性的特点。

三、员工援助计划的意义

目前世界500强企业中有90%实施了员工援助计划，尽管其实施短时期内会增加企业的投入成本，但长期而言，无论对企业还是个人都有极其重大的意义。首先，增强员工士气，提高员工的满意度、归属感和组织承诺。通过员工援助计划的建立，员工切实感受到了企业的关怀，其满意度、归属感必将得到提高，对企业的抱怨减少，劳资关系更加和谐，有利于在整个组织构建起和睦的员工关系和良好的工作氛围。其次，有助于吸纳人才、挽留人才，为企业打造一支稳定、可靠的人才队伍。当今，公司福利政策已经成为职场精英们评判和选择供职对象的重要影响因素之一，作为公司选择性福利之一的员工援助计划的实施，就更能够让本企业从那些没有实施此项计划的众多公司中脱颖而出，吸纳优秀人才。对于已经进入公司的人来说，会更加积极主动地为单位服务，其组织承诺感会在短时间内大幅度增加。最后，提高员工工作效率，提高组织投资回报率，提升组织效益。员工援助计划从根本上是帮助员工解决影响其身体健康、生活幸福、工作绩效和事业成功的各种心理问题，帮助员工减少工作中来自个人的分心因素，因而可以在一定程度上提高员工的工作效率，进而促进组织绩效的增加。

四、员工援助计划的内容及实施

1. 员工援助计划的内容

EAP的内容一般有以下几个方面：

(1)个体咨询服务，指对员工及家属的工作生活问题进行面对面的个人咨询。

(2)团体咨询服务，服务对象以团体形式呈现，目的在于解决该团体共同面临的问题，解决问题的效率要高于个体咨询，但效果不如个体咨询。

(3)教育培训服务，为员工提供相关培训的学习机会，以提高员工的工作效率。

(4)特别服务，如酗酒计划、健康促进计划或员工福利计划。

(5)危机处理，为员工及其家属的各种紧急、重大事项提供服务。

员工援助计划的内容广泛，但绝不是简单的心理咨询服务。经过多年的发展，EAP已经成为一种综合性的服务，广泛地应用于职业生涯发展、健康生活方式、饮食习惯、法律纠纷、个人与家庭理财、投资等，帮助员工全面解决个人问题。EAP的核心目的在于使员工从琐碎复杂的个人问题中解脱出来，减轻员工的压力，尽最大努力释放员工的工作能力，促进组织的良性发展。

2. 员工援助计划的应用

与西方企业不同，中国企业中吸毒、滥用药物、艾滋病和性骚扰等问题比较少见，而员工个人生活和工作压力、个人情绪和心理健康状况却比较普遍。因此，对于中国企业来说，EAP 的重点关注对象是：压力、情绪和心理问题。随着 EAP 的发展，中国已有很多优秀企业运用了 EAP，并且关注点也体现在压力、情绪和心理问题。如腾讯科技、UT 斯达康 EAP 目标：舒缓研发人员工作压力，重拾创新能力。国家开发银行 EAP 目标：工作负荷、工作与家庭的平衡、内部沟通改善问题。

经过一个世纪的发展，EAP 已经成为一种综合性的服务，成为全面帮助员工解决个人问题的重要手段。EAP 的主要内容包括压力管理、职业心理健康、裁员心理危机、灾难性事件、职业生涯发展、健康生活方式、理财问题、饮食习惯和减肥等各个方面。企业实施 EAP 计划可以从以下几个方面出发：

(1)提供心理咨询。

很多员工遇到工作和生活压力经常会找不到解决办法，因此企业可以为员工提供一些心理方面的咨询。企业可以建立内部咨询部门或者通过与外部咨询机构合作，为员工与心理专家搭建沟通交流的桥梁，让专家给员工的生活和工作中的问题提供建议和辅导，对于员工存在的不良情绪和心理问题进行疏导。并且，对于员工进行心理咨询整个过程进行保密，不能泄露员工的个人信息，这样才能让员工愿意接受专家帮助。

(2)增加休闲娱乐场所。

休闲、娱乐能够让人处于放松状态，能够帮助排忧解难。企业可以为员工提供一些休闲娱乐场所，例如可以建立放松室、发泄室和茶室等休闲场所，用以缓解员工的紧张情绪；可以提供台球、乒乓球和羽毛球等运动器械，有条件的可以设立健身房等，增强员工的体质。此外，企业可以举办一些比赛或者竞赛类的活动，让员工在发挥自己的才能的同时，转移自己的注意力，从而缓解员工的心理压力。

(3)创建轻松和谐的工作环境，增加人文关怀类的员工福利。

良好的工作环境可以增强员工的归属感，从而使员工感受到企业像大家庭一样，在这种工作环境下，员工心理压力也会降低。例如，企业可以采取敞开式办公，管理层定期与员工进行沟通交流，了解员工的困难和需求，帮助解决他们生活中的难题等。员工援助计划在外延上来说，也可以被认为是企业给员工提供的一项额外福利。因此企业在设计时，可以增加一些人文关怀类的福利，例如：可以设立内部爱心基金、员工紧急救助、助学补贴、购房贷款等款项，在员工家庭生活出现困难时及时给予帮助；企业还可以给员工及家人送生日和节日祝福，让员工感受到企业的关怀。企业只有真正关注员工，他们才会以最饱满的状态来回报企业。

(4)形成良性的教育培训机制。

很多员工会存在工作压力和在工作上产生负面情绪，很大一部分原因是他们碰到工作上的难题不能解决，因此企业可以开设培训教育课程，帮助员工解决工作上的难题，例如：可以帮助新员工适应工作环境的课程，为其他员工开设新知识技能培训课程。除此之外，还可以开设一些讲座，包括如何缓解职场压力，如何维护心理和生理健康等。

(5)为员工量身定制职业发展规划。

根据马斯洛需求层次理论，人的需要从低到高分为五个层次，即生理需要、安全需要、交往需要、尊重需要和自我实现需要。自我实现需要是最高层次需要，因此帮助员工量身定制职业发展规划，帮助他们找到最适合的岗位晋升通道，对于缓解员工职业压力具有不可替代的作用。

五、EAP 在我国

1. 发展状况

员工援助计划直到 21 世纪初才引起中国国内学者的重视并对其进行大量的探索研究。虽然 EAP 的引进仅短短十几年，但是在一定程度上得到了社会和企业的重视与认可，并付诸实施。自 2001 年国内首例完整的 EAP 项目在联想集团展开实施，随之国家发展银行、中国移动、北京热电、大亚湾核电站、湘潭钢铁等大中型企业先后实施了 EAP 项目服务。2004 年国内首个由政府埋单的 EAP 项目在上海徐汇区政府开展实施，开辟了 EAP 项目在中国公务人员的行政服务的道路，拓宽了 EAP 在中国内地的服务领域。2009 年，国际 EAP 协会中国分会成立，是中国 EAP 发展历史上的一个重要的里程碑，有力地促进了中国 EAP 事业朝着国际化、规范化、产业化的方向迈进。自 EAP 引进中国以来，国内学者的积极探索研究以及项目实践经验日臻丰富，为员工援助计划在中国的发展与完善提供了长足的动力支撑。

我国员工援助计划起步较晚，虽然逐渐被社会和企业认可，并在某些特殊行业得到广泛应用，但是仍处于初级阶段，一些问题仍然存在并阻碍着 EAP 在中国本土化的发展。

2. EAP 本土化注意事项

(1)我国国情。员工援助计划最先起源于欧美发达国家，他们当时主要面对的是酒精滥用、药物滥用、艾滋病等问题。而我国员工目前面临的大多是经济压力、住房、子女教育、就医、养老等问题。所以，我国在 EAP 的服务内容上与发达国家存在明显的不同，这就需要企业根据自身的特点发展我国本土化的 EAP。

(2)根深蒂固的传统文化。EAP 主要是以心理咨询为主要特征的服务系统，由于深受传统文化和儒家思想的影响，人们对于心理咨询接受度不高，甚至存在抵触情绪。长期以来，人们对心理问题尤其是精神疾病存在偏见，认为接受心理服务会被身边的人排斥。这种认识十分不利于 EAP 服务的实施，即使企业开展了此方面的服务，也不一定能为员工所接受，其作用必然大打折扣。因此企业实施 EAP 之前需要做好宣传，聘请专业的心理讲师为企业全体员工培训。最重要的是保护员工隐私，消除员工顾虑，使员工与 EAP 服务之间建立信任。让员工正确地对待心理问题，以积极的心态面对心理调查，明了企业实施 EAP 的最终目的。

(3)明确服务理念。我国现行的一些员工援助计划在为员工提供服务时，计划实施者往往将自己置于 EAP 项目运作的主导地位将作为服务需求方的员工单纯地视为项目的参与者和接受者。忽视了员工的主观感受，这种“被动接受”的地位造成 EAP 服务不能很好地获得员工的积极响应，难以内化为企业一项稳定的管理措施。EAP 本身就是企业向员工提供的高端福利，在实施过程中必须体现其福利性，相关工作人员应该转变心态，明确自身工作的服务性。

(4)预防为主。我国很多企业的 EAP 往往是在当组织中的员工出现问题时才被制定、实施，计划涵盖的对象也主要是这些出问题的员工，使得计划的覆盖面过于狭窄，实施效果微乎其微。企业在制订 EAP 时应当以预防为主治疗为辅，多制定一些前瞻性调查、服务项目，做好预防的同时为问题员工提供援助。

复习思考题

1. 企业为什么要建立健康保险计划？
2. 企业健康保险计划的主要功能有哪些？
3. 如何理解 EAP 对企业与员工的积极意义？
4. 如何推动中国企业健康保险计划的发展？

【案例】

互助补充医疗保险计划

甲企业是一家生产制造业公司，企业有员工2000余人，在当地算是规模较大的企业。目前，企业的各项成本不断上升，随着生产工人招聘难度的增大，企业员工的工资、社会保险费用等都在逐年增加，导致企业的人力成本也逐步上升。近年来，企业员工患病的事件时有发生，基本医疗保险已经不能满足这些员工的需要，为此企业工会曾组织员工进行过多次捐款援助，但这并非长久之计。因此，公司工会决定成立企业职工互助补充医疗保险计划。由公司工会组织，在员工自愿的基础上参与职工互助医疗保险计划，职工互助补充医疗保险费用由员工个人和企业共同承担。每月参与职工互助补充医疗保险计划的员工向职工互助保险基金缴费5元，公司则按10元/人的标准按月将资金转入职工互助补充医疗保险基金。基金由工会成立的职工互助医疗保险基金管理委员会管理及运作。当员工或其家人患病所需医疗费超过了基本医疗保险报销金额时，由员工本人提出申请，提交相关证明及费用明细，公司工会审核确定后，从职工互助补充医疗保险基金中报销超过基本医疗保险报销金额的费用，上限为10万元。甲企业通过工会经营的补充医疗保险计划，已经为多名员工分担了高额的医疗费用，得到了公司全体员工的支持。这种补充医疗保险形式，费用由员工和企业共同承担，对于员工来讲，每年60元的费用并不算高，对于企业来讲，增加这项支出，也不会影响企业生产经营所需的资金运转，更重要的是，这项职工互助补充医疗保险计划满足了员工的需要，为需要的员工提供了保障，可谓一项利企利民的好政策。

第十一章 利润分享和员工持股计划

引言：本章介绍利润分享计划和员工持股计划这两方面的内容。利润分享计划部分包含概念的解析、理论基础的说明、发展历程的分解、具体内容的剖析及其在我国的应用；员工持股计划部分包含概念的解析、理论基础的说明、历史沿革的分解、具体内容的剖析、方案制订的阐发及其在我国的发展情况。

第一节 利润分享计划

一、概念

利润分享计划是指企业员工共同分享企业部分利润的计划，属于群体绩效薪酬计划模式的一种。其基本做法是：按照事先规定的分享办法和比例，将公司一定时期超过既定目标的部分利润支付给员工，将员工的收入与企业的经营效益相联系，以增强员工组织归属感和责任心，更多地积极参与团队合作，更好地以主人翁姿态去工作并不断改善工作行为和绩效状态。

利润分享计划有广义和狭义之分。广义的利润分享计划包括，现期利润分享计划和延期利润分享计划以及二者的混合。狭义的利润分享计划仅包括延期利润分享计划。其中，现期利润分享计划是指将当期利润分享额以当期红利或者工资的补充直接发给员工，这部分分配将被计入员工当年的收入，需要缴纳相应的税款。延期利润分享计划是指将利润分享所得记入员工账户，而不是以现金的方式直接返还给员工，并由相关机构管理运营这些账户，员工可以适时获取账户的收益情况，但不能随意提取账户上的现金，既然是“延期分享”，那么在适当的时候还是会将这部分资金分配给受益者。第三种计划是二者的混合，即公司制订的一个利润分享计划既包含现期利润分享计划也包含延期利润分享计划，利润分享额的一部分将当期分配给员工，另一部分则延期发放。

本书重点讲解狭义的利润分享计划，及“延期利润分享计划”。因此本书所提及的“利润分享计划”，除特殊说明外，均属于狭义的利润分享计划即“延期利润分享计划”。

二、理论基础

1985年，美国的失业率高达7%，长期居高不下，为了终结当时经济的滞胀状态，哈佛大学经济学教授马丁·L. 威茨曼提出了一种刺激劳动力需求的新理论——分享经济理论。

分享经济理论是以提高生产率和战胜经济停滞膨胀为目的的分配理论。在威茨曼看来，当时的西方经济运行中产生停滞膨胀现象的本质原因不是在宏观层面，而恰恰是微观层面存在制度缺陷，是企业的分配制度和政策出现了问题。他认为，资本主义的报酬制度分为两种：工资制度和分享制度；资本主义经济也同样分为两种：工资经济和分享经济。在工资经济中，员工按工资制度领取固定工资，与企业经营状况无关，经营不佳时，公司通常会通过裁员来降低经营成本，缩小生产规模以维持产品的高价，资本主义经济滞胀的原因正在于此。在分享经济中，员工工资与公司的经营状况相关，员工同公司事先达成协议，共同分享部分经营利润，这样一来将员工与公司的利益紧密地结合在一起，起到自动抵制失业和通货膨胀的作用。一方面，“分享经济”意味着每新增一单位经营所得收入都由企业与员工双方按比例分享，也正因如此，劳动的边际成本总是低于劳动的平均成本，这促使企业不断扩大产量和就业量。另一方面，在这种分享制度下，员工的薪酬和产品的价格成正比，任何价格变动都能自动地反馈给劳动成本，即产品价格越高，员工的薪酬也就越高，由于企业的劳动成本与产品价格直接挂钩，因此这一制度具有内在的反通货膨胀性。简单来说，威茨曼认为减少失业的妙招是让企业从收入或者利润中抽出固定份额用于支付员工工资，当然员工有一部分工资仍可继续采用传统的工资制度支付。

尽管这一理论的初衷是解决资本主义滞胀这个宏观问题，但其解决宏观问题的过程中却也造福于微观主体，产生了一系列微观效能。首先是增加了企业的劳动力供给，其次是提高了企业的劳动力生产技能，最后是强化了企业员工与管理者之间的认同感。

三、利润分享计划发展历程

利润分享计划作为分享经济理论的现实表现形式，经过多年的发展，已经形成了一套相对完整和成熟的体系，并在许多优秀企业中得到推广和应用，成为企业员工福利制度的重要表现形式。

法国是实行利润分享计划历史最长的国家，英国是在企业中推行利润分享计划范围最广的国家，而美国企业实施利润分享计划的历史也已有上百年，甚至更长。美国有据可查的第一个利润分享计划是1867年在马萨诸塞州的the Bay State Shoe and Leather Company of Worcester公司实行的。美国企业早期推行的利润分享计划大多都在很短时间内就夭折了，只有少数优秀的计划得以持续一段时间，例如辛辛那提的Procter Gamble公司于1886年开始实行的利润分享计划就较为成熟，可以被看作利润分享计划在美国扎根的起点。早期，西方国家企业推行利润分享计划的主要动机在于缓和劳动关系以对付工会势力并强化管理层的控制权，利润分享金额在员工总收入中所占比重不大。

真正现代意义上的第一个利润分享计划，应该是1971年美国沃尔玛公司在全公司内推行的利润分享计划。沃尔玛规定，凡加入公司一年以上，每年工作时数不低于1000小时的员工，都有权分享公司规定的一部分利润，这部分利润由公司在充分考虑利润情况和员工工资后按一定的比例为员工提留。当员工离开公司或者退休时，可以提取这部分提留。提取方式，可以选择现金，也可以选择公司股票。公司每年为员工提留的金额大约是工薪总额的6%。据统计，沃尔玛的员工利润分享计划从1972年1月开始实施，当年公司分红额为17万美元，合计128人分到利润。分红额随着公司的利润和股票的增值而增长，到1985年时达到21800万美元，1986年为30300万美元，而到了1992年，这笔资金达到18亿美元。目前，全球每年共有130万员工可以享受沃尔玛的此项计划。

利润分享计划在沃尔玛公司的巨大成功和政府税收政策的支持，使得很多美国企业纷纷主动实施这一计划。到1984年，实行利润分享计划的企业达到37.5万家。目前，美国总共有50多万个利润分享计划，涵盖约2000万名员工。

四、利润分享计划的优缺点

利润分享计划是一种缴费确定制养老计划。有如下优点：

第一，有助于增加员工与企业之间的利益相关性，营造和谐的劳资关系氛围。传统的观念始终认为，企业中老板与员工之间的关系是水火不相容的两极，由此而产生的结果则是企业难以提高效益，且员工的薪水越来越低。利润分享则是转变这种陈旧观念的最佳途径，在共同利益基础上，利润分享计划可以促使员工对企业的利润情况和发展状况更为关心。因为管理者将员工的切身利益与企业的盈利水平直接挂钩，老板和员工无论是在繁荣还是衰退阶段都能成为伙伴。

第二，有助于激励员工努力工作，提高企业效益。效益的提高通常有两种途径，一种是增加产出，另一种是降低成本。企业的产出在很大程度上取决于员工的努力程度。在企业的生产过程中，劳动力从形式上受雇于资本，但他们可以自主决定其付出努力的程度，在现实工作中员工通常都不愿意百分之百地付出。而利润分享计划则可以鼓励员工进行自我约束，培养员工的敬业精神和对企业的忠诚，减少不满情绪和怠工行为，增加员工努力程度，达到增加产出的效果。员工更加努力工作的同时又能够有意识地减少浪费，降低企业生产成本。因此，利润分享计划不仅能够增加产出，而且可以降低成本，并通过这两条途径提高企业效益。

第三，有助于增强员工的参与感和归属感。当今企业的员工不仅要求较高的工资水平，而且还要求一定程度地参与到公司生产和投资的决策过程中。利润分享计划将公司一定时期超过既定目标的部分利润支付给员工，以增强员工的责任心、参与积极性、团队合作意识，更多地以主人翁姿态去考虑问题，并积极改善自己的工作行为和绩效状态。

第四，有助于企业更加灵活、更加积极地发展员工福利。利润分享计划为企业提供的缴费和筹资弹性可谓达到了极点。每年的缴款由当年利润决定，可以多缴、少缴甚至不缴；企业可以选择根据固定公式计算缴费和待遇，也可以选择不设公式由企业自主决定，而且采用公式的情况下，公式的设计由企业自主决定；员工获得收益的条件具有很大的灵活性，例如，美国《国家税收法》就规定允许利润分享计划在积累不少于 2 年后可进行分配，因此只要公司替员工缴费 2 年以上，就可以允许员工在职取款而不必等到退休，与此同时可以享受国家税收优惠。上述灵活性都是普通的现金购买养老金计划所不具有的，这一福利制度于公于私都有利，所以许多企业都愿意积极主动地推行利润分享计划。

利润分享计划也不可避免地存在一些缺点。其缺点具体表现如下：

第一，在利润分享计划中，对于那些在计划建立时即将退休的员工来说，计划能够为他们带来的福利往往是不足的。因为在任何一年，公司向计划缴费通常都是以员工每年的薪酬为基础而分配到员工的个人账户中去，这其中并不体现员工的年龄以及工作年限，这些因素没有被纳入分配公式。

第二，员工不得不分担公司遭遇通货膨胀、投资失败等困境导致利润减少甚至为零的风险，这些因素都可能导致员工在退休时福利不足。

五、利润分享计划的内容

1. 制度设计

西方发达国家的利润分享计划历史悠久，发展相对成熟，形成了一套完整有效的运作体系，具有浓厚的企业运作思维和市场运作气息。因此，在这里我们将以美国为例，详细分析其利润分享计划的具体操作程序，以全面认识利润分享计划，并从中借鉴其先进的管理方法。

(1)覆盖范围。利润分享计划的覆盖范围，主要集中体现在两个方面：一是参加计划的资格要求；二是受益权要求。

有关参加计划资格的要求主要包括：①最低年龄限制最高为 21 岁；②最低工作期限限制最高为 1 年(如果计划提供全额和立即分配的而不是延期的安排，则工作年限限制最高为 2 年)。企业要想使其制订的计划获得税收优惠，还必须满足在覆盖范围和福利分配上无歧视规则。绝大多数利润分享计划的覆盖范围都是较宽的，尽管该种计划常常将季节工和兼职工排除在外。不过，一旦员工满足了“年工作时间满 1000 小时”的条件，计划就不能因为该员工是小时工或者兼职工而将其排除在外，尽管这些员工可能还是会因为员工的粗分类法而被排除在计划外，但是该计划必须符合《国家税收法》第 410(b)节规定的最低覆盖范围要求。

另外一个特殊资格要求是受益权问题，1986 年美国通过的《税收改革法》指出，利润分享计划必须满足既定受益权的最低水平的两个规定之一：5 年一次性获得 100%既得受益权；7 年渐次性获得既得受益权。在一次性获得既得受益权规则中，计划的参与人在雇佣关系发生 5 年后才拥有 100%的受益权，在 5 年内没有受益权。在 7 年分级受益权规则中，参与人在工作 3 年后可享有受益权福利的 20%，此后每年增加最初规定的整个受益权的 20%，直到 7 年后可享受 100%的受益权。

绝大多数利润分享计划提供的员工受益权要求比上述法律规定要宽松得多，许多利润分享计划在实际操作中都为计划参与人提供完全的和直接的受益权。当参与人的雇佣关系“并非由于个人原因”而终止时，计划也会为其提供完全的受益权，这可能会在工厂或者商店或者较小的组织单位即将倒闭时发生。另外，几乎所有的延期利润分享计划在参与人死亡或者完全和永久性残疾时，为其提供完全受益权。

(2)缴费。缴费的重点在于缴费总额的确定，其确定方式可以分为两种，一种是固定公式法，另一种是企业自主决定法。在固定公式法中，利润的分享是以固定公式为依据，将公式所含条款和条件预先告知计划参与者。公司自由决定法是由公司董事会来决定每年的利润分享比例。法律上并不要求企业为利润分享计划事先规定固定公式，但却要求其缴费满足另外两个法律规定。其一，缴费必须是“真实的、连续的”，这是维持计划长期性必备的资格要求。其二，无论是数量上还是时间上缴费都不能有偏向高收入员工的差别福利。公司只要遵守这些一般性限制，就可以任何方法或公式来决定其利润分享计划的缴费额。

自由决定法的最大优点是在每年决定缴费额方面有很大的弹性。使用这种方法，董事会可以在决定今年的利润分享情况前，对公司当前的财务状况有一个整体把握，这样一来缴费率就可以根据先前几年的缴费率以及公司当前的财务状况上浮或者下调。使用自由决定法的第二大优点是，当公司需要支付的金额超过联邦税法所允许的最高免税额限制时，公司可以自由决定是否缴纳超出的非免税部分。当然，自由决定法也有其缺点。自由决定法可能导致计划不能达到理想的激励效果。因为没有固定的缴费公式，员工不知道他们努力为公司取得的利润有多少可以分给自己。

尽管自由决定法有很大的弹性，但其缺点使许多大公司不愿使用它，转而选择固定公式法。不过，一些小公司(计划参与人在1000人以下)还是更愿意使用自由决定法，因为这些公司更关注缴费和筹资的弹性。

利润分享计划的固定公式法也是多种多样的。公式可以指定固定的百分比，也可以指定一个范围(规定上限或者下限都可)；计算利润可以税前，也可以税后；有无预先准备金均可。例如可以规定固定比例“税前利润的10%”和“税前利润的25%，但不能多于当期税收减免的额度”。下面给出一个指定百分比变化范围(规定了下限)的例子：公司规定用于向计划缴费的利润为“税前利润的前1亿美元的3.5%，和此后5000万美元的5%，以及税前利润超过1.5亿美元之后剩余部分的6%”(由于企业十分注意对员工的激励，公式中对于百分比的规定很少是递减的)。

除了其相对的不变性，固定公式法也有缺点。如果调整固定公式使员工分享的利润下降，固定公式法就会引起许多麻烦。因此，在最初决定利润分享比例并将其写入计划时要十分谨慎。许多公司为了吸收固定公式法和自由决定法两者的优点，尤其是小公司，选择将两种方法合并的方式，即规定一个最低固定缴费比例，额外的利润分享由董事会用自由决定法决定。

(3)缴费分配。缴费额确定下来后，就该考虑这些缴费如何分配到参与者的个人账户中去。尽管法律在缴费水平上并没有对公司进行严格要求，但法律却要求公司在计划中必须预先明确规定将缴费分配到员工个人账户中去的公式。这一规定是为了确保计划的公平性，避免计划向高收入员工倾斜。

为员工个人账户分配利润分享计划缴费的方法多种多样，企业可以根据自身情况来具体确定其分配公式。其中最常用的方法是以薪酬为基础，不考虑员工的年龄和工作年限，根据每个员工个人的薪酬额与当年参加计划的所有员工的薪酬总额的比率确定分配利率。例如，假设员工甲当年的薪酬为2万美元，参加计划的所有员工当年的薪酬总和为40万美元，那么员工甲的分配利率就为"2 万美元÷40 万美元×100% = 5%"。再假设当年的总缴费额为 5 万美元，那么当年员工甲就能够分到"5 万美元×5% = 2500 美元"利润。在使用这个分配公式时，管理者必须明确什么应该计算在薪酬之内，是只计入员工的基本工资，还是要将奖金、加班费、佣金等其他形式的薪酬也都计算在内。这种计算方法的优点在于不存在歧视和便于操作，因此被广泛采用。

另外一种以薪酬和工作年限长短两个方面为基础，通过积分制确定分配利率。首先以薪酬和工作年限两个因素为基础制定积分规则，然后据此确定每个员工的得分，最后以每个员工的积分数除以当年所有计划参与人总积分数确定各自的分配利率进行利润分配。例如，100 美元薪酬可以获得一个点，工作一年也可以记入一个点。假设员工甲工作了 15 年，年薪 25000 美元，则他的积分为"15+25000÷100 = 265 点"，再假设当年参加计划的所有员工总的积分为 26500 点，那么员工甲分配利率为"265÷26500×100% = 1%"。最后，假设当年的总缴费额为 500 万美元，那么当年员工甲就能够分到"500 万美元×1% = 5 万美元"利润。

还有一种只依据工作年限来分配利润。这类计划通常会被一些小公司的雇主采用，将员工的工作年限作为分配公式的决定因素，以此来留住人才。通过这种方法，老员工可以他们较长的工作年限而得到较多的利润分享，然而往往这些老员工也是企业的高收入员工，所以在采用这一种分配方法时要特别注意公式的公平性，避免其过于向高收入人群倾斜，产生歧视性条款，违反美国《国家税收法》第 401(a)(4)款规定。

(4)账户资金分配。首先需要澄清的一点是，员工并非只有在退休后才能取出账户中的资金。美国《国家税收法》允许"缴费在数年后或达到规定的年龄或在诸如解雇、生病、伤残、死亡、劳动关系终止等情况下，在参与者中间分配缴费或者分配积累的资金"。

法律规定，记入员工账户的积累额在达到正常退休年龄时应完全分配，不用考虑雇员的工作年限，而在发生死亡或者完全、永久残废后，积累额也可以立即进行全额分配。如果是一个员工自愿终止劳动关系或者被公司解雇，其是否有权参与分配积累资金则取决于该公司利润分享计划所规定的条款，当然，对于其自身的缴费，员工通常有权享受属于其缴费的最低限额退休金。

前面说的是积累额的分配，我们还需要了解员工账户中的另一部分资金——缴费额的分配。按照美国《国家税收法》的规定，在一个延期的利润分享计划中，当终止雇佣关系时，公司提供的缴费额也必须分配给员工，但是公司缴费额的分配必须满足以下两个可供选择的最小授权方案中的一个：具有 5 年工龄后享受 100%的收益权利；分级权益，工作 3 年后获得 20%的权利，然后每年增加20%，直到7年后实现100%的权利。

此外，利润分享计划除了在上述极端情况之外，也允许员工适当提取一部分既得退休金或者直接向计划进行贷款。有关法律规定，允许在职员工"在数年后"从一个符合税收优惠条件地利润分享计划中提取一部分既得退休金。美国《国家税收法》规定为两年，举例来说，假设缴费记入员工账户已经达到3年，而且该公司计划允许，则该员工可以提取等于第一年缴费和那年投资收益之和的资金。美国《国家税收法》还规定，如果员工发生经济困难或者参与计划已经超过5年，允许取出既得资金。但是，计划参与者应将其取款数量作为本年应税收入来申报纳税。而且，如果参与者在59岁半以前参与分配从账户中提款，分配额中应税收入的10%还要征收附加税。因此，为了避免缴税带来的损失，计划参与者不会轻易取款，而往往会选择在规定范围内向计划贷款。

利润分享计划往往存在一个借款条例，可以有条件地向员工发放贷款，计划参与者有权贷到其账户上既得数额的一定比例的款项。相对于在职取款来说，这种贷款最终要偿还，因此计划的资金积累不会受到很大影响，也不会偏离其退休保障的长期目标。

美国相关法律对计划向员工发放贷款作出了明确的规定。只有符合《国家税收法》的相关规定，员工向计划借款才不需要缴纳所得税，但利息的支付不存在免税情况。法律同样要求贷款必须对所有计划参与人一视同仁，对高收入员工的贷款比例不得高于其他员工，而且贷款只能由计划来提供。法律还对贷款数量、贷款协议、还款期限作出了规定，如果这些条件不满足，那么员工的贷款将被视为应税分配，而需要缴纳所得税。

美国法律规定，符合条件的最大贷款量取决于员工个人账户余额的既得权益。分以下几种情况：既得权益在10000美元以下，员工可以得到全部贷款；既得权益在10000~20000美元，员工可以得到10000美元贷款；既得权益在20000~100000美元，员工可以得到既得权益50%的借款；100000~500000美元，员工可以得到500000美元的借款。

上一年度最高未偿贷款余额超过新一笔贷款的未偿余额，将减少符合税收优惠条件中5万美元的最高限额。

最后，这一贷款还必须有合法实施的协议，这些协议包括贷款数量、条件和偿还时间。另外关于贷款偿还期限，按规定贷款应在5年内还清。但是，如果贷款是用来购买一套用于长期居住的住房，并且满足数量限制条件，五年还清的时间限制条件就不再适用。

(5)投资。利润分享计划的资金投资，必须要服从美国《雇员退休收入保障法案》关于资金投资的相关规定。一般来说，投资形式包括共有基金、房地产、普通股、债券和保险公司的相应投资产品。美国相关法律要求计划至少提供三种不同的投资组合，这些投资项目要有不同的风险系数和投资回报率，计划参与者至少可以有权按季改变投资。绝大多数公司允许员工决定个人账户投资方式，并提供多种不同的投资组合供员工选择。这些选择包括下面两个或两个以上的组合：一个政府债券基金；一个或一个以上债券基金；一个公司的股票。很多公司可能有更多的基金可以选择，一些公司还可能通过专业投资公司来提供几个供选择的基金。公司提供这些选择主要目的是为了减轻公司的受托人责任。如果公司的股票可以公开交易并且计划也提供了三个必需的选择，利润分享计划的资金也可以投资于本企业，并为公司的股票提供正常的责任保护。通常情况下，投资于本企业普通股的比例不受限制，但是，有些企业在利润分享计划条约中规定这个比例为10%（这与养老金计划中规定的比例相同）。另外，需要注意的一点是，所有购买、出售等相关股份活动必须通过受托人实施。

此外，利润分享计划允许投资基金积累超过两年的计划参与者将其账户的部分余额投资于人寿保险和健康保险。若不足两年，则其必须满足《国家税收法》的相关附加条件。这些条件如下：如果只购买普通的人寿保险合同，每位参保者的总保费必须少于分配到其账户上总缴费和没收收入分配额的50%。如果只购买意外保险和健康保险合同，支付的保费不能超过分配到雇员账户基金的25%。如果购买普通的意外和健康保险合同，花在意外和健康保险合同上的保费加上花在普通人寿保险上的保费总量不能超过分配到雇员账户金额的25%。

（6）没收款分配。没收款是在计划参与者由于终止雇佣关系而并未完全取得其账户资金的受益权时产生的。利润分享计划允许在计划参与者中定期再分配没收款，也允许使用没收款来减少公司向计划缴费，当然后者很少发生。由于利润分享计划中典型的快速受益权减少了可供再分配的没收款数额，而且没收款再分配和公司缴费都必须受到美国《国家税收法》第415条“年增加限制额”的约束，所以没收款再分配的优势并不是很明显。

没收款再分配必须符合公平原则。因此，为了防止分配向高收入员工倾斜，违反公平原则，企业通常不会用没收款再分配的方法来平衡账户，而是将没收款作为参与者的薪酬发放。

（7）税收优惠①。公司向计划缴费的免税限制在《国家税收法》第404节作

---

① 仇雨临，陈姗．员工福利概论[M]．复旦大学出版社，2011.

了规定：公司向一个利润分享计划的缴费可以从其当期应税收入中扣减，从而可以减少公司的当期应税收入，只要缴费额不超过每年所规定的减税限制。对利润分享计划，免税缴费的最大数量等于雇主纳税年度所有被覆盖雇员工资总额或者应计收入的15%。当一个纳税年度的缴费大于那年度缴费限额时，称为缴费余额。如果在一个给定年度的缴费超过了那年的允许减免数额，雇主可以在下一纳税年度对其超额支付部分进行减免税的处理。但任何超额缴费都要征收10%的惩罚税。如果利润分享计划与一个退休金计划并存，并拥有重叠的工资基数，则在两个计划下，任何纳税年度的免税总额不能超过所覆盖雇员工资总额或当年应计收入的25%。

如果在某年度缴费超过允许的免税额，超额部分将在下一个年度计算免税，但下一年度免税数额(包括当期的缴费减免)不能超过工资总额或应计收入的25%。在要求缴费年度免税总量不超过25%的限额时，利润分享计划本身缴费免税限额不能超过参与员工工资或应计工资的15%的条件同样有效。

六、利润分享计划在我国

30多年来，中国经历了改革开放和经济崛起的巨变，利润分享制正是在此历史机遇下诞生、成长和发展。

马丁·威茨曼的《分享经济：克服滞胀》问世不到两年，其中文译本便以《分享经济：用分享制代替工资制》为名在我国出版，立即引起社会各界尤其是理论界的极大关注和热评。

创新分配与激励制度是中国改革开放的重头戏之一，其中一直贯穿着分享经济的思想和实践。在早期的奖金制度中，较普遍实行劳动报酬与企业利润挂钩，还创造了“除本分成制”、“净产值分成制”、“企业效益拆成制”等特色模式。

1. 利润分享计划在我国企业中的实施过程

在我国，企业实施利润分享计划的具体方法是①：

(1)对企业内部各部门进行部门评价，根据各部门的重要性、对企业贡献等评价因素确定各部门的权重。

(2)对各部门内的各岗位进行岗位评价，根据各岗位的责任、任务、工作环境、劳动强度等评价因素确定各岗位在部门内的权重。

(3)到年末，按年初约定的比例从企业总利润中提取企业理论奖金总额。人力资源部门用以下三种方式中的一种来决定利润分享的金额：第一，固定比

① 刘正利，杨倩．浅析利润分享计划在我国企业员工激励中的作用[J]．重庆工学院学报，2004(10)．

例法。公司根据成功达到目标的情况决定一个百分比，把这一百分比的税前或税后年利润作为利润分享的奖金。第二，比例升级法。例如，公司可以决定800万元以内的利润，3%用于利润分享；超过800万元的利润，6%用于利润分享。比例升级法可以通过增加分享金额的办法，激励员工为超额利润目标而努力。第三，获利界限法。这是只有在公司利润超过事先定好的最低标准并且低于最高标准的时候才进行利润分享。公司建立最低标准是为了在把利润分给员工之前保证公司对股东的回报，建立最高标准是因为公司认为创造超额利润的因素不是员工生产力或创造力，而是诸如技术革新这类因素。

(4)根据各部门的权重将企业理论奖金总额分摊到各部门形成各部门的理论奖金总额。

(5)依据绩效考评分数取得各部门实际奖金总额。按年初制定的各自不同的《部门绩效考评标准表》分别进行绩效考评，得到各部门的绩效考评分数(绩效考评总分为100分)，确定各部门的实际奖金总额。

各部门实际奖金总额=部门理论奖金总额×部门绩效考评分数/100

(6)根据部门内各岗位的权重将部门实际奖金总额分摊到各岗位，得到各岗位的理论奖金额；再对各岗位上的员工按年初制定的《岗位绩效考评分数标准表》分别进行绩效考评，从而确定各岗位的实际奖励金额。

各岗位实际奖励金额=岗位理论奖金额×岗位绩效考评分数/100

2. 企业的利润分享计划的实施

在国外，企业的利润分享计划可能是最常用、最有效的员工激励方法，但我国企业的利润分享计划通常脱离实际，过于形式化，应用中还存在这样或那样的问题，激励效果不足。真正适合我国企业的利润分享计划，应该是：

(1)能够公开公正公平地落实计划中规定的各项考核标准。每家公司都能够制订出优秀的计划，但是最终能够全盘按计划操作的企业却微乎其微。这些一流的计划在实施过程中，总是被各种主观因素打乱，造成主观臆断压倒客观标准的局面，最后表面上计划从头走到尾，实际上只是走了个过场。如果企业不能客观公正地考核员工，那么看起来高大先进的利润分享计划将变成管理者们玩纲弄权的手段，有悖其员工福利政策的本质。

(2)能够与企业的战略相匹配。根据波特教授对企业战略的划分，企业的战略主要分为成本领先战略、差异化战略和集中战略。对实施成本领先战略的企业而言，如果实施利润分享计划，则随着企业利润的提高，人力成本将不断上升，从而使企业的总成本优势逐步减小甚至完全消失。因此，实施成本领先战略的企业不宜实行利润分享计划。中国目前的大部分制造加工型企业所采取的都是成本领先战略，且总成本的领先主要体现在廉价的劳动力成本上。对于这些企业而言，利润分享制度是不适用的。其他企业战略则可以相应制订利润分享计划。

(3)能够考虑到企业所需的人才类型在劳动力市场上的供求关系情况。在利润分享模型中，认为劳动力的数量和质量都是足够的，并不存在劳动力供给不足的问题。正是在这样的前提下，利润分享制才能提高劳动力供给并进而提高企业的劳动生产率。但是我国目前劳动力供需之间的结构性冲突还比较明显。如果企业无法顺利地招聘到其所需要的战略性人才，那么利润分享制的微观效能就会由于劳动力供给的结构型不足而降低甚至无法发挥。因此，如果一个企业需要的人才类型在劳动力市场上供不应求的话，则该企业不适宜实行利润分享制度。

(4)能够将企业的实际经营状况传递给员工。为配合和促进利润分享计划，在不致引起公司机密泄露的前提下，可在公司内部向员工公布企业财务信息，并指导员工读懂公司财务报表，将企业的实际经营状况传递给员工，并与他们一起计算应分享的利润，使员工从自己的工资收入中切实感受到企业的经营变化，并因此增强对企业经营状况的关注，增强对组织的责任感，努力改善工作状态，提高自我绩效。

(5)能够实施组合利润分享计划。如果公司将每期利润计算出来后，全部发放给员工，可能会引起短期效应，使员工只关心当前利益，忽视了质量、客户关系等影响企业长远发展的利益。如果将利润全都延迟支付，又会引起员工的不安心理，激励效果大大降低。只有将二者兼顾，实施组合利润分享计划，即员工会马上得到利润分享的一部分，其余则将来再分配，这样才会使员工不仅关注企业的当前经营状况，而且还会关心企业的长远发展。

第二节　员工持股计划

一、概念

员工持股计划(Employee Stock Ownership Plans，ESOP)是指企业内部员工出资认购本公司部分股份，并委托专门机构(一般为员工持股会)集中管理运作，参与持股分红的一种新型企业内部股权形式。

员工持股计划是市场经济发展的产物，如今已成为企业留住人才的一大法宝。员工持股计划可以改善公司的股权结构，让员工成为公司的股东，主动去承担自己出资范围内的风险并获得收益，这样一来，使得员工和股东成为利益共同体，从而调动员工的积极性，提高员工的忠诚度，促进企业的发展。

二、员工持股计划的分类

根据员工购买公司股票的资金来源不同，员工持股计划可以分为杠杆型ESOP和非杠杆型ESOP两类。

1. 杠杆型ESOP

杠杆型ESOP也称为贷款型ESOP，就是通过向有关机构贷款作为购股的资金来源，由企业的信托基金会用于购买企业已有的或新发行的股票。这一贷款不论是贷给员工持股计划的还是贷给公司，都是由股份作担保，通常还有公司的保证。ESOP信托基金会利用贷款购进企业的股票后，企业要每年从其所获取的利润中向信托基金会贡献现金，用于偿还贷款，数额至少要能够补偿贷款的本息。直至贷款被偿清后，信托基金会所持公司股票就将被分配到员工个人名下。在其退休或离开企业时，员工可以从信托基金会取得股票或现金。

杠杆型ESOP涉及的主体包括①：ESOP信托基金会，是公司内部设立的专门拥有企业或股东以股票或现金形式提供给员工的资产，并用这些现金购买企业的股份；实施ESOP的公司；公司股票持有者；银行或其他资金借出者；参与ESOP的员工(见图11-1)。

杠杆型ESOP的特点：①杠杆型ESOP的购股资金是从公司贷款，或由公司或准备出让股权的股东作担保向银行和其他信贷机构贷款，来购买公司现有的或新发行的股票。若从公司贷款，原有的公司股东则可获得现金流量；若从第三方贷款购买公司新股，则可作为公司理财的一种工具，获得享受税收优惠的资本收入。②公司投入用于ESOP归还所贷款利息和本金的现金，可以在一定限度内享受减税优惠(通常为参加计划的员工工资总额的15%)。③用于ESOP还债的现金红利可以享受减税。④国家为鼓励有关机构向企业的ESOP贷款，而给予其税收刺激，使ESOP能够以低于公司普通贷款利率的优惠利率获得资金。

2. 非杠杆型ESOP

杠杆型ESOP也称为非贷款型ESOP，是指由公司每年向该计划贡献一定数额的公司股票或用于购买股票的现金，以逐步获得公司的股份。然后，将这些股份转移到ESOP，随即又将其分配到参加人的名下。这种类型的ESOP无法享受贷款低息方面的优惠，但企业每年对ESOP贡献的现金(分配给员工持股计划的红利，不是指直接分配到员工个人手上的部分)仍是可以免税的。

---

① [美]埃佛里特·T. 艾伦. 退休金计划[M]. 杨燕绥，等，译. 经济科学出版社，2003：195-198.

非杠杆型 ESOP 涉及的主体包括：ESOP 信托基金会；实施 ESOP 的公司；雇员(见图 11-2)。

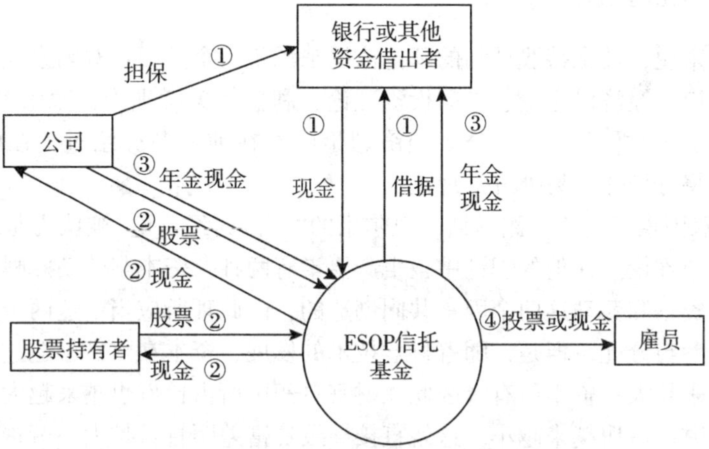

注：①银行贷款给公司担保的 ESOP 信托基金。

②ESOP 从公司购买股票，或 ESOP 从现有股票持有者手中购买股票。

③公司每年向 ESOP 进行免税缴费，ESOP 偿还银行。

④雇员在退休或者离开公司时得到股票或现金。

图 11-1 杠杆型 ESOP

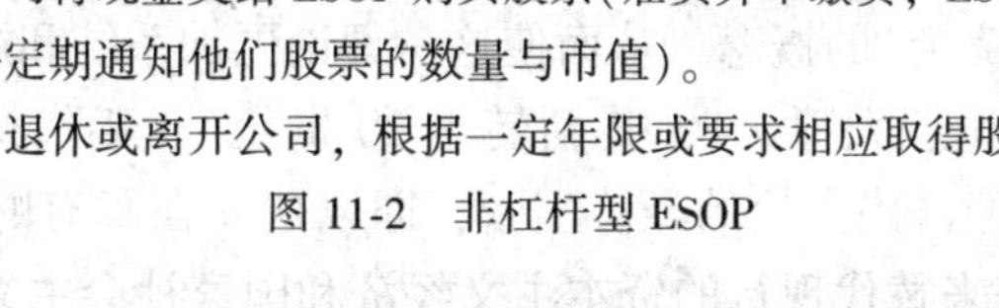

注：①每年公司将股票交给 ESOP。

②每年公司将现金交给 ESOP 购买股票(雇员并不缴费，ESOP 为雇员持有股票并定期通知他们股票的数量与市值)。

③当雇员退休或离开公司，根据一定年限或要求相应取得股票或现金。

图 11-2 非杠杆型 ESOP

非杠杆型 ESOP 的特点：①由公司每年向该计划贡献一定数额的公司股票或用于购买股票的现金，这个数额一般为 ESOP 参与者工资总额的 15%(当这种类型的计划与现金购买退休金计划相结合时，贡献的数额比例可达到工资总额的 25%)；②这种类型计划由公司每年向该计划提供股票或用于购买股票的现金，员工无需作任何支出；③由 ESOP 信托基金会持有员工的股票，并定期向员工通报股票数额及其价值；④当员工退休或因故离开公司时，将根据相关规定相应取得股票或现金。

三、理论基础

通常来说，员工持股计划的理论依据来源于六个方面：双因素经济论、分享经济理论、经济民主论、专门投资理论、利益相关者理论、库尔兰德“第三条道路”的经济主张。其中分享经济理论已经在前一节介绍过，在此不再赘述，我们将分别介绍另外五个理论。

(1)双因素经济论。路易斯·凯尔索的“双因素经济论”被认为是员工持股计划的起源理论。在他的理论中，生产要素有两种：资本与劳动。财富是由双因素，即资本和劳动这两个因素共同创造的，因此理所应当由这两个因素的所有者共同参与分配。但是，随着科学技术的发展，资本在财富创造过程中的贡献作用越来越大，资本所有者因此在财富总额中所占比例也越来越大，而员工能分得的财富占比越来越小。这就直接导致贫富差距日益扩大，劳资矛盾日趋紧张。

凯尔索提出资本所带来的收入增长不能超过某个“临界点”，这个“临界点”必须确保那些没有机会获得资本收入的员工能够取得基本的生存收入。为保证做到这一点，需要建立起使资本主义所有权分散化的新机制，以便使所有的人都可以既分享从劳动中获得的收入，也分享从资本中获得的收入，员工不仅应该有劳动收入，而且也应该有一部分资本收入。

在这样的理论基础上，凯尔索在1967年提出了员工持股计划。他认为利用该计划，能在不剥夺、不侵犯原财产所有者利益前提下，实现财富的重新分配，缓和劳资双方的冲突，迎合员工对高工资、高福利的要求，提供新的资本来源，提高劳动生产率。

1986年，在凯尔索与其夫人合作出版的《民主与经济力量》一书中，正式提出了“双因素经济论”的概念，从而使这一理论更加系统和严密。

(2)经济民主论。大卫·P. 艾勒曼于20世纪90年代初在《民主的公司制》一书中提出了经济民主论的经济主张，即以建立在私有财产中民主和正义基础上的市场经济来替代现行的资本主义经济和国家社会主义经济。这种经济的基础为民主的公司制或以劳动为基础的民主公司。在公司里，“雇佣关系”被“成员关系”所替代，人们共同占有劳动的正面和负面成果，工人拥有不可让渡的选举权和剩余索偿权。

(3)专门投资理论。美国布鲁金斯研究中心高级研究员玛格丽特·M. 布莱尔博士于20世纪90年代中期提出了专门投资理论的主张。该理论认为传统的经济观点中，“股东是公司的唯一投资人，承担了公司全部风险”。她认为，股东并不是唯一的投资者，供应商、顾客尤其是企业员工也都提供了特殊的投资，同时也与股东一样承担着同样的风险，所以他们应该获得相应的报酬。长期在同一公司工作的员工会积累重要的专门技能，这些只有在平常的工作中日积月累才能习得的技能，在财富的创造过程中可能会起到至关重要的作用。若仍不把这些“企业特型人力资本”的投资作为创造财富的一部分，就损害了他们应得到的利益，整个社会将丧失由员工投资于企业特型人力资本而带来的巨大潜在收益。因此，必须保护和激励人力资本的投资热情，构建一个能够清楚地洞察和确保员工的投资得到尊重和回报的公司治理结构。

(4)利益相关者理论。利益相关者理论是指企业的经营管理者为综合平衡各个利益相关者的利益要求而进行的管理活动。与传统的“股东至上主义”相比较，该理论认为任何一个公司的发展都离不开各利益相关者的投入或参与，企业追求的是利益相关者的整体利益，而不仅仅是某些主体的利益。

(5)库尔兰德“第三条道路”的经济主张。库尔兰德认为，不管是社会主义还是资本主义都把经济权力集中于上层，都依赖于工资制度，在工资制度下企业员工得不到经济上的公正待遇。经济权力在资本主义制度下是集中在私人手中，而在社会主义制度下是集中在国家手中，两者都以他们自己的方式削弱个体工人。无论是资本主义还是社会主义都侵犯了劳动者对剩余成果的索取权。他认为建立在工资制度基础上的任何计划或方案都不是真正的“第三条道路”，因为员工最终都是工资的奴隶。大多数工资制度的主要问题是较高的工资是通过政府的干预或者集体的讨价还价压力，而不是通过在一个拥有平等所有权机会的制度中人们自由选择而得到的。而“第三条道路”是一种系统的方法，通过铲除历史地将所有者和非所有者分离的制度障碍来平衡参与和分配公正的要求。这样人们就可以既从他们的自有资本中得到更高的收入，又可从自己的劳动中获得报酬①。

四、历史沿革

美国是实行员工持股计划较早的国家，同时也是目前员工持股计划最为典型的国家。美国员工持股计划的实践，最早可以追溯到18世纪末。面对工业革命促进经济高效发展而带来的贫富悬殊，“美国雇员所有制之父”阿尔伯特·盖莱丁指出，民主不应该仅限于政治领域，应当扩展到经济生活中去。

① [美]大卫·P. 艾勒曼. 民主的公司制[M]. 李大光，译. 新华出版社，1998：65-66.

1797年，他在宾夕法尼亚州自己的玻璃工厂尝试推行员工持股计划。员工持股计划刚开始在美国的发展比较缓慢①。

19世纪末到20世纪初，美国“贫”和“富”之间的紧张局势加剧，工人暴动越来越多，为缓和双方矛盾，维护社会稳定，1916年美国出现了第一个员工持股计划。零售商西尔斯·罗巴克公司决定用公司的股票资助员工退休计划，员工通过这一计划持有公司的股票，从而得到更多的退休补助金。这不仅缓和了劳资双方的矛盾，而且有利于激励员工和留住人才，最终为企业带来更好的效益。

20世纪20年代，美国掀起了一次被称为“新资本主义”的雇员所有制运动。伊斯曼·柯达公司等一些大公司带头推行员工持股计划，鼓励公司员工动用积蓄或者奖金购入本公司的股票。通常公司都会将股票折价出售给员工，每个员工都拥有属于自己的个人股票账户。随着工作年限增加，员工购买的公司股票数量也会逐渐增加。

然而，1929年美国爆发经济危机，处于萌芽状态的员工持股制遭受沉重打击，随着股票市场的全线崩溃，一时间员工手中的股票变得一文不值。

经济危机之后，美国经济开始逐渐复苏，这又为员工持股制的发展提供了良好的历史机遇。在20世纪50年代前后，股份制的广泛实施以及由此产生的所有权与经营权相分离，使得公司的实际控制权由股东转向经理人员，股东们开始对企业经理人进行股票奖励，希望以产权纽带来建立企业所有者与经理人员之间利益一致性关系，整合企业所有者与经理人之间的利益偏差。

到了20世纪50年代中期，在公司经理人员持股的示范效应和社会民权运动兴起的时代背景下，员工持股制由国会议员推动在美国国会获得立法通过，并逐渐获得美国企业界的广泛认同，开始在全美普遍实施。尤其在20世纪60年代末，美国经济出现衰退、失业率开始上升和劳资关系逐渐紧张时，以及70年代的石油危机时，员工持股制更加得到人们的认可，并最终促使美国国会在70年代以后颁布了一系列旨在规范和推进员工持股制实施的立法，比如1974年美国国会通过的《职工退休收入保障法》和1984年通过的《税收改革法》。在此之后，得到法律支持的美国员工持股制得以迅速发展。

经历了过去40年的发展，美国目前约有2800万人参与到各种形式的员工持股计划中，超过美国私营部门就业人员总数(不足1.2亿)的20%，涉及资产总金额超过了1万亿美元(如表11-1所示)。

---

① 王来武."第三条道路"新思潮的经济主张与员工持股计划研究[J]. 企业经济，2004(8).

表 11-1 美国企业员工持股计划项目数、参与人员数量与涉及资产金额

计划类型	项目数量(个)(截至 2012 年底的估计值)	参与人员数量(万人)(截至 2012 年底)	涉及资产金额(亿美元)(截至 2011 年底)
ESOP/股票奖励计划/利润分享计划	12000	1100	8700
购买本公司股票的 401k 退休账户计划	600	300	2000
广泛的个人股票计划	3000	1000	—
公司股票购买计划	4000	1100	—

注：由于同一员工可以参与不同项目，因此，参与不同项目的人员数量有所交叉，据估算，参与各种员工持股计划的人员总数约为 2800 万人。其中，参与 ESOP 的员工人数为 1470 万，约占全部持股员工人数的一半。

资料来源：NCEO 网站，http：//www. nceo. ors/articles/ statistical-profile-employee-ownership.

鉴于员工持股计划这一制度创新带来的显著实际效果，从 20 世纪 60 年代开始，以日本、英国、法国为代表的发达国家先后开始实施员工持股计划，其由此开始在全世界范围内盛行。

五、员工持股计划的意义

员工持股计划通过员工持股将广大员工的自身利益与企业的前途结合在一起，形成一种按劳分配和按要素分配相结合的利益制衡机制。从企业的微观层面看，员工持股计划有利于提高公司的经营效率。具体来说，其有以下意义：

有利于股权结构的多元化。企业中“一股独大”的直接后果是，投资策略、利润分配、发展战略等关系到企业生死存亡的关键决策总是被极少数人牢牢地控制在手中，企业缺乏在市场竞争中所必需的自主性与灵活性。员工持股计划的实施，对股权结构的多元化和培育制衡力量有积极作用。

有利于提高公司自身的凝聚力和市场竞争力。通过员工持股计划可以实现劳动者与所有者风险共担、利益共享，挖掘公司内部成长的原动力。

有利于更好地筹措资金。一方面，通过新增股份出手给员工，达到增资扩股的目的；另一方面，ESOP 允许借款，且还款可享受税收优惠，相对来讲筹资成本很低，公司可以使用这笔借款去实现经营目标。

有利于防止敌意收购。通过实行 ESOP，公司将股份分散在员工之中，利

用员工担心企业被收购后可能被裁员的心理和员工对企业的归属感，在一定程度上帮助企业抵御敌意收购。

有利于提高员工福利，增加员工满意度。员工持股计划本身就是作为一种员工福利计划而存在的，员工通过这一计划，可以享受除工资体现出的劳动收益外的资本所有权收益，分享公司利润，并可以通过持股会行使所有者管理权。

有利于提高员工的工作热情和积极性，为企业留住人才。因为员工持股计划使员工兼具公司的劳动者与所有者双重身份，可分享企业的发展成果。

六、员工持股计划的内容

员工持股计划起源于美国，其在探索和实施的过程中相关制度和法律法规也日臻完善，已成为西方发达国家企业实施持股制度的典型代表。因此，接下来我们将以美国员工持股计划为例，具体介绍典型的员工持股计划所包含的基本内容。

(1) 设立员工持股信托基金会或员工持股会。该机构是集中管理员工所持股份的独立合法实体，代表员工掌握并控制员工持股计划的所有资产。

(2) 设置悬置账户。员工持股信托基金会由企业担保，以所控制的员工持股计划的所有资产为抵押，向银行贷款购买公司股票。购得的股票不直接发放给员工，而是放入一个悬置账户中，并随着贷款的逐渐偿还再按确定的比例逐次转入员工的个人账户中。

(3) 员工的广泛参与。美国的相关法律规定，至少应该有 70%的非高薪阶层员工参与员工持股计划，而且非高薪阶层员工所得的平均收益不能低于高薪阶层员工平均受益的 70%。

(4) 获得股权的时间限制。参与员工持股计划的员工获得完整独立的股权需工作满 5 年，或者在工作 3 年之后每年获得所购股份的 20%，到第 7 年末获得完全股权。

(5) 投票权利的限制。已经分配到员工个人账户上的股份，员工可以以个人名义行使相应表决权，尚未分配到员工个人账户上的股份由持股基金会或受托人行使相应表决权。

(6) 参与各方收益限制。企业用于归还员工持股贷款的资金减税额不能超过员工工资总额的 15%~25%，每一个参加该计划的个人收益不能超过其工资总额的 25%。如果员工个人账户上的股份价值超过 50 万美元，则每年的股票分红不能超过 10 万美元。

(7) 多样化投资选择。对接近 55 岁退休年龄的员工和参加员工持股计划 10 年以上的员工，可允许其将个人账户上股份的 25%提取用作其他方面的投资，或者企业直接用现金回购这部分股份。

(8)员工股份的价值评估。对于非上市公司的员工持股，信托基金会或员工持股会必须请独立的资产评估机构依据美国劳工部的规定，对企业价值和股份价值进行评估，且每年一次，这样有利于员工购股和员工回售股票时进行股票定价。

(9)信托人的资格和标准。员工持股计划的信托人可以是一个人或者是一些人，也可以是独立的商业银行和信托投资公司，其主要任务在于集中管理持股员工的股票并代为行使未分配到个人账户上的股份的相应股权。

(10)股票回购规定。对于符合规定的、员工可以变现的股份，当员工要求变现时，企业有义务以当前公平的市场价格回购这部分股票。

(11)税收优惠。美国为了促进员工持股计划的实施，给予了员工持股计划很多的税收优惠政策，这些税收优惠政策涉及员工持股计划的所有相关群体，包括员工、雇主、实施计划的企业和相关金融机构。

(12)公司补助。实施该计划的公司，通常会以利润捐赠或股份捐赠的方式，对参与计划的员工进行一定程度的补助，有利于提高员工持股的积极性，充分发挥员工持股的作用。

七、员工持股计划方案的制订

员工持股计划的方案制订是一个非常复杂的系统工程，涉及法律、财务绩效考评、分配、监管和信息披露等各个方面的问题。接下来将介绍员工持股计划设计和实施的具体步骤，以期对整个计划的操作与实施有一个全面系统的认识。

1. 员工持股计划方案的制订流程

一般来说，每个 ESOP 的制订过程都离不开以下几个步骤。

(1)征询公司股东是否同意建立员工持股计划。因为即使当大股东同意实施 ESOP，出售自己的股份，也不能保证其他所有的股东都乐意拿出自己的股份，若不能在股东中协商一致，将不利于这项计划的顺利推进。

(2)确定公司选择实施员工持股计划的目的。不同的公司实施 ESOP 有不同的目的，有的是为了从企业主手中购买股份；有的是为了争取税收优惠；有的是为了资产剥离或资产重组；有的是为了筹措新资以挽救濒于倒闭的企业；有的是为了防止被他人恶意并购；也有的是为了创造一种新的企业文化将员工和公司结为利益共同体。因此，一个公司要实施 ESOP 必须明确目的，不同的目的将导致不同的 ESOP。

(3)进行可行性研究。公司可以聘请专业的咨询公司基于本企业的情况拟定一份关于 ESOP 的可行性分析报告，也可以由人力部门自行分析。一般来说，研究应包含以下几点：第一，公司是否拥有足够的资金支持 ESOP 的设立；第二，若公司已有其他利润分享计划，那么其工资总额是否足够大到任可利用到 ESOP 的税收优惠政策；第三，员工离开公司后的股份回购问题。

(4)价值评估。对于上市公司来说，企业的价值通过资本市场就可以得到确定。而对于非上市公司来说，在建立 ESOP 之前，必须请有资格的、独立的评估机构对公司的价值和将出售给员工持股计划的股票进行一次初步的评估，当转让完成时，还要进行一次最后的价值确定。价值低估了，所有者不愿意；价值高估了，员工不会有购买力。因此，如何寻求一个合理的定价是需要认真考虑的。

(5)方案设计和起草。聘请 ESOP 律师团队来拟订员工持股计划的相关文件并递交至国内税务局(IRS)审核，通常需要数日。但在此之前，可以先实施已制订好的计划。若审核不通过，一般稍作修改后即可通过。

(6)解决实施计划的资金筹集问题。非杠杆型员工持股计划的资金来源是公司的捐赠。杠杆型的计划来自于贷款或是由现有的收益计划(如利润分享计划)转换而来。在一些特殊情况下，员工持股计划的资金来源于员工在工资或其他利益方面的让利，这种方式主要被用于挽救濒于危机的公司。

(7)建立一套运行 ESOP 计划的程序。对于建立一套程序来说，基金的托管人至关重要。对于小公司来说，通常选择公司内部组织来完成，而对于一些大的公众公司来说，比较倾向于选择外部的托管人来管理信托基金。另外，企业的 ESOP 委员会也是必备的，以对整个计划进行管理。

2.“员工持股计划”方案的设计

前面分析了员工持股计划这一整套项目的制订过程，接下来我们将具体说明，“员工持股计划”方案的设计步骤和注意事项，它是整个项目实施过程中的重要一环。

每份计划方案都包含很多的方案要件，而不同的企业，针对每个方案要件又有不同的途径选择和实施方式，表 11-2 详细说明了这些要件的主要途径选择及其注意事项。

表 11-2 **设计“员工持股计划”方案的要点**

方案要件	途径选择及其注意事项
股份来源	增量发行、存量转换
资金来源	员工直接出资、员工工资抵扣、企业资助、银行贷款

续表

方案要件	途径选择及其注意事项
授予对象	全员持股、管理与业务骨干持股、经营层持股
授予时机	在何时授予
授予条件	年龄条件、工龄条件、其他条件
分配比例	不同行业、不同规模、不同发展阶段的企业经营层、业务骨干与员工持股比例分配应该不同
载体选择	个人、持股会、持股公司、综合公司
形态选择	福利型、风险型
工具选择	实股、虚股、增值权等
股权管理	转让、回购、收益分配等
交易方式	付款方式是一次性付款还是分期付款； 定价方式是平价出售还是折扣出售
员工参与机制	员工如何参与
计划终止	终止条件、终止后的管理

以上这些方案要点如何设计，与企业战略及企业运作有着必然联系。必须以企业战略为前提，并在充分考察企业内外部多方面因素后作出决定，只有这样设计出来的方案才具有可行性，才有利于企业的长期发展。

首先，员工持股计划要与企业的战略一致。企业市场战略是采取扩张战略还是收缩战略，直接影响到员工持股的资金来源方式。如果企业采取扩张战略，则员工持股资金来源宜采取增量发行方式，反之则应采取存量转换方式。企业的融资战略是利用资本市场，还是利用货币市场，也会直接决定员工持股的载体选择。如果企业融资战略是股票市场，则应采取间接载体。综上所述，若不全面考虑企业的战略，则最终设计出来的方案可能会与企业战略相悖，影响企业运营。

其次，员工持股计划要与企业特征相结合。不同行业、不同发展阶段、不同市场环境的企业，员工持股计划的方案设计会有很大差异。比如，传统行业与高新技术行业员工持股计划方案的要件设计是不同的；同一行业不同发展阶段的企业员工持股计划方案在资金来源的解决、持股比例的分配、工具的选择方面也有区别；垄断行业如果实施员工持股计划，其激励作用就不大，竞争行业实施则激励作用就很大。

最后，员工持股计划要与国家法律环境相匹配。员工持股计划的政策法规都是地方性的或行业性的，各地的规定有较大差异，并且与公司法等全国性法律、法规并不完全一致。因此，设计员工持股计划方案时必须对现行法律、法规、政策充分熟悉。

八、我国的员工持股计划

我国员工持股计划的相关理论研究与实践开展开始于20世纪80年代，在这30余年的发展过程中，可谓经验与教训兼有，困难与希望并存。

1. 历史沿革

从历史上看，中国的员工持股最早可以追溯到清朝山西票号的“身股制”。但是，真正意义上的现代员工持股制度在中国的发展始于20世纪80年代，是在国有企业改革以及计划经济向市场经济转轨过程中出现并逐步发展起来的。过去的30多年间，中国企业员工持股制度经历了多次反复，相应的企业实践也出现了较大波动。概括来讲，主要经历了以下五个发展阶段。

(1)以股份制改造启动的初步探索阶段(1984—1991年)。20世纪80年代初，为适应商品经济发展的需要，开始允许企业进行内部员工股份制试点作为筹措资金和搞活企业的改革手段。当时，全国3200家各类股份制试点企业中有86%的企业都实行了员工持股，员工个人持股金额近3亿元，占总股本的20%左右。

(2)试点工作带动的推广应用阶段(1992—1994年)。这一时期，中国国有企业股份制试点工作逐步深入，员工持股也随之在更广的范围内推行。但在这个过程中，内部职工持股的问题也逐渐呈现，如发行内部职工股超比例、超范围，出现一部分关系股和权力股等。1993年4月，国务院发文制止了发行内部职工股中的不规范做法。

(3)各地方政府推动的规范发展阶段(1995—1998年)。1994年7月实施《公司法》，使股份制试点进入依法设立和规范发展的新阶段。这一时期，中央政府层面没有针对内部职工持股的专门规定，各地方纷纷结合本地区经济社会发展，做出了相应的规定。深圳在1994年发布了《关于内部员工持股制度的若干规定(试行)》，随后用3年时间完成了57家企业的内部员工持股试点。1997年9月，又在前期试点工作基础上发布了《深圳市国有企业内部员工持股试点暂行规定》，全面推行员工持股制度。1998年5月，国家工商管理总局明确了职工持股会或工会代持职工股份的合法地位。但是，由于股份公司公开发行股票时职工股不经过摇号中签过程，职工股对股票二级市场造成一定的冲击，1998年11月，证监会颁布《关于停止发行公司职工股的通知》①。

(4)以股权激励为核心的重点突破阶段(1999—2004年)。1999年9月，党的十五届四中全会提出，在企业改革中实行以按劳分配为主体的多种分配方式，允许进行股权分配方式的探索。2002年12月，《上市公司收购管理办法》开始实施，实施管理层收购的国有企业数量迅速增长。但是，由于缺少必要的制度约束和有效监管，企业实践中很快出现了失控局面。2003年以后，财政部、国资委、证监会纷纷出台文件，对管理层收购提出了更严格的政策约束。

(5)以制度规范为重点的体系完善阶段(2005年至今)。2005年以来，中国政府出台了一系列政策文件要求进一步优化员工持股制度，规范企业实践。2012年8月，证监会发布《上市公司员工持股计划管理暂行办法(征求意见稿)》，2014年6月20日证监会发布《关于上市公司实施员工持股计划试点的指导意见》。截至2014年11月27日，35家上市公司发布了员工持股计划。

2. 我国员工持股计划的特征

总结我国30多年的员工持股计划实践情况，我国企业员工持股计划的特征可以归纳为以下四点：

(1)计划方案的设计具有很强的地方特色。各地对该制度的认识和理解的程度不同，以及经济发展水平的不同，导致各地规定的法规、政策也不尽相同。例如，在员工认股的比例上，一般是经济发达地区相对较高，且基本确定在10%以上，同时认股资金来源的渠道也比较多，而欠发达或不发达地区职工认股比例基本限制在10%以内，且资金来源形式单一。

(2)持股的资金来源多以现金出资为主。自员工持股试点以来，无论是政策规定还是实际运作，在员工取得股份的资金来源上，主要以个人现金出资为主。这一方面在很大程度上导致参与计划的员工在购股资金上面临筹资困难的问题，打击了员工参与计划的积极性；另一方面也是对员工人力资本产权的一种忽视，有违重视人力资本的时代要求。

(3)员工持股表现形式多种多样。我国的员工持股是在实践中产生的，并经历了自下而上的不断发展和完善，因此，在不同的发展阶段由于不同的政策和环境，导致员工持股的表现形式多种多样，先后出现了以“定向募集公司中的内部职工股”、“非上市公司中的内部职工持股”、“上市公司的内部职工持股”和“股份合作制企业中的职工持股”为主的四种基本持股表现形式。

(4)员工持股计划的管理形式多样。由于缺乏国家立法的支持，各地对员

---

① 黄群慧，余菁，王欣，等. 新时期中国员工持股制度研究[J]. 中国工业经济，2014(7).

工持股计划的管理形式多样，有的委托证券公司管理，有的委托地方股权证托管中心管理，有的由企业的财会或者证券部门管理。而真正成立员工持股会对员工持股进行管理的，又大多数是在工会名义下进行的，这种持股会与工会结合的模式不利于持股会的有效管理，缺乏应有的法人地位。

3. 我国的员工持股计划方案

我国员工持股计划方案一般包含以下内容：员工持股计划的目的；基本原则；参加对象及确定标准；资金和股票来源；员工持股计划的存续、变更和终止；管理模式(持有人、持有人会议、管理委员会、资产管理机构)；员工持股计划的资产及其投资；公司融资时员工持股计划的参与方式；员工持股计划股份权益的处置办法；公司的权利与义务；实行员工持股计划的程序。即使各个公司的方案内容和风格迥异，但其必然包含上述11个要素，并以此为框架去制订公司的计划方案。

4. 员工持股计划在国企改革中的应用

在国企“混改”大背景下，政策允许混合所有制经济实行企业员工持股，形成资本所有者和劳动者利益共同体，国有上市公司对推行员工持股计划兴趣渐浓，包括国有银行在内的央企及部分地方国企，都在筹划员工持股计划。

在最新一轮国有企业改革过程中，员工持股成为这些企业扭亏为盈、脱离困境的一种重要方式。因为员工持股不仅可以避开国企对于高管薪酬的限制，也能够规避由于国企工资总额被严格控制而造成的激励不足现象，而且还能够实现股权结构多元化，促进公司制改革。但是不可否认的是，由于这一制度本身的复杂性，使其执行起来监管若稍有不慎，便容易出现短期套利行为、管理层控股、拉大收入差距以及国有资产流失等问题，这也正是中央当年叫停这一计划的原因所在。因此，在这一轮国企改革中，应该吸取以往的经验教训，避免重蹈覆辙。例如，规定公司管理层作为利益相关方不能参与计划方案的制订，从制度上保证国有资产不流失；可以聘请中介机构参与其中，以保证实施过程的公开透明，相关规定能够严格执行；建立明晰的责任机制，以保证出现任何问题后有责可追。

5. 我国员工持股计划存在的问题

我国自20世纪80年代末90年代初，开展员工工资持股计划，随着我国企业产权制度改革的深入，员工持股这一制度得以迅速推广普及，但由于种种原因，其发展尚存在许多问题。具体表现在以下几个方面：

(1)缺少国家立法对员工持股制度的统一规范。国家有关部门虽然颁布过一些关于员工持股的规定，但其毕竟是部门性法规，约束力十分有限。全国各地各企业对员工持股的理解不一致，采取的员工持股管理方式也不同，加之政府在财政、信贷和税收方面的政策支持不足。使得我国企业员工持股的国家和地方宏观政策环境没有发达国家那么优越，这主要表现在员工持股涉税问题缺乏配套政策。目前员工持股企业普遍面临持股员工、持股公司自然人股东、持股公司、实体经营公司等多重主体造成的多重纳税问题。如果缺少税收优惠等宏观政策支持，员工持股计划的吸引力将会大打折扣，企业实施员工持股计划的积极性将受挫。

(2)资金来源少。我国员工持股的资金来源主要是通过员工利用现金购买企业的股份实现的。由于我国员工工资普遍较低，经济负担能力有限，许多员工根本无法挪出多余的资金用于购买公司的股票，因此而丧失参与这一计划的机会，这将变相有利于高收入员工，让高收入员工更多地持有公司股票，获得更多的收益，使得员工持股计划有悖其福利性的本质。

(3)只重视期股期权，忽视员工持股。许多企业存在这一倾向。对企业的经营管理者实施期股期权计划，有利于激励这些管理者，促进企业发展。但是，与此同时企业也应该重视员工持股计划的建设，员工持股与期股期权是相互影响、相互促进的，尤其是在我国国企改革的特定环境中，要把对经营者管理者实行期股期权与员工持股结合起来，以便员工持股与期股期权互为推动，展现更好的效果。

(4)业绩考核体系不完善。我国企业的业绩评价大多以职务和岗位来考核，这种业绩考核体系并不十分规范，尤其是对公司的管理部门、后勤部门的业绩评价，很难得出一个比较公正的结论。正是由于缺乏一套科学合理的考核标准，难以得出公正合理且能够充分体现激励作用的分配标准，这使得业绩评价成为整个员工持股计划中难度最大、分歧最多的部分。

(5)员工持股过于形式化，激励效果不足。首先，员工持股比例过低以及持股数量平均化，使得员工对于持股的预期收益不是很乐观，阻碍了其激励作用的发挥。其次，我国的员工持股计划更多的是被视作为一种经济激励措施，而不是一种面向广泛的员工群体的长远福利措施，使得计划更多地表现出短期性效应，缺乏长远考虑，不能起到持续激励，增加员工归属感的作用。再次，我国目前的员工持股计划还不是很完善，许多企业的员工持股计划没有很好地结合自身实际，一味追求先进追求国际标准，最终导致计划过于形式化。最后，并非所有企业都适合采用这一计划。例如，初创阶段的小微企业，主要依靠个别创始人来推动发展，不需要员工持股计划。再如，垄断企业，其绩效与员工努力程度的相关性不高，若推行员工持股计划，则可能有利益输送的嫌疑。不是所有企业都要去推行员工持股计划，是否实施这一计划，一定要立足于企业的实际需要，否则形式大于内容，事倍功半。

(6)我国企业的员工持股计划对促进员工参与公司治理和民主管理的作用不明显。以上市公司为例，大多数公司，除职工代表大会和职工董事外，上市公司一般没有新增员工参与公司治理的管理机制。一些企业设立了职工持股会，虽然有职工持股会的议事机制，但实际作用非常有限。普通员工虽持有公司的股票，却无法有效地参与公司治理和民主管理。

7. 我国员工持股计划的实施

无论是从理论上还是西方国家的已有实践上，都已经证明了员工持股计划不仅能够吸引人才、留住人才，而且能够激励员工的积极性，提高企业绩效水平。但是，这一先进制度在我国的应用中却出现了这样或那样的问题，其主要原因在于宏观政策环境不够成熟和微观主体操作不当。为了避免这些问题，制订适合我国企业的员工持股计划，需要宏观主体和微观主体的共同努力。

其中宏观主体需要：

(1)加强立法，制定和颁发全国性的法律来规范员工持股及其操作程序，对股权结构、分配方式、控制比例、流动方式、税收优惠、管理机构等，以法律条文的形式加以明确，再辅以出台地方性的法规政策来补充。

(2)出台相关优惠政策，最具有吸引力的优惠政策主要表现为税收优惠，为此国家需要出台配套政策规范员工持股计划涉税问题，以鼓励银行等金融机构积极参与到员工持股计划的构建当中，为员工持股的资金筹集提供贷款援助。国家甚至可暂时让出一部分税收利益，给予员工持股的参与各方(贷款方、员工、信托机构、企业)税收优惠。例如，银行用于员工认购股份的贷款利息给予减税优惠。

微观主体需要：

(1)结合企业实际，科学规划 ESOP 方案。首先，科学安排持股比例及结构。员工持股计划在公司推行，主要是希望能够调动员工的积极性和创造性，从而促进企业的发展。虽然，扩大员工持股计划在公司的推行力度以及提升员工参与度是促进 ESOP 推行的重要举措。但是，这并不是要求实行平均主义，公司需要根据自身的实际情况，设置 ESOP 实施对象的具体条件限制和持股比例分配。其次，加强持股计划的灵活性。例如，可以设置岗位股、绩效股、才能股、现金股和期权股等多种方式灵活入股，通过配送、奖励、购买等方式让员工持股。

(2)建立员工持股长期化的体制机制，将 ESOP 由狭隘的刺激手段升级为长期化的保障性福利。为此企业需要为那些长期稳定持有公司股票的员工提供尽可能多的经济激励，鼓励他们稳定地服务企业，对那些为谋一时之利的持股员工则不应被纳入此列。

(3)强化公司信息披露和倡导员工参与民主管理。加强公司对持股员工的信息披露，扩大持股员工的知情权，提高持股员工对公司重大事务的民主参与程度，使其成为公司治理体制规范性的制衡力量。

复习思考题

1. 利润分享计划的定义以及理论基础是什么？

2. 如何设计一项有效的利润分享计划？以某公司为例，为其设计一个确实可行的利润分享计划。

3. 我国企业的利润分享计划还有哪些方面需要改进完善？怎么改进？以某公司为例，为其利润分享计划设计改进方案。

4. 员工持股计划的含义以及理论基础是什么？

5. 简述员工持股计划的分类及其各自的特征与区别。

6. 我国员工持股计划还有哪些不足？如何改进？以某公司为例具体说明。

【案例】

华为员工持股计划

华为投资控股有限公司(下称“华为公司”)是100%由员工持有的民营企业，华为公司通过工会实行员工持股计划。

华为公司2011年的销售收入达324亿美元，折合人民币约2039亿元。2008—2011年的年销售收入增长率分别是33.5%、19.1%、24.5%和11.7%，如此快速的销售增长，势必需要巨额的营运资本投入来支撑。华为公司作为未上市的民营企业，融资渠道单一，然而，其实行的员工持股计划究竟是其主要融资来源，还是一种股权激励？

一、华为公司的员工持股计划

1. 华为公司的人才管理战略

华为是全球领先的信息与通信解决方案供应商，致力于为电信运营商、企业和消费者等提供有竞争力的ICT(信息通信技术，Information and Communications Technology)解决方案和服务，目前，华为的产品和解决方案已经应用于140多个国家，服务全球1/3的人口。

华为公司生产经营具有典型的技术密集型特点，2011年，华为研发费用支出为人民币236.96亿元，近十年投入的研发费用超过人民币1000亿元。《华为基本法》规定，华为公司每年拿出不低于销售收入的10%用于研发投入。

技术领先一直是华为的制胜秘诀，截至2011年，华为公司共获得国内外专利授权23522件，其中90%以上为发明型专利。

华为公司非常注重员工的培训，据了解，每一名入职华为公司的员工，无论职位与职务，都必须进行为期2周的新员工入职培训，到所在部门报道后还要进行岗位培训，这样的培训从1个月到半年不等，入职后还有不定期的能力提升培训。并且这些培训都是工作时间带薪培训，可谓“全方位、高成本”。华为公司的培训体系主要由华为大学以及人力资源部门组织，负责培训的老师有精通业务的各层级骨干员工、外聘的教授、教官和华为大学专职培训老师。培训内容涉及企业文化、业务流程和专业技能。而研发人员的培养更是需要一个漫长的过程，华为公司产品与解决方案的研究开发人员有62000多名，占公司总人数的44%。

华为公司强调“人力资本不断增值的目标优先于财务资本增值的目标”的战略。所以，华为公司的人才管理是决定公司发展的根本，在现代社会中如何留住人才，尤其是作为华为公司核心竞争力的研发人员，是人才管理的关键。早在1990年华为公司曾一度以“高薪”吸引优秀人才，华为员工的薪酬体系由工资、年终奖金和股票分红3部分组成。近几年奉行“奋斗者文化”，将员工持股计划与人才管理战略配合，为员工戴上所谓的“金手铐”，根据员工的价值贡献调节持股额度，体现了“各尽所能，按劳分配，多劳多得”的公司价值观。

2. 华为公司的员工持股计划

员工持股计划的操作原则是“让最有责任心的明白人担负重要的责任”。即这些担负重要责任的“明白人”必须“德才兼备”，这一用人规则可从耸立在华为公司深圳研发中心大门口的刻着“小胜靠智，大胜在德”的石碑体现。员工持股计划在操作中实行使股权和职权向这些“最有责任心的明白人”倾斜的原则，实行股权与职权的动态调节。个人所持股权与职务取决于个人对公司的贡献，最重要的是对于绩效差的员工，公司可以收回其所持股份。在员工持股比例上，实行“30%优秀员工(含核心层、中坚层)集体控股，40%的骨干员工有分量地持股，10%~20%的低级员工和新员工适当参股”。

员工持股计划的操作细则：(1)实施条件：每年4—5月份根据员工的职位、工作年限和上年度绩效考评结果，由干部和部门主管决定员工被授予股权的资格与数量。(2)激励额度：各职位级别员工持有股份有最高数量限制，即饱和配股线。(3)激励对象：所有13级以上的在职员工都有受股资格，员工可以自愿选择是否购买公司股票。(4)授予价格：上一年期末每股净资产扣除年度分红后的价值。(5)权益分配：根据上一年公司经营情况，由股东大会作出分红额度的决议。(6)转让与收回：公司允许员工申请退股，可以将所持股份转让给公司，结算价格为持有期3年以上的股票按最近一期的净资产价值，持有期3年以内的股票按购买时的价格。根据员工的绩效考核情况，公司也有权收回员工所持股份。

二、华为公司员工持股计划的现金流分析

关于员工购买股权的资金来源，笔者通过访问华为公司员工了解到，在2010年前授予的股票，一般是由公司担保，以员工个人名义向银行贷款购买，贷款期一般是3年，员工需要每年归还利息，公司每年以现金形式支付给员工股票分红。近两年来授予的股票，员工必须以现金支付其中的一部分(约1/3，一般以年度奖金支付)，其余部分通过银行助业贷款购买。

截至2011年底，华为公司有65596名员工参与员工持股计划。据了解，华为公司2011年股票授予价格约为5.42元/股，分红为1.46元/股，三年期银行贷款的利率约为6.65%。下面通过对华为公司员工持股计划的现金流分析，探讨员工持股计划究竟是股权激励，还是融资渠道。假设授予额度平均20000股/人。

公司层面：

现金流入，授予股票：65596人×20000股/人×5.42元/股=7110606400元，约71.1亿元。

现金流出，股票分红：65596人×20000股/人×1.46元/股=1915403200元，约19.15亿元。

现金净流量：71.1-19.15=51.95亿元。

2011年度的总资产、销售收入、营运资本分别为1932.83亿元、2039.29亿元、566.81亿元，2011年度股票授予的现金净流量占2011年的总资产、销售收入、营运资本的比例分别为2.69%、2.55%、9.17%。显然，如此小的比例不可能作为公司营运资本的主要资金来源。而实质上，公司还要对以前年度授予的股票在当年进行分红，并且，以前年度的股票分红要远大于1.46元/股。公司层面的现金净流量远比51.95亿元少，甚至公司每年员工持股计划的现金净流量为负数。所以，员工持股计划不是华为公司进行“内部集资”的渠道。员工购买股票所需资金：20000股×5.42元/股=108400元，年利息108400×6.65%=7208.60元，分红：20000×1.46=29200元。

投资收益：29200-7208.60=21991.40元。再加上以前年度授予股票的分红，投资收益要远大于21991.40元。

据了解，2011年度的分红额度属于较低的，即使按照1.46元/股的分红

额度，对于员工来讲，投资于公司股票的回收期为5.42/1.46=3.71年，年收益率达27%。

所以，尽管是给自己戴上了“金手铐”，理性的员工还是愿意认购公司股份的。

三、结论与启示

从以上调查分析显示，华为公司实行员工持股计划一方面可以达到管理人才、激励员工努力工作的目的，另一方面也可以分散大股东所有权，达到较好的内部治理效果。通过员工持股计划的现金流分析可以看出，所谓的员工持股计划是为了“内部集资”的说法并非切中肯綮，而是华为公司人才管理的股权激励措施。

华为公司是在1988年由任正非等6人筹资2.4万元注册的生产公共交换机的香港公司的销售代理，经过20多年的发展，成为全球领先的电信解决方案供应商，技术和创新是其制胜法宝。这种技术密集型企业的核心竞争力就是人力资本。华为公司一贯坚持对员工进行全方位、高成本的培训，而留住这些重金培养的人才才是关键，进行股权激励是其人才管理的一贯做法。从创业初期的股票激励，到2000年网络经济泡沫破裂时期的“虚拟股票”，以及“华为冬天”的降薪运动，发展到现在的员工持股计划，华为公司不断探索出适合不同阶段发展的人才管理策略。

华为公司为员工提供了技术和管理两条晋升通道，员工薪酬方面通过年终奖金和股票分红拉开差距，激励员工成为“有贡献的奋斗者”。考虑到股权激励的边际效应，为每一级别员工设置了饱和配股线，同时对于配股后绩效下滑的员工，公司保留收回已授股份的权力，以规避那些“一旦获得股票以后，有可能一劳永逸地吃大锅饭”的投机行为。华为公司对每位员工的股权授予非常慎重，任正非曾在一次干部座谈会上提到：奖金即便发错了也只有一次，股票发错了就几十年，奖金不要看那么重。另外，华为的绩效考评体系的设计保证了考核结果的公平性，为员工营造了不断追求能力提升的氛围。这一系列的人才管理措施保证了华为公司的核心竞争力，值得其他企业效仿。

案例来源：王旭芳，王海燕. 股权激励或内部集资的分析研究——基于华为公司员工持股计划的案例分析[J]. 国际商务财会，2012(8).

第十二章　补充住房计划和其他福利

引言：在知识经济时代，企业竞争更加激烈，优秀人才成为企业核心竞争力。优厚而独特的福利成为企业吸引和保留人才的有效手段。除了那些法定福利，企业从自身经济实力及战略目标出发，结合员工需求，制订了一系列为企业和员工所接受和偏好的福利计划。住房福利计划帮助员工解决基本住房问题，成为员工求职择业的重点；员工培训福利计划，从员工职业发展角度出发，帮助员工提高工作知识与技能；工作家庭生活平衡计划基于员工个体及家庭需要，以企业作为实施者，实行一系列措施协调员工的工作与家庭生活。在人才战争愈发激烈的未来，企业将不断以员工需求为基点，通过企业的资金、资源等力量帮助员工减轻生活负担，增加工作投入。

第一节　补充住房计划

一、补充住房计划

补充住房计划，又称补充性住房计划，是企业在国家法律规定的住房公积金计划之外，根据其经营发展状况，自愿建立的用于帮助员工解决住房问题的计划。补充住房计划一般包括以下几种形式：补充性住房公积金、住房补贴、低息或无息住房贷款、利息补助计划、低价格集体购房计划及员工宿舍等。

二、补充住房计划相关内容

根据补充性住房计划的补助方式和内容，一般可以将其分为以下三种基本类型：现金补助、实物补助和购房贷款。

现金补助是指对于有购房需求的员工，企业直接或间接提供部分现金，以减轻其经济负担的一种补助方式，具体形式有补充性住房公积金、住房补贴。

实物资助是指企业通过自筹、自建房屋，低价或者免费提供给需要住宿的员工使用，从而为员工解决基本的住房问题，具体包括低价格集体购房计划、员工宿舍。

购房贷款则是指企业通过其建立的员工福利基金或者专门的住房基金，按照一定的标准或规定为员工提供低息甚至无息的贷款，或者是为员工偿还部分住房贷款，让经济困难的员工的住房需求得到满足，具体形式有低息或无息住房贷款、利息补助计划。

下面将对各类补充住房计划进行具体介绍。

1. 补充住房公积金

补充住房公积金，是企业在国家法律规定的范围内，独立建立和实施的一种长期住房储金，用于职工住房消费。它是对我国法定住房公积金制度的一种补充和完善。

(1)补充住房公积金的具体内容。

①建立及缴存主体。建立补充住房公积金的要求较高，只有经营条件良好、足额缴纳税款并且已经建立法定住房公积金的企业和自收自支的事业单位可以建立。补充住房公积金的缴存主体包括参加补充住房公积金制度的企、事业单位及其员工。

②缴存比例。与法定公积金特定的缴费比例不同，补充性住房公积金更具灵活性。其缴费比例只需在当地政府规定的某个幅度范围内，并且没有上下边界的限制。如我国上海市 2013 年度的补充性住房公积金缴费比例为 1%~8%，企业只需确定在该范围内的某个缴费比例即可。

③缴存账号。补充住房公积金的账号与法定住房公积金账号并不一样，二者的查询和缴纳都是在各自的账号中。但在使用公积金冲还贷款时，二者具有关联性，即借款人在办理冲还贷手续时只要提供了基本公积金账号，计算机在扣款时就会根据关联规则自动从对应的补充公积金账户内进行扣款，扣款顺序为先扣基本公积金账户，后扣补充公积金账户。

④各类法律关系。补充性住房公积金所存在的各类法律关系与法定公积金相同，其缴存主体为单位及个人，使用主体为员工个人，缴存对象为受托银行，公积金管理主体是住房公积金管理中心。

⑤提取条件。补充性住房公积金与法定住房公积金缴存于同一账户，其提取的条件和方式与法定公积金一样。

(2)补充性住房公积金的特点。

①非法定强制性。该特征主要体现在以下三个方面：从缴纳要求看，法定公积金具有法定强制性，各企、事业单位必须为员工缴纳；补充公积金的建立和缴存取决于单位自身经营发展状况和经济承受能力，不具有法定缴存的义务；从缴费比例看，法定公积金的缴费比例要求全市统一，每月缴存额有上下限；补充公积金的缴费比例是在一定幅度范围内，由各企、事业单位根据自身

经营状况确定，缴存额无上下限；从税费看，法定住房公积金个人及企业缴存部分可以在个人所得税及企业所得税前支付，不予计算费用；补充住房公积金个人及企业缴存部分均要纳入个人所得税及企业所得税的纳税基数中。

②专用性。与法定住房公积金一样，补充性住房公积金作为用于职工个人住房建设的基金，主要用于：向职工提供住房公积金贷款，为职工购买、建造、翻修自住房提供资金来源；为建设城市廉租住房提供补充资金，解决城市住房的建设资金问题；经住房委员会批准，可以用一部分公积金购买国债，实现公积金的保值增值。总的来说，补充性住房公积金与法定公积金只能“取之于民、用之于民、专款专用”，不可挪作他用。

③福利性。补充住房公积金体现了互助性及福利性。一是在法定公积金的基础上，除员工个人交纳一定的费用外，企、事业单位也为员工缴纳了相同的费用，在很大程度上减轻了员工住房的经济负担；二是补充住房公积金采用与基本公积金贷款一样的贷款倍数，相比于商业银行贷款，公积金贷款利率通常要低1~2个百分点。可见补充性住房公积金具有明显的福利性质。

④个人所有性。补充住房公积金属于员工个人所有，在一定的条件下，员工及单位共同缴存的住房公积金可以返还给员工个人。一是员工在离休、退休、完全丧失劳动能力并与单位终止劳动关系或户口迁出所在的县、市以及出境定居的情况下，可以支取员工个人补充住房公积金账户内的资金余额；二是员工死亡或者宣告死亡的，员工的继承人、受遗嘱人可以提取员工住房公积金账户内的存款余额。

2. 现金住房补贴

现金住房补贴是由企业通过现金形式，向无房或住房面积未达规定标准的员工分次或按月发放补贴的方式，用于员工在住房市场上的购房或租房消费，从而为员工解决住房问题，减轻员工的经济负担。

现金住房补贴源于我国住房制度的改革，是国家机关、行政事业单位及国有企业对住房计划的规定与安排，是国家政策的产物。目前很多合资及外资企业也参照该计划执行，其现金补贴额度按照员工的职务级别、在企业的工作年限等来确定。

(1)现金住房补贴的内容。

①补贴对象。现金住房补贴的发放对象是无房或住房面积未达规定标准的员工，国家机关、事业单位和国有企业的员工有以下几种情况的，可以适当享受现金住房补贴：已经购买规定面积标准住房但仍在还贷期间的；我国建设部2000年规定房价收入比在四倍以上的；自愿退出所承租的公有住房的。

②补贴标准。发放的住房补贴额=每平方米建筑面积补贴额×该职工的住

房补贴面积。

③发放形式。现金住房补贴发放形式主要有以下三种:

一次性补贴方式，主要针对无房的老职工，在职工购房时一次性发放。

基本补贴加一次性补贴方式，按一般职工住房面积标准，逐步发放基本补贴，各级干部与一般职工因住房补贴面积标准之差形成的差额，在购房时一次性发放。

按月补贴方式，主要针对新职工，在住房补贴发放年限内，按月计发。

(2)现金住房补贴特点。

现金住房补贴和住房公积金是员工在新的住房分配制度下解决住房问题的两个重要资金来源，二者有相似点，也有不同点。

现金住房补贴对象具有特定性。住房公积金的适用范围是各单位的全体在职职工，不包括离退休职工；住房补贴的发放对象是各单位的无房职工以及住房面积未达到其职级所对应的住房补贴面积标准的职工，包括离退休职工。

现金住房补贴由单位资助。住房公积金由员工个人从工资中扣缴和单位资助两部分构成；住房补贴由单位单方面给予员工资助，员工个人无需从工资中扣缴。

免征个人所得税。现金住房补贴与住房公积金在税收优惠上相同，均免征个人所得税。

个人所有权。现金住房补贴与住房公积金在所有权归属上是相同的，即员工个人账户中的住房公积金以及住房补贴均归职工个人所有。

3. 实物资助计划

(1)低价格集体购房计划。

低价格购房计划是由企业与房地产开发商直接进行谈判，建设或购买一定数量的家用住房，再以较低的价格转卖给员工。低价格集体购房计划，是企业主动帮助员工集体购房，是企业经营理念的体现，也是对员工住房需求及购房意愿的满足。

该计划的主要特点在于：首先是企业及员工所需投入的资金成本较低，主要是大规模的建设和购买住房使得房地产开发商愿意放弃部分收入，企业由此可以减少部分成本，员工因此降低购房成本，减少因寻找合适房源而付出的精力和时间；其次，企业在该计划中发挥较大的作用，主要体现在对员工住房需求及购房意愿的了解和确认，与房地产开发商的谈判协商，对住房质量的监管以及最后与员工购房的安排和调度；最后，该类员工住房处于同一区域，有利于员工工作之外的交流和沟通，同时也有利于企业配套其他的相关服务，如提供班车、托儿所等。

(2)员工宿舍或公寓。

员工宿舍或公寓，一般提供给企业中新参加工作的员工，或者是那些被企业外派到家庭所在地以外工作的员工。

不同企业向员工提供宿舍或公寓的规定和标准不尽相同，一些企业宿舍或公寓向员工提供长期居住，并且根据企业的经营状况适当地收取一定房租，某些企业甚至会为夫妻双方都在本企业工作的员工配备夫妻宿舍或家庭宿舍；一些企业则将员工宿舍或公寓当作一种过渡性措施，为初来乍到的员工提供一定期限的免费住房，但在期限之后需要员工自行寻找住处。向员工提供宿舍或公寓，要求企业或者是具有较多房源能够向员工提供住房，或者是拥有较好的经营效益足以支撑住房成本。

4. 购房贷款计划

(1)低息或无息购房贷款。

低息或无息购房贷款，是企业通过员工福利基金或住房基金，向首次置业的员工提供贷款，并根据企业的实际经营情况，向员工征收较低利率的利息或者不收取任何利息。

但是该计划有一些限制性的规定，要求员工将所购住房作为贷款抵押，并规定3~5年的贷款期限。在贷款期限内离职的员工，必须一次性付清剩余款项，并将剩余年限的贷款按照商业贷款的利率计算利息进行偿付。

我国著名的互联网企业——腾讯集团在2011年设立“腾讯安居基金”，并在3年内投入10亿元，为首次置业的腾讯正式员工提供一定额度的免息住房贷款①。

(2)利息补助计划。

利息补助计划是企业向自行贷款购房的员工所提供的关于购房贷款利率方面的补贴和资助的一种福利计划。

(3)折扣购房。

折扣购房计划通常和企业的奖励制度联系起来，对于那些绩效连续优秀，或者是为企业作出重大贡献的员工，企业会提供一定的购房折扣作为奖励。

综上所述，购房贷款计划相对于现金补贴及实物资助计划，在设计和实施上具有多样性和复杂性的特点。同时，该计划也更加体现出企业的自主性，对于该类计划的具体设计要求更具灵活性和针对性，但相应地，企业承担的责任和付出的精力也都更大。该计划的投入较高，效果可能也更好，有利于保留和

---

① 资料来源于网易财经，http：//money.163.com/11/0426/15/72IUDJDN00253B0H.html，2011年4月26日。

激励员工。

三、补充住房计划的意义

1. 补充住房计划对员工的意义

补充住房计划的首要受益者是企业员工。在中国大多数居民看来，住房是一项必备且耗资巨大的固定资产，普通员工购房需要数十年甚至更长的时间偿还贷款。而补充住房计划的实施，大大降低了员工因住房问题而增加的支出，缓解了员工的经济压力。同时，补充住房计划在一定程度上减少了员工对未来的焦虑和担忧，有利于员工的身心健康。

2. 补充住房计划对企业的意义

补充住房计划是由企业自主选择和实施，除了提供资金支持，企业还要承担其他更多的设计与管理责任，有利于企业自身经营理念和文化制度的体现。补充住房计划对员工住房需求的支持，有利于增加员工对企业的满意度和组织承诺，在一定程度上可以降低员工的流动率和离职率、保留企业的核心员工；当前房价高涨，实行优厚的住房福利计划可以帮助企业树立关心员工的良好外部形象，增加企业的外部知名度，有利于吸引优秀人才和优质的客户。

3. 补充住房计划对社会的意义

补充住房计划作为一项福利项目，帮助员工解决住房问题，是在当前房地产经济条件下，缓解社会“房奴”问题的重要措施。从更宏观的角度来说，补充住房计划帮助员工解决基本的生存问题，在一定程度上承担了社会责任，有利于减缓经济快速发展带来的社会矛盾，对社会的稳定发展起到积极促进作用。

四、补充住房计划的设计与实施

补充住房计划，是在我国法定的住房公积金计划之外，由企业根据自身的经营状况和发展目标所设定的一种用于满足员工住房需求的计划，主要有以下几个特点：

自愿性。首先企业可以根据自身经营发展状况自愿选择并建立补充性住房计划，而对于某些住房计划，员工可以根据自己的实际需求自愿选择是否参加，如低息或无息的住房贷款、低价格的集体购房计划等。

多样性。企业可以根据本企业员工的需求特点选择建立补充住房计划中的几种，组合方式多种多样，并且不同企业之间存在较大的差异性。

自主性。虽然企业建立补充性住房计划会受到国家政策上对某些方面的约束，但在其设计与管理上更多地体现出企业的自主性，受到企业的价值观念、经营理念等的指导和影响。

针对性。不同计划种类有不同的受益群体，如低息或无息住房贷款、利息补助计划通常是针对贷款购房员工的；而低价格的集体购房计划通常是针对希望购房的无房者。

补充住房计划的几个特点，明确了企业在设计和实施补充住房计划时所处的主动性地位。要想设计出既能符合企业战略发展要求及制度文化，又要满足员工特定住房需求的补充住房计划，企业所需承担的任务和责任不可小觑。以下将从企业角度来介绍补充住房计划的具体要求。

首先，明确补充性住房计划的目的和意义。补充性住房计划属于企业自定福利，说明了该计划具有一定的福利性，是以为员工谋福利而存在的。此外，补充性住房计划还应该兼顾激励性质，通过该计划，促进员工增加对企业的忠诚度和满意度。根据管理激励理论，满足员工的需求，尤其是员工迫切的需求，才能在更大程度上发挥激励性。补充住房计划的设计和实施，企业具有较强的自主性和灵活性。因此，在设计和实施时，企业应该充分考虑到项目的选择和组合对于员工的意义，把握员工需求的发展态势，尽可能地满足员工当前最紧要的住房需求。

其次，员工对于住房的需求是不同的，不同的员工对于住房的需求也千差万别。例如，企业中的一些外来员工对于在当地购房的意愿并不强烈，而另一些员工则是本地人，希望在当地购置房屋；其中一些员工希望获得现金补贴，而另一些员工则期望获得贷款方面的帮助。由于员工需求的不同，企业想要制订出皆大欢喜的补充住房计划可谓极其艰难。但是弹性化的福利方式，则为解决这一问题提供了思路。弹性化福利方式在综合考虑员工的需求后，设计出尽可能广覆盖的福利项目，并赋予员工自主选择权，实现更多员工需求的满足。

再次，员工的生活品质、个人身份及社会地位的差异，也使得基层、中层、高层员工对于住房需求有所差异；而企业对于员工所提供的住房计划必然要考虑到员工对于企业贡献及作为的差异性。因此，企业在具体设计操作时，在考虑绝大部分基层员工的基本住房需求时，也要充分考虑如何更有效地满足中高层员工或是重点员工的住房要求，建设有层次的、区别性的补充住房计划。

最后，补充性住房计划是一项需要花费较多成本的福利项目，尽管是福利项目，不具有投资性质，但对于以营利为目的的企业来说，在设计和实施补充性住房计划时，还是应当以节约成本、富有成效为目的。因此，应该结合企业的经营状况和战略发展目标，实行符合企业发展规律和文化制度的补充住房计划。

五、我国企业补充住房福利计划①

面对日益激增的高房价和高物价，阿里巴巴集团实施了总额30亿元、贷款期限长达5年的“iHome”无息置业贷款计划，从而帮助员工解决首次置业问题，使员工得以安居乐业。

“iHome”计划从2011年9月1日开始正式实施，首期运行时间为4年，到期后根据具体情况决定是否调整。计划的对象只包括基层管理者和普通员工，总监及以上级别的管理层不包括在范围内。该项计划的申请者必须达到以下条件：在阿里巴巴集团服务期限满2年；工作地在中国大陆；为购置员工工作地首套住房者(以员工家庭为单位)及符合相关条件者。其中，服务期限在两年以上(含)三年以下的员工，贷款额度上限为20万元人民币；服务期限为三年以上(含)的员工，贷款额度上限为30万元人民币。

阿里巴巴公司的无息贷款计划在很大程度上缓解了基层员工的住房问题，但其内部的一些员工也表示，该项计划可能成为变相的“卖身契”，限制员工离职跳槽。企业在通过丰厚的物质福利留人的同时，也要积极运用企业文化、前景激励等方式保留和吸引人才。

第二节 员工培训福利

一、员工培训福利

一流的企业给员工高培训；二流的企业给员工高福利；三流的企业给员工高工资；不入流的企业什么都没有。当前，培训作为企业人力资源管理的一项重要措施，在企业中得到广泛的实行，也受到了企业内员工的关注。培训究竟是一项投资还是福利，不同的学者及人力资源管理者们有着不同的看法。

1. 关于培训的两种观点

(1)培训投资观。

投资，广义上是指投资主体投入各种经济要素，形成资产的有意识的经济活动，从而获得预期收益。培训投资观将培训当作一种投资行为，是企业对人力资本的一种投资。它强调培训中与员工的互动和双向沟通，在培训课程的设

---

① 资料来源于网易新闻 http://sh.house.163.com/11/0819/20/7BRL5EQS00073SDJ.html，2011年8月19日。

计和实施上具有针对性，注重发挥员工的潜力和提高他们的管理能力；同时强调回报性，即通过培训使员工获得企业发展所需的智力和技能资本，并要求回报到企业中，以实现预期的投资回报。

(2)培训福利观。

福利具有单向性，更多的是企业对员工的鼓励和认可，是员工所得到的优惠和享受。培训福利观强调培训是企业给予员工的一种福利待遇，是独立于生产经营之外的成本花费。该观点认为培训的效果及结果并不是最终目的，员工在培训中没有任何负担；员工只需要根据自己的需求、领悟能力完成培训即可，进步的快慢与否企业不参与评价，而由培训所带来的任何进步和成就都属于员工个人。

根据上述观点，员工培训福利是企业将培训活动纳入福利体系中，以满足员工自身的需求而设立，是企业给予员工的一种福利待遇。

2. 投资性培训与福利性培训，二者缺一不可

社会交换理论认为员工关注从组织获得的贡献的资源和社会互动。投资培训观过分关注培训的效果以及培训所带来的收益，会使得员工与企业都将焦点放在培训的成败上，导致员工产生较大的思想压力，降低员工参与培训活动的积极性；培训的目的性过强，员工会产生被利用的感觉，从而将企业培训定义为纯粹的经济交易，降低了组织承诺，更有甚者，会在完成企业培训、获得相关知识技能后，选择跳槽到更好的企业平台，导致企业人财两空。

企业必须健全培训体系，既要有投资性培训，也要有福利性培训，充分发挥两种培训的优势，促进两者交互进行。此外，企业要对两种不同类型培训的课程设计、人员安排和期望值进行适当区分，在兼顾员工短期目标的同时，注重员工长远利益的实现。

二、员工培训福利的内容

1. 员工培训福利的对象

企业一般培训会面向特定的对象进行，如针对某一部门或某一岗位开展与工作任务、技能有关的培训，或者是面向绩效优秀的员工进行管理能力和领导能力的高层次的培训。这样的培训，其任务、奖励的成分更多，不能成为一种福利。

当培训作为一种福利实施时，其所实施的对象应该尽可能扩大化，以使该项福利惠及更多的员工。一般来说，企业在施行培训福利时，会根据员工的需求进行综合考虑并设计培训项目，让更多的员工参与到福利中。

2. 员工培训福利的类型

根据不同的标准，员工培训福利可以划分为多种类型。

(1)根据员工培训福利的实施主体划分。

根据员工培训福利的实施主体，可以将员工培训福利划分为自主型和外包型两种模式。其中自主型员工培训福利是指由企业的人力资源部门为主导设计并实施的员工培训福利；外包型员工培训福利则是把员工培训转交给外部咨询服务类的公司，由它们在了解本企业的培训现状及需求后进行设计和实施培训。

(2)根据企业向员工提供的培训福利水平高低划分。

根据企业向员工提供的培训福利的水平高低，可以将员工培训福利划分为市场领导型、市场追随型和市场落后型三种模式。其中，市场领导型员工培训福利是指本企业所提供的培训福利水平远远高于市场上同行业所提供的平均水平，该类型员工培训福利一般在规模效益高、企业盈利强、员工工作积极性高的企业容易实施。相应地，市场追随型和市场落后型是指企业所提供的培训福利水平等于或低于市场上同行业所提供的平均水平。

(3)根据员工培训福利的制定主体划分。

根据员工培训福利的制定主体，可以将员工培训福利划分为员工主导型、企业主导型和共同参与型。其中，员工主导型是指由企业主管部门组织员工了解其自身对培训福利的需求，并据此需求制定培训福利；企业主导型则是由企业主管部门根据企业战略及任务所制订的一系列培训项目；共同参与型则是综合员工需求和企业战略及任务所设计的员工培训福利。

(4)根据员工培训福利的选择方式划分。

根据员工培训福利的选择方式，可以将员工培训福利划分为固定培训福利和弹性培训福利两种模式。其中固定培训福利是由企业综合考虑员工及企业发展需要而制订实施的一系列固定的培训计划；弹性培训福利则是企业向员工提供包括多项培训项目的菜单，由员工根据其需要进行选择。弹性培训福利的选择并不完全自由，某些培训福利是必选项，而且一般弹性培训福利会根据员工的工资、工作年限、工作岗位、家庭背景等因素进行数量上或金额上的限制。

3. 培训福利的具体项目

当培训作为一种福利存在时，其更加关注的是员工的需要，而不是企业期望培训活动所带来的成果。根据员工对培训的需求，可以将培训福利项目划分为以下几类：

(1)与职业发展相关的培训项目。

该类培训项目是以员工的工作现状和职业发展目标为主导的，主要是为了提升员工由于工作发展所需的知识和技能。该类项目不仅仅帮助员工实现了成长和发展，更是为企业自身的发展带来了优秀的员工。

(2)与学校教育相关的培训项目。

该类培训项目的主要目的是帮助员工参加到相关专业、学院中的授课及教育中，从而满足员工在学历上的进步或是对特定研究领域内知识的储备和增加。该类培训项目有利于企业高素质人才的增加和累积，是企业日后发展动力的源泉。

(3)与个人兴趣爱好相关的培训项目。

该类培训项目则是以员工的兴趣爱好进行设置的，让员工对于工作之外的兴趣爱好可以得到组织的支持，并能获得进一步的培养和发展。该类项目充分展示了企业对于员工个体的关注。

读者文摘公司(Reader's Digest)在为员工提供培训福利项目时，通过以下方式满足员工知识技能的需求：对于那些选择与职业相关课程的员工，公司为他们支付全部学费；对于选择在政府立案的学院修读个人感兴趣的任何课程的员工，公司会为他们提供75%的学费；而对于选择其他任何课程，包括减肥、烹饪、瑜伽甚至玄学冥想的员工，公司会为他们提供50%学费。这种方法不仅仅满足了员工充实自己的愿望，同时鼓励员工不断进行学习提高，尤其是与职业有关的培训课程；从长远来看，企业也获得了具有更高个人素质的员工，满足了公司工作方面的客观要求。

三、培训福利的意义

1. 培训福利对员工的意义

猎聘网2013年发布的职场人最期望前三项福利包括教育进修或培训、住房补贴或低息贷款和带薪长假，分别占55.4%、49.2%和41.5%①。培训作为获得更多知识和技能的直接方式，受到了较多员工的重视及关注。开展员工培训福利计划，为员工提供他们所渴求的培训和学习活动，一方面能够满足员工的知识和技能发展需求，促进员工多方面发展，提升自己的各方面素质；另一方面，培训福利计划从员工角度出发，由他们自己进行选择和制定目标，使他们在学习的过程中减少了培训结果硬性要求的压力，从而促进员工求知欲望的进一步提升，发挥出更大的学习动力。

① 资料来源于猎聘网 http：//article.liepin.com/2013072/210830.shtml，2013年7月22日。

2. 培训福利对企业的意义

建设学习型组织、营造学习型的文化氛围，成为企业管理的重点项目。培训作为员工发展知识技能、交流思想经验的必要手段，有利于形成一种组织全员共同学习、追求进步的氛围，学习型组织的建设离不开培训。

此外，培训福利让员工感受到组织对他们的关心和支持，有利于提升员工的组织忠诚度和情感承诺，使企业保留自己的核心员工；良好的培训福利还有利于提高企业在行业内的知名度和竞争力，使企业能够吸引更优秀的人员；最后，培训所带来的员工知识技能和文化素质的提高，促进了企业整体素质和文化水平的上升，对于企业战略目标实现有着重要作用。

3. 培训福利对社会的意义

企业培训，尤其是企业的福利性培训计划，虽然其实施对象仅仅局限于企业内员工，但其对员工知识、技能及其他素质的提升，在一定程度上促进了社会劳动力整体质量的提高。企业培训，最终将有利于完善社会劳动力市场，提升人力资源价值和效能，推动整个社会的知识技能的发展和进步，促进企业与社会和谐发展、共同繁荣。

四、员工培训福利的设计与实施

员工培训福利尽管是以福利的方式执行的，但是其具体的管理实践方法仍然要遵从企业一般的培训管理。因此企业在进行福利设计时，一般按照以下方式进行：首先分析企业的培训需求，其次是按照需求分析结果进行培训项目设计，再次是培训项目的实施，最后是对培训项目效果的评估、反馈与调整。

1. 员工培训福利需求分析

员工培训需求分析一般按照组织层面、任务层面、个体层面进行。

(1)组织层面的培训需求分析。

关于组织层面的需求分析，McGhee 和 Thaler 认为应该重点考察组织战略、组织中的资源情况；Goldstein 认为在此基础上应对组织的培训氛围和组织内外部的环境进行分析，考察组织整体性系统要素。组织层面培训需求分析的步骤如下：

①明确组织目标。通过了解组织近期目标和远景战略，把握组织培训的长远目标和规划。

②了解组织资源。组织资源包括可利用的资金数量、组织培训设施、现有的培训资料及组织内部的专业培训队伍等。了解了组织资源后，才能更全面地分析培训所需要增加和完善的部分。

③确定组织氛围。只有组织氛围利于人力资源培训工作，才能发挥培训的

积极作用，否则培训项目的实施效果会大打折扣。

④分析外部环境。外界因素对培训的策划和实施会产生一定的影响，因此要全面考察组织所面临的法律、社会、政治、经济等问题。

(2)任务层面需求分析。

任务层面的分析主要是用于确定与工作相关的培训目标和计划。分析步骤如下：

①工作分析，了解具体的工作任务。通过工作说明书或进行专业的工作分析，了解某个岗位的具体的工作任务、执行任务的标准及任务完成应达到的绩效。

②明确员工完成工作任务、达到绩效要求所需的知识、技术、能力等任职条件。

③确认通过培训所需要和能够改善提高的知识、技术、能力等任职条件。

(3)人员层面的需求分析。

人员层面的需求分析主要是为了了解员工是否需要培训以及需要怎样的培训，应让员工切实表达自己的培训需求和目标，尽可能广泛地满足员工的需求。

(4)撰写培训需求分析报告。

为了明确各层各类人员的培训需求，人力资源部门应根据企业发展战略与经营要求，撰写培训需求分析报告，并以项目形式对培训进行系统性的规划和运作。

2. 培训福利项目设计

(1)衡量企业能力及培训需求。

根据企业培训需求调查结果进行数据分析，了解组织所能承担培训的能力、员工的现实素质技能、业务目标以及员工的培训需求，并统计培训项目信息，包括培训主题、培训时间及地点、培训方式、培训对象范围、培训费用预算等。

(2)评估培训资源，制订具体培训方案。

评估培训现有的资源，包括人员、资金、课目和师资等；结合第一步所统计的信息，确定培训项目及培训工作的重点，确定培训课程、师资培养、建设系统及确定培训计划和培训预算。

(3)培训计划的沟通和确认。

在制订完具体的培训方案后，不仅仅是上报给上级领导批准，还应该知会相关部门及受训者个人，以获得相关人员的理解、支持或建议，为后续的培训计划的落实与开展做好准备。

3. 培训项目实施

(1)培训场所的选择与布置。

培训场所对于培训活动的开展会产生很重要的影响。因此在进行培训场所的选择和布置时要尽量考虑到以下问题：受训人员与培训官的交流互动的需求使得座位安排具有灵活性；考虑到受训者生理上的舒适程度，应及时调试室内温度、湿度及光线；培训场所内各项设施的便利性要求，比如电源插座是否够用和方便，讲台及黑板的高低，投影仪、扩音器等的需求。

(2)培训日程安排。

培训活动安排应根据企业的实际情况和培训目标而定。一方面，企业应在保证生产与经营活动照常进行的同时，力求降低实施培训活动的成本，提高培训活动的有效性。另一方面，应协调好组织者、培训者、受训者的工作时间，切忌随意更改培训日程。

(3)培训通知。

培训通知是为了告知受训者有关培训的各项事宜，其内容主要包括培训项目目的、培训时间地点、参与培训所需具备的资格条件等，是培训项目顺利实施的首要步骤。培训通知还涉及许多准备工作，例如，制作培训手册、安排登记注册、建设培训档案、与培训师商榷时间地点及拟定培训通知等。

(4)培训项目启动。

首先，向受训人员明确培训的主题和目标，说明受训者应遵循的课堂行为纪律规范，发放培训课程大纲说明学习目标和主要内容。

其次，开展“打破坚冰”小练习，让不同部门及岗位的受训人员相互熟悉并建立起和谐的人际关系，培训者则要善于观察受训人员的心理状态，并采取措施增强他们的归属感和团队感。

最后，培训者应该尽可能营造一种互相尊重和开放的氛围，促进受训者的交流和沟通；同时，培训者应多参考关于培训的内容资料，积极为受训者建立学习平台，促进学员学习和完成课堂任务。

(5)建立培训信息管理系统。

积极建立、开发和利用本企业的人力资源管理系统。通过人力资源管理系统，记录、管理和发布企业的内部外部的培训项目信息；实施培训项目在线报名，并由员工上级领导进行批示和回复；记录员工培训的出勤情况、培训计划及进度等，同时记录那些在外部培训机构接受培训的员工的培训情况；让员工参与到培训计划的制定和管理中，获得相应的培训课程信息、培训记录及统计数据等。

4. 培训效果评估

培训效果评估的目的不是测量员工在培训中获得了什么样的成就、培训的结果是否可以转化为企业所需的技术和产品，而是了解培训作为一项福利是否符合员工的需求。对于受到员工好评的培训项目应继续优化，扩大受众范围；整理、反思培训效果较差的项目并进行重新设计或淘汰。

第三节 工作—家庭生活平衡计划

一、工作—家庭生活平衡

关于工作—家庭生活平衡，早先的研究主要是从工作—家庭生活冲突进行的。首先是由于家庭结构向三口之家模式转变、工作方式向项目团队转变、双职工家庭成为主流；其次，经济发展导致员工的工作目的不再仅仅是维持家庭生存需要，而是逐渐向体现个人价值、提高个人和家庭的总体生活质量和幸福感转变。因此，工作与家庭生活之间的关系愈加复杂，这就引发了学者对工作—家庭生活冲突的研究。

1. 工作—家庭生活冲突

工作—家庭生活冲突，是指个体受到来自工作及家庭两个方面的压力，难以调和工作及家庭对个体的要求而产生的一种角色冲突。主要由以下三种具体的冲突形式构成：

(1)基于时间的工作—家庭生活冲突。

由于个体投入过多的时间到工作领域(或家庭领域)，而无暇顾及家庭领域(或工作领域)的活动而产生的工作—家庭冲突。例如，个体因晚上必须参加企业某个项目的重要会议，无法参与到家庭成员的生日宴会所产生的冲突就是基于时间的工作—家庭生活冲突。

(2)基于精神的工作—家庭生活冲突。

由于个体需要承担工作领域(或家庭领域)的角色，进而产生疲劳、郁闷、紧张、焦虑、冷漠、易怒等精神状态，使其在家庭生活(或工作场所)中难以以正常的精神状态融入角色并履行职责，从而导致基于精神的工作—家庭生活冲突。例如，员工由于工作量大，而产生疲劳和易怒的感觉，这使得他们在家庭中很难表现出轻松、活力、幽默的一面，从而在家庭成员间引起冲突。

(3)基于行为的工作—家庭生活冲突。

由于工作角色(或家庭角色)对个体要求的行为与家庭角色(或工作角色)所要求的行为不一致，所以当工作领域(或家庭领域)有效的行为发生在家庭领域(或工作领域)时，可能并不适用甚至出现矛盾，因此而产生的工作—家庭生活冲突就是基于行为的工作—家庭生活冲突。例如，某些工作要求员工表现出客观、情绪化程度较低的行为，而这类行为难以被家庭认可，因为家庭更倾向于个体表现出温柔、情感反应丰富的行为。

2. 工作—家庭生活平衡及计划

个体的价值通常是通过自身的职业及家庭生活体现出来的，在其一生中，会经历职业生涯周期和家庭生命周期，这两个周期是相互伴随产生和发展的。通常来说，在职业生涯早期，个体会面临寻找配偶和组建家庭的相关问题；在职业生涯中期，个体所面临的家庭生活任务则涉及抚养和教育子女；在职业生涯后期，由于子女求学或工作等原因，个体必须承受空巢家庭生活的消极影响。因此，个体的职业发展与个体的生活之间必然会有一定程度上的交集甚至冲突。

工作—家庭生活平衡计划则是化解个体职业发展及生活之间矛盾的有效方法，它具体是指企业帮助员工找到工作需要与家庭生活之间的平衡点而组织开展的一系列计划和活动，从而使员工正确认识和处理生活同工作间的关系，调和工作和生活之间的矛盾，缓解工作和家庭生活冲突给员工及其家庭造成的压力。

二、工作—家庭生活平衡计划的内容

1. 弹性工作制

弹性工作制，是企业从方便员工家庭生活的角度考虑设计的，它不同于传统的八小时固定工作制，不会对员工规定每天必须在公司内工作的时间，而是以员工能够完成工作任务为主要目标。弹性工作制可以分为以下三类：

(1)成果主导制。

组织要求员工只要在规定的期限内完成所交给的工作任务，并保证任务质量即可，组织也只对其工作成果进行考核，工作时间不做具体要求。现在许多咨询公司就施行成果主导制，其员工根据客户要求，在半年内高质高效地完成一个咨询项目，而剩余的半年时间则进行休假。

(2)核心时间制。

企业仅仅规定员工每天必须工作的某几个小时(通常为5~6个小时)，在这几个小时之外即是弹性工作时间，员工可以自由选定上下班的时间。

(3)紧缩工作时间制。

类似于成果主导制，组织允许员工将一个星期内的工作任务压缩到两三天内完成，剩余的工作时间则可以由员工自由支配和处理。

弹性工作制在发达国家受到越来越多的欢迎，许多企业对那些才能出众又要承担养育子女任务的女性员工实行该项工作制，常见的是半日工作制或是每周三日工作制。

弹性工作制一方面使得员工能够根据自己的时间安排和工作效率进行工作，拥有一定的时间支配权，有效提高了生产率和工作效果；另一方面，员工在完成工作任务或者必需的工作时间外，可以安排其工作以外的活动，有利于员工兼顾家庭生活。但弹性工作制也有其不可避免的弊端，当整个组织实行弹性工作制时会带来管理上的困难和混乱；还有一些员工可能在弹性工作时间内的工作结果达不到标准要求。

2. 家庭帮助福利计划

家庭帮助福利计划，是指企业通过组织设置相关部门，或从外部引入相关的机构，为其员工的家庭生活需求提供免费的专业服务，分担和缓解员工的家庭压力。

(1)咨询服务。

企业为员工的工作及家庭生活问题提供咨询服务，例如，婚姻咨询(帮助员工解决婚姻中存在的问题)、财务咨询(为员工克服债务、规划理财等)、法律咨询(为员工遇到的法律问题提供咨询，或者是为员工聘请律师支付费用)、职业生涯咨询(帮助员工平衡职业生涯发展与家庭生活之间的矛盾)以及退休前心理辅导与咨询(帮助员工积极面对和适应即将到来的退休生活)。

(2)托管福利计划。

鉴于当前双职工增多、学校寒暑假假期较长的事实，企业通过建立托儿所来帮助员工减轻照顾年幼孩子的负担；人口老龄化带来的养老问题日渐严重，企业根据员工实际需要设立托老所帮忙照顾老人。通过福利托管计划，在很大程度上帮助员工解决了家庭生活中的难题，有利于他们安心投入工作。

家庭帮助福利计划将组织的部分福利扩展到员工家庭范围，减轻或分担了员工的家庭压力，有利于降低员工的离职率和旷工率、提高员工的组织承诺，增加组织工作绩效。但是家庭帮助福利计划使得企业需要付出一部分精力和金钱在这些非经营业务上，增加了企业的管理和经营负担。

3. 建立代用工作场所

全球化的发展、企业组织规模的扩大、员工来源地域广泛都使得传统办公室的工作方式成为一种限制，随着互联网络的发展，一种新兴的办公方式成为大企业的办公偏好——建立代用工场所。代用工作场所打破了传统办公室工作方式、工作设施及地点的固定组合，以最大限度地为员工工作提供便利条件为原则，使得员工能兼顾工作与家庭生活。

(1)卫星办公室。

卫星办公室是以企业总部为中心，将工作设备等安放在员工居住地或者客户所在地附近，形成一种网络化分布的办公场所。该类办公室一般较小并且设置简单，一般建立在城市边缘或远郊地区。卫星办公室有利于吸纳更多适用的员工，便于员工上下班及客户咨询了解；此外，低廉的房租和简单低廉的设备设施大大降低了企业办公成本。

(2)远程办公。

随着互联网的不断发展，远程办公利用电子化方式将分散在不同地方工作的员工联系起来，实现工作任务的交接和配合，促进工作的进行和完成。远程办公将工作地点的限制和阻碍降到了最低程度，并且促进了企业全球化的发展；并且，通过使用网络办公，降低了传统办公所需支出的交通等管理费用及成本。例如，IBM公司在全球范围内的所有分公司实行远程办公，其人均成本降低了38%，管理费用则从8.8%下降到了4.2%。但远程办公对网络安全性要求较高，此外，需要加强员工之间的联系，避免由于联系不及时导致工作衔接出现问题。

4. 关心员工身体，为员工健康投资

近年来，许多有名的企业出现了员工过劳死或不堪工作生活压力选择自杀等现象，这不但导致员工年轻生命的结束、员工家庭的破裂，也使企业的形象受到负面影响。因此在实现员工工作家庭平衡时，企业要更加注重对员工身心健康的关注，为员工的健康投资。

(1)激励员工参加饮食及锻炼计划。

企业可以采用物质激励手段，要求员工接受体检和问卷调查，以了解员工的健康现状。对于那些身体较弱或是属于高发病人群的员工，企业会劝导其参加饮食和锻炼计划，帮助他们培养健康的饮食习惯和运动方式。帮助员工建立正常合理的日常生活方式。强生公司 CEO 韦尔顿每周都邀请员工走出户外，开展“与 CEO 步行”一小时活动①。

(2)设立体育设施或活动。

现在不少企业会在工作场所内开辟出专门的健身室，或者是设立一些简单的运动设施，用于员工休息时间内或下班后活动，一些效益好的企业甚至设置按摩室和游泳池；而组织公司全员参加的运动也比较流行，通常是通过组织员工外出旅游或者是举办运动会的方式，也有的企业每月固定开展一项适合全员

---

① 资料来源于中国人力资源开发网，http://www.chinahrd.net/article/2012/12-06/41123-1.html，2012年12月6日。

参与的体育赛事，如羽毛球、乒乓球比赛等。通过设立体育设施和开展运动活动，使员工劳逸结合，避免过分地局限于办公桌上或工作场所内，减少员工患职业病及其他疾病的风险。

5. 培育工作—家庭文化，促进沟通

想要达到员工工作—家庭生活平衡，单靠组织为员工提供各种兼顾家庭生活的措施是不够的，重点是营造出支持性的工作—家庭文化。一方面，通过组织内得到员工普遍认同的价值观来促进员工协调、整合工作与家庭生活的氛围；另一方面，采取措施让员工的家庭成员融入其工作环境，增加他们对员工工作的支持。

只有通过不断融合工作家庭生活平衡的两个主体——工作与家庭范围内的成员，才能从根本上帮助员工实现工作—家庭生活平衡。例如：组织员工的家庭成员参观企业，帮助家庭成员更进一步了解员工的工作场所及工作内容；促进员工家庭成员与其工作成员认识了解的互动活动，从而增强员工之间的认知和关心；企业管理者应该认知到对员工各方面的支持和关心对于员工及自己管理工作的重要性。

三、工作—家庭生活平衡的意义

通过上述对工作—家庭冲突的解释，可以发现工作—家庭冲突对于员工的工作及家庭关系存在着较大的负面影响。众多事实告诉我们，工作与家庭生活不能相互协调，其中任何一方的发展都不会是顺利的。很多已有的研究也表明，工作—家庭生活平衡会产生许多积极效果。

1. 对员工身心健康的积极影响

在已有的研究中发现，工作—家庭生活冲突对个体的身心健康会产生短期和长期的负面影响（Grant O Vallone 和 Donaldson，2001），进一步降低个体的生活满意度及婚姻满意度（Lingard 和 Sublet，2002），对于员工的整体工作、生活状态都会起到一定的消极作用。而当企业的组织价值观支持工作—家庭生活平衡时，员工的工作、生活满意度都显著较高，生理健康水平高，情绪状态也呈现积极的一面（Burke，2000）。工作—家庭生活平衡，让员工对自己的工作及家庭生活方面无需感到焦虑和紧张，降低了其心理压力，有利于自身身心安宁和健康。

2. 对工作方面的影响

工作—家庭生活平衡计划帮助员工更好地把握和处理工作与家庭生活方面的关系，员工会增加对当前工作的满意度和忠诚度，很大程度上可以提高员工的工作信心和决心，降低员工的缺勤率和离职率；同时，工作—家庭生活平衡，有利于员工的工作—家庭生活和谐，员工在家庭事务方面的矛盾和冲突都处于可控范围内，避免了因过度承担家庭责任而影响工作，从而可以保持自己在工作方面的精力和动力，有利于员工高效高质地完成自己的工作。

此外，工作—家庭生活平衡计划也是企业组织文化的一种表现，反映出企业重视员工家庭生活、关爱员工的特征，这样的组织文化不仅仅能提高企业内员工的满意度和忠诚度，同时也有利于企业关爱员工的良好声誉的传播，吸引更加优秀的应聘人员，吸引更多更优质的合作伙伴和客户。

3. 对家庭的意义

工作—家庭生活平衡，实现了工作与家庭生活的相互配合，减少了由于工作方面的原因对家庭生活的影响。平衡计划同时引导员工更加关注其在家庭中的角色，增加了员工在家庭生活方面的付出，进一步帮助员工建立和谐稳定的家庭环境。家庭关系的稳定反过来也促进员工工作的进步、发展。总的来说，建立和实施好工作—家庭生活平衡计划，是员工兼顾工作与家庭的一剂良方，也是工作与家庭生活和谐良性循环的助推剂。

4. 培养工作与家庭生活和谐的观念

工作—家庭生活平衡，不仅仅是工作与家庭生活得到妥善处理，从更深远的意义上来说，它打破了关于工作与家庭生活之间地位必有高低之分、二者必须相互妥协的偏见，让员工及组织培养起工作与家庭生活和谐的观念，促进双方积极采取行动协调和解决工作及家庭生活之间的矛盾。

四、工作—家庭生活平衡计划的设计与实施

工作—家庭生活平衡计划，在国外的很多企业中已经广泛实施了，但是在国内，许多企业仅仅采取了工作—家庭生活平衡计划中的某一项或几项措施，而没有系统性地建设和开展。平衡员工工作与家庭生活，在当前的社会环境下，已经为越来越多的员工所重视。企业只有适应这样的潮流，才能在未来的发展中，保留和吸纳优秀的人力资本。对于工作家庭生活平衡计划，企业可以按照以下几个步骤进行设计。

1. 分析企业战略，确定工作—家庭平衡计划的目标

企业战略和近期目标，是指导企业各个部门及其员工具体工作任务的指南针，是人力资源管理工作必须始终坚定和匹配的方向。因此，在建设系统的工作—家庭平衡计划时，要对企业的战略及近期目标进行考量和分析，从而明确工作—家庭平衡计划的大致方向和限制因素。如当企业采取紧缩型战略时，工作—家庭平衡计划就应该相应地以简洁、低成本为主，避免造成企业成本费用的增加。

2. 成立平衡计划筹划指导委员会

在明确了企业工作—家庭平衡计划的方向后，人力资源部门应该挑选专业从事人力资源管理的员工以及对员工情况比较了解的部门主管等，成立筹划指导委员会。从专业人力资源管理者及各部门员工的视角，来明确工作—家庭平衡计划的重心，建设适合员工所需的服务项目。该委员会的具体工作包括：

(1)提出工作—家庭生活平衡计划调查问卷中应该包含的主题；

(2)预测潜在回答者的关注点；

(3)对问卷草案进行批判修正；

(4)对开放性问题的内容进行编码处理归类；

(5)审查数据的处理结果及并提出相关建议；

(6)向他们所代表的团体或部门反馈和沟通调查发现；

(7)对潜在解决方法及可行的相关计划，发表和分享观点；

(8)通过对相关数据的分析，制订具体的行动方案。

3. 工作—家庭生活平衡需求分析

企业想要建立完善合适的工作—家庭生活平衡计划，并通过该计划解决存在的工作—家庭生活冲突，首要的就是对其员工工作—家庭生活中的相关问题和需求进行调研、分析。

(1)问卷设计。

想要了解员工的工作—家庭生活之间问题和需求的第一步，就是选择合适的方式进行调研。鉴于需要了解员工现在所遇到的工作—家庭生活的冲突问题，可能会在一定程度上涉及个人的隐私，因此推荐采用问卷调查的方式，问卷可考虑采用闭合型和开放型两种题型设计。而针对问卷中具体问题的设置，则由筹划指导委员会进行具体分析和设计。

(2)问卷发放、填写及回收。

由筹划指导委员会联系各分公司或各部门的主管，约定时间进行问卷的发放和集体填写；对于公司内部网络通畅的企业，则可以通过网上发放问卷的方式进行。问卷发放及填写一定要考虑到问卷回收的便利性和完整性，避免遗漏。另外，问卷的填写可以采用匿名方式进行，但需要员工填写具体的部门及岗位。

(3)编码处理及分析。

对于员工反馈的问题和需求，可以根据工作—家庭生活平衡计划的主要内容进行相应的编码分类，如员工工作占用晚餐时间、员工通勤时间过长的问题，都可以归类到弹性时间制下。在对员工需求完成编码后，利用相关的软件进行分析和总结，从而更加明确员工的需求。

4. 分析经济、政策及法律环境，匹配平衡计划

针对已经提取和归类的员工关于工作—家庭生活平衡计划的需求，按照企业关于工作—家庭生活平衡计划的相关经济预算，大致制定出符合企业发展战略和的计划项目。但是在当前劳动力相关法律环境较为严格的情形下，应同时从政策及法律两个方面来考察企业设计的计划项目是否符合要求，避免出现与政策及法律相抵触的问题，增加企业的人力资源管理风险。

例如，针对某些咨询行业的员工，其半年工作、半年休息的弹性时间制，必须符合我国劳动法关于工时制度的相关规定。法律规定因生产特点不能实行标准工时制度，且符合条件的经劳动保障行政部门批准可以实行综合工时制度，即分别以月、季、年等为周期，综合计算工作时间，但其平均日工作时间和平均周工作时间应与法定标准工作时间基本相同。也就是说，在综合计算周期内，某一具体日(或周)的实际工作时间可以超过 8 小时(或 40 小时)，但综合计算周期内的总实际工作时间不应超过总法定标准工作时间，超过部分应视为延长工作时间并劳动法的规定支付报酬，其中法定休假日安排劳动者工作的，按劳动法的规定支付报酬。并且，延长工作时间的小时数平均每月不得超过 36 小时。如果在整个综合计算周期内的实际平均工作时间总数不超过该周期法定标准工作时间总数，只是该综合计算周期内的某一具体日(或周、或月、或季)超过法定标准工作时间，其不超过部分不应视为延长工作时间。

5. 提交工作—家庭生活平衡计划

对于最后完成的工作—家庭生活平衡计划，提交给企业领导进行批示，并对相关疑问进行解答，对相关建议进行考虑，修订工作—家庭生活平衡计划，以保证计划与企业整体战略及经营方向的匹配；同时，经过领导批准，有利于工作—家庭生活平衡计划的顺利实施。

复习思考题

1. 补充性住房计划有哪些具体内容？

2. 补充性住房计划的实施是否受到法律或国家政策的制约和保障？如果是，那么是如何制约和保障的呢？

3. 员工培训福利与我们通常的人力资源培训发展实践之间有差别吗？具体差别在哪里？

4. 工作—家庭生活平衡计划的具体措施有哪些？各有什么优缺点？

5. 如何实施工作—家庭生活平衡计划？

【案例】

娃哈哈的“家文化”

杭州娃哈哈集团有限公司目前是中国规模最大、效益最好的饮料企业。在全国29省市建有58个基地近150家分公司，拥有总资产300亿元，员工近30000人。作为中国500强企业中的民营企业，娃哈哈集团坚持以人为本，着力打造“凝聚小家、发展大家、报效国家”的“家文化”，努力提高员工收入，积极推行全员持股，完善福利保障，以解决员工后顾之忧，并为他们提供广阔的成长空间。

娃哈哈集团对员工的关怀在为员工解决住房问题上表现得尤为明显。为了帮助员工获得稳定的居住环境，实现安居乐业，集团采取了合宜多样的方式。早先，娃哈哈向其员工直接分配住房近2000套，面积超过10万平方米。但在杭州房价居高不下的情况下，娃哈哈改变传统模式，通过购买经济适用房并实行住房货币补贴形式，帮助员工解决购房困难。例如，公司购买经济适用房约3000多元/平方米，向员工分配时，公司补贴1200元/平方米/人，如果夫妻都是娃哈哈员工，合计补贴就是2400元/平方米，而员工则只需承担较小的经济压力即可获得属于自己的住房。同时，对于没有定居意向的外来青年员工，娃哈哈自建廉租房向他们低价出租。

娃哈哈集团建立了高度集成的任职资格管理体系，在确保员工职业通道相对稳定的情况下，集团按照员工需求重构职业发展通道，确保员工多通道、横向纵向自由发展他的职业生涯。通过竞争上岗的方式，激发员工的巨大潜能，保证优秀的员工获得施展能力的机会。

此外，娃哈哈集团以集团公司、片区管理中心、各部门及分公司为主导建立了三级培训管理体系，保证员工的发展需求。娃哈哈以“提高素质、补齐短板、解决问题”为指针，依托信息化的培训平台，开发和实施了200多门相关课程，实现年培训场次3000场以上，员工培训覆盖率达到100%。企业培训基本覆盖了公司运营的主要环节，并且按照员工需求进行开发。根据管理人员的实际需求，开展了“清华大学IE大讲堂”、时代光华管理课程等高层次的管理培训课程；对于专业技术人员，企业开展了“长青计划”、“星火计划”、“营销子弟兵计划”等一系列的培训计划，通过岗位行动学习、导师帮带、集中培训、轮岗练兵、自主学习、参访交流等方式提高员工素质和能力；新员工、骨干潜力员工还通过“师徒结对”方式跟踪培养，让员工持续成长。在娃哈哈集团，不论是基层员工，还是管理者，都可以根据自己的需要选择培训方式，实现知识和技能的增长，提高自己的竞争力。

除了完善的住房保障福利和良好的培训机会，娃哈哈集团始终将“家文化”贯彻到企业文化中。娃哈哈集团每年春节会为在杭州过年的员工们精心准备“千人年夜饭”以及春节团拜会，企业总经理会向员工祝酒，并向员工及其家属们的奉献和支持表示感谢。而当企业战略有重大变化时，员工的利益也始终被放在第一位，在2012年与达能集团进行谈判时，宗庆后始终坚持两个原则：45岁以上职工的职位不动；退休工人待遇不变。

娃哈哈集团不断成长的同时，一直致力于打造其独有的“家文化”，给予了员工诸多关怀，员工满意度持续提高，核心管理和技术人才的流失率非常低。

资料来源：娃哈哈企业官网，http：//www. wahaha. com. cn/socialResp/family. htm.

21世纪人力资源管理系列教材

主编　关培兰

组织行为学

管理沟通（第二版）

绩效考核与薪酬管理（第二版）

员工福利

职业生涯设计与管理

员工关系管理

人员测评理论与方法

跨文化人力资源管理

人力资源会计

劳动经济学

劳动法